SHEQU JIAOZHENG XINLI GONGZUO

社区矫正心理工作

主编
张姣妹 刘俊辉

副主编
黄金泉 胡洁 虎贵华

撰稿人
（按章节撰写顺序）
刘俊辉 张姣妹 胡洁 丁征强 虎贵华

中国政法大学出版社
2024·北京

社区矫正学丛书

编委会主任：李　辉

副　主　任：马永清　佴　澎　王　峻　余蕊娅
　　　　　　周建军　于　涛

编　　　委：李林声　黄金泉　张　婕　唐锦江
　　　　　　李红武　杨丰合　张姣妹　刘俊辉　虎贵华

总 序

　　社区矫正是人道主义原则、社会防卫思想及犯罪人治理的事业。党和政府高度重视社区矫正事业，并以时不我待的精神与科学谨慎的态度，积极、稳妥地推进社区矫正制度的建构和完善。2013年11月，中国共产党第十八届中央委员会第三次全体会议通过《中共中央关于全面深化改革若干重大问题的决定》，明确提出要"健全社区矫正制度"。2014年4月21日，习近平总书记在听取司法部工作汇报时明确指出，社区矫正已在试点的基础上全面推开，新情况新问题会不断出现。要持续跟踪完善社区矫正制度，加快推进立法，理顺工作体制机制，加强矫正机构和队伍建设，切实提高社区矫正工作水平。习近平总书记的重要指示，充分肯定了社区矫正工作取得的成绩，对社区矫正工作的目标、任务、措施等作了全面论述，提出了明确要求，为进一步做好社区矫正工作、完善社区矫正制度指明了方向。根据习近平总书记的重要指示，最高人民法院、最高人民检察院、公安部、司法部（以下简称"两高两部"）2014年8月颁行了《关于全面推进社区矫正工作的意见》，正式、全面地推行社区矫正制度。2019年，《中华人民共和国社区矫正法》（以下简称《社区矫正法》）颁布；2020年，《中华人民共和国社区矫正法实施办法》颁行。至此，中国特色的社区矫正制度正式形成。

　　从社区矫正制度的渊源、社会防卫的思想与犯罪人治理的目的出发，社区矫正兼具社区刑罚、刑罚执行的性质。从我国的情况来看，社区矫正还处在非监禁刑罚执行制度的层面，是宽严相济刑事政策在刑罚执行方面的体现，较好地体现了社会主义法治教育人、改造人的优越性。但从动态发展的层面看，社区矫正制度势必包含社区刑罚的内容，具有更为丰富的内涵和更加深远的旨趣。其中，作为社区刑罚的社会矫正制度将在社会防卫思想的指引下，进一步依法扩大社会权力的作用，推动犯罪人治理体系和能力的现代化。考虑到社会支持的根本作用及其动员、参与方式，尽管西方国家的社区矫正及其帮困扶助工作终归是资产阶级利益的体现，不是为了广大人民群众的根本利益，也要从社会防卫的需要出发，广泛动员社会力量参与犯罪人的治理及其帮困扶助工作。就此而言，西方主要国家的社区矫正制度也有一定的借鉴意义。

　　社区矫正学是专门研究社区矫正行为、现象及其规律的学科或科学。尽管社区矫正学的专门研究蓄势待发，犹如春前之草，但积土成山，非斯须之作。卢建平的《刑事政策与刑法》（中国人民公安大学出版社），吴宗宪的《社区矫正导论》（中国人民大学出版社），王顺安的《社区矫正研究》（山东人民出版社），翟中东的《中国社区矫正制度的建构与立法问题》（中国人民公安大学出版社），周建军的《刑事政治导论》（人民出版社），郭建安、郑霞泽的《社区矫正通论》（法律出版社），王平的《社区矫正制度研究》（中国政法大学出版社）等作品较早奠定了社区矫正思想和制度研究的基础，对社区矫正学的正式产生具有重要的支撑作用。对此，我谨代表丛书的全部作者致以诚挚的感谢！然而，社区矫正学不是一门自治、自足的科学。从根本上说，社区矫正学是深嵌于现代社会的，以犯罪人治理为根本的知识体系。因应于社会的动态发展与犯罪人处遇的不断改善，社区矫正的理念、目的、方法和要求都将不断调整、变化。唯有如此，方能称之为学科或学问。

在中国特色社会主义进入新时代，中国社会迈入全面建设社会主义现代化国家的历史条件下，国家治理体系与能力现代化建设对社会防卫与犯罪人治理的系统化、精细化提出了更高的要求。从全国政法队伍教育整顿来看，社区矫正的实际执行还存在理念、目的、社会力量参与、社会工作方法应用等方面的不足。为此，我们系统编写了包含《社区矫正学》《社区矫正原理与实务》《社区矫正社会工作》《社区矫正心理工作》《社区矫正教育》《社区矫正个案矫正技术》《社区矫正文书制作》7部作品的《社区矫正学丛书》，以满足社会行刑及犯罪人治理工作的需要。总的来说，《社区矫正学丛书》的编写既是深耕细作社会矫正学科体系的斗升之水，也是社会行刑工作的咫尺跬步，社会防卫思想及犯罪人治理的事业亟待更多、更好的作品。

《社区矫正学丛书》由云南司法警官职业学院牵头，云南师范大学、云南民族大学、云南警官学院等省内外高校的专家学者参与，历经两年完成。编写组克服了立法调整、人员变动的困难，并以迄今最新的社区矫正法律制度体系为基础，完成了社区矫正学的写作任务。初稿形成后，又报请云南省司法厅审核，云南省司法厅高度重视本丛书的审稿工作，抽调了来自院校、厅局相关业务处室、州市县司法局的业务骨干，系统全面地进行了审定，并提出了修改意见。在此，我们要一并感谢为本丛书的编写与出版给予关心支持的云南省司法厅及相关高校。向本书的作者们致以崇高的敬意！

李　辉
2024年5月

前 言

本教材旨在帮助读者系统地学习和掌握社区矫正心理工作领域的知识。通过本教材的学习，读者将能够深入理解社区矫正心理工作的基本原理和概念，掌握相关的技能和方法，并能够将所学知识应用于实际问题解决中。

本教材内容全面，既包括理论基础的讲解和分析，又包括大量的实例和实践操作。通过理论与实践相结合的学习方式，读者既能够理解和记忆理论知识，又能够提高解决实际问题的能力。

本教材还特别注重知识的系统性和层次性，通过层层拓展和递进的教学方式，帮助读者建立起完整的知识体系。同时，本教材还提供了大量的案例分析，读者可以通过实际操作和尝试解决问题来巩固所学知识。

此外，本教材并没有使用过多的学术术语和复杂的表达方式，而是尽可能地用简洁明了的语言来讲解和说明。希望通过这种方式能够让读者更容易理解和掌握所学内容。

总之，本教材旨在帮助读者系统地学习和掌握社区矫正心理工作的知识，提高解决实际问题的能力，并希望通过全面、系统和清晰的教学方式，使读者能够更好地应用所学知识。希望读者能够通过本教材的学习，充实自己的知识储备，提高自己的能力水平。

张姣妹　刘俊辉

2024 年 6 月

目 录

第一章　社区矫正心理工作导论 …………………………………… 1

　　第一节　社区矫正心理工作概述 …………………………………… 2
　　第二节　社区矫正心理工作模式 …………………………………… 16

第二章　社区矫正评估及建档 ……………………………………… 22

　　第一节　社区矫正心理评估概述 …………………………………… 23
　　第二节　不同矫正阶段社区矫正对象心理评估 …………………… 27
　　第三节　社区矫正心理评估程序及方法 …………………………… 31
　　第四节　社区矫正心理评估的内容 ………………………………… 35
　　第五节　社区矫正对象心理评估报告 ……………………………… 54
　　第六节　建立社区矫正对象心理健康教育档案 …………………… 57
　　第七节　社区矫正对象再犯罪风险评估 …………………………… 58

第三章　社区矫正对象心理健康教育 ……………………………… 83

　　第一节　社区矫正心理健康教育概述 ……………………………… 84
　　第二节　社区矫正心理健康教育内容 ……………………………… 91
　　第三节　社区矫正对象心理健康教育的方法 ……………………… 107

第四章　社区矫正心理行为训练 …………………………………… 110

　　第一节　社区矫正心理行为训练概述 ……………………………… 111
　　第二节　社区矫正心理行为训练方法 ……………………………… 120

　　　　　第三节　社区矫正心理行为训练内容 …………………… 124

第五章　社区矫正心理咨询 ………………………………… 144
　　　　　第一节　社区矫正心理咨询概述 …………………………… 145
　　　　　第二节　社区矫正心理咨询的理论基础 …………………… 151
　　　　　第三节　社区矫正心理咨询的原则、步骤与形式 ………… 162

第六章　社区矫正心理治疗 ………………………………… 173
　　　　　第一节　社区矫正心理治疗概述 …………………………… 174
　　　　　第二节　社区矫正心理治疗的对象 ………………………… 178
　　　　　第三节　社区矫正心理治疗方法和技术 …………………… 180

第七章　社区矫正对象心理危机干预 ……………………… 202
　　　　　第一节　社区矫正对象心理危机概述 ……………………… 203
　　　　　第二节　社区矫正对象心理危机干预的操作步骤 ………… 207
　　　　　第三节　社区矫正对象心理危机干预七步法的应用 ……… 227

参考文献 ……………………………………………………………… 230

第一章 社区矫正心理工作导论

【本章导图】

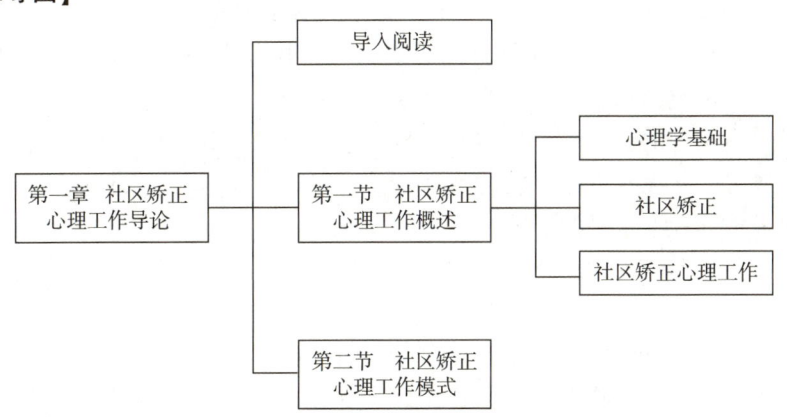

```
                         ┌── 导入阅读
                         │
                         │                    ┌── 心理学基础
第一章 社区矫正 ─────────┤── 第一节 社区矫正 ─┤── 社区矫正
心理工作导论             │    心理工作概述    └── 社区矫正心理工作
                         │
                         └── 第二节 社区矫正
                              心理工作模式
```

【导入阅读】

党的二十大报告专题部署"坚持全面依法治国，推进法治中国建设"，特别强调要坚持依法治国、依法执政、依法行政共同推进，坚持法治国家、法治政府、法治社会一体建设，全面推进科学立法、严格执法、公正司法、全民守法，全面推进国家各方面工作法治化。严格公正司法，深化司法体制综合配套改革，全面准确落实司法责任制，加快建设公正高效权威的社会主义司法制度，努力让人民群众在每一个司法案件中感受到公平正义。引导全体人民做社会主义法治的忠实崇尚者、自觉遵守者、坚定捍卫者，努力使尊法学法守法用法在全社会蔚然成风。社会治理是社会建设的重大任务，是国家治理的重要内容。党的二十大报告指出，完善社会治理体系，健全共建共治共享的社会治理制度，提升社会治理效能。社区矫正工作就是打造共建、共享、共治的社会治理体系的一项重要内容。实践证明，不断深化社区矫正基层治理，完善社会力量多元参与工作机制，对社区矫正对象进行心理矫治时，可以有效地提升社区矫正的工作效能，使矫正对象从被动接受教育到主动进行转变，从而进一步提升社会治理水平，实现知责于心、担责于身、履责于行，构建人人有责、人人尽责的社会治理共同体。心理矫治工作推进和发展的最终方向是专业力量与社会力量相结合，体现了以人为本理念，彰显出社会主义法治的优越性。研究社区矫正心理矫治工作有利于形成多元参与社区矫正工作的生动局面，对犯罪情节不严重的社区矫正对象进行心理疏导,可以帮助其早日顺利回归社会,有效降低社区矫正对象的重新违法犯罪率,同时能够促进政府职能转变,打造服务型政府,推动政府的基层治理同社会调节、居民自治互动。

第一节 社区矫正心理工作概述

一、心理学基础

(一)心理现象

心理学是一门研究心理现象及其发生、发展规律的科学。

什么是心理现象呢?心理现象简称心理,与物质现象不同,它是一种精神现象,是在人的头脑中进行的精神活动,具有内隐性的特点。心理现象虽然十分复杂,但它是有层次的、有结构的,是一个多维度、多水平的反映系统。它既包括有意识的自觉的反映形式,又包括无意识的自发的反映形式;既有生理水平、行为水平的反映,又有个体水平及群体社会水平的反映。

按性质、形态和特征的不同,心理现象可以分为心理过程和个性心理两个大的方面。

1. 心理过程。心理过程是心理现象的一个重要方面。心理过程即人的心理活动过程,它是在人脑中产生的具有从发生、发展到完成的完整的历程的心理活动。它由认知、情感和意志三种既相互区别又相互联系的过程构成。

(1)认知过程。认知过程是人脑对客观事物的现象、特性、意义及本质的反映过程。它包括感觉、知觉、记忆、思维和想象等心理活动。

客观事物以各种方式作用于人的不同感官,在头脑中最先产生的映像是感觉。比如,人眼看到的颜色、人耳听到的声音、鼻子闻到的气味、舌头尝到的滋味,以及手足触摸到的软硬凉热等。感觉是对客观事物个别属性的反映,是低级的心理现象,但它是一切高级复杂心理活动的基础。人类正是首先通过各种完善的感觉才获得对事物的各种性质的认识,一旦丧失了感觉就无法感受这灿烂美妙的世界。但在日常生活中,人的单纯的感觉可以说是没有的,这是因为客观现实中的事物总是由多种属性综合而形成的一个整体。比如,我们并不只是看到红色,还知道是何种物质的红色;我们能听到声音,还能知道是什么东西发出的声音。这时的心理活动就是知觉。知觉是比感觉更高一级的心理反映形式,它是对客观事物各种属性的整体反映。当人把感知到的经验储存在头脑中,又能对其产生再认和回忆,这便是记忆。记忆是人脑对已有信息的获得、存储和提取的过程。感觉、知觉均属于感性认识的过程,是对事物的表面特性、外部联系的反映。而人要认识事物的本质和规律,必须依靠思维。思维是人脑对客观事物的间接的、概括的反映,是对事物之间内在联系及规律的反映。它能使人超越客观现实,深入把握感官所认识不到的领域,从而增加人类认识的广阔性和深刻性。

思维过程的进行离不开人类特有的言语活动，当然它主要依靠内部言语。言语是人们在交际活动中应用语言的过程。言语是一个完整的声音和视觉的符号系统，支持着人类的思维活动，但还有一种特殊的思维过程，这就是想象。想象是对头脑中的表象进行加工、改造，并产生新形象的过程。想象与思维在不同的领域、以不同的方式完成着人类的高级认识活动，人类只有通过思维和想象活动才能把握过去、预见未来，才能有所发明创造。

人在感知、思考、创造事物时必须具备一个前提，那就是要把自己的意识集中到某些客观对象上，这就叫注意。注意是人的意识对一定对象的指向和集中，它对心理活动起着维持、监督和调节的作用。注意本身并不是一个心理过程，或者说它并不是一个独立的心理过程，它是各个心理过程的一个共同特性。

总之，人正是通过感觉、知觉、记忆、思维和想象等协同活动，实现着对客观世界的认识。

（2）情感过程。人们在认知客观事物的过程中，对于认知对象总是持有一定的态度和倾向，产生某种主观体验，如喜欢、憎恨、害怕等，这些都属于情感过程。情感过程包括情绪与情感活动，情绪与情感是人类最有特色的心理现象，它是客观事物是否符合或满足人的需要而产生的主观体验，实质上是人对客观事物的态度，一种带有独特色彩的反映。

情感过程不同于认知过程，它既有喜、怒、哀、乐等主观体验，又有丰富多彩的表现形式，并伴随着机体的生理变化，这就使得心理活动带有了"温热"和"色彩"。情感过程在一定程度上可以透视人的内心世界，因此，它是心理学研究的重要内容之一。

（3）意志过程。人们认识和变革客观现实的活动，从来就不是一帆风顺的，必然会遇到各种各样的困难和障碍。对此，我们要坚定信心，增加勇气，战胜前进道路上的"拦路虎"，而这需要意志过程的帮助。意志是人们自觉地提出目的、支配自己的行为，克服困难和挫折、坚持实现预定目的的心理过程。意志是人类改造世界的重要心理因素，是人与动物心理的本质区别所在。动物的心理没有达到意志的水平，因此，他们的行为是盲目的本能行为，不能在自然界打下它们"意志"的印记。人的意志突出地体现了人的心理的自觉能动性，人只有通过意志行动才能实现远大的理想和宏伟的目标。

知、情、意三种过程不是彼此孤立的，它们融合在统一的心理活动之中，既相互联系又相互制约。一方面，人的意志和情感总是在认识的基础上产生和发展起来的。认识是情感和意志的前提，并对二者产生起着决定性作用。人对客观事物的态度取决于对该事物的认识，人的意志行动是在认识的基础上、在情感的推动下产生。因此，只有认识得深刻和正确，才能产生强烈的情感和坚强的意志。另一方面，情感和意志又影响着人的认识。情感对于认识的内容、方式等各方面起着筛选和过滤的作用，而意志对于认识则起着推动和激励的作用。由于情感和意志具有这些作用，因而又成为衡量一个人认识水平的重要标志。从情感和意志的关系来看，二者虽然都具有一定的依附性，但彼此之间也具有相互联系和相互制约的特点。一定的情感对于人的意志品质的形成同样具有一定的筛选作用；而意志则对于情感起着调解和控制作用。从系统论的观点看，人的心理活动是协调统一的，是相互联系又相互制约的。

心理过程及各过程之间的相互关系是心理学研究的重要内容。

2. 个性心理。个性心理是心理现象的另一个重要方面，简称个性。个性是指一个人属于他自己的完整的精神面貌。精神面貌是个体在社会化中所形成的具有意识倾向性和稳定的心理特征的总和。个性心理包括个性倾向性和个体心理特征。

（1）个性倾向性。个性倾向性又称个性的动力性，是指一个人所具有的意识倾向和对客观事物的稳定的态度与看法。它是人从事各种活动的动力源泉，决定着一个人的行为的方向。它包括需要、动机、兴趣、理想、信念、价值观和世界观等。这些不同因素在人类个体的不同成长和成熟阶段发挥着不同的作用。一般地说，需要与动机是人的原始动力，影响着其他不同内容的形成和作用的发挥。在儿童期，对心理活动和行为影响最大的是兴趣；在青少年期，信念和理想逐渐形成并上升到主导地位；到了青年期和成年期，价值观和世界观便成为主导倾向。

个性倾向性是在实践活动中逐渐形成并发展起来的，反映了一个人与客观环境之间的相互关系，也反映了一个人的特殊生活环境和经历。

（2）个性心理特征。个性心理特征是个性的外显部分，是一个人身上经常表现出来的本质的、稳定的心理特点。它表现着个性差异的具体内容，包括人的能力、气质和性格。人与人之间的一个重要差异表现在能力方面，能力是一个人顺利完成某种活动时所必需的心理特征。能力的大小影响着完成活动的速度、效果和质量。生活中，我们经常能够发现有的人稳健、持重，有的人直爽、开朗，有的人多疑、敏感，这是在气质方面表现出来的个性心理特征。气质是个体心理活动的稳定的动力特征。这种动力性与个体的神经结构和活动特点有密切关系，因此具有先天性。我们还发现，在待人接物的过程中，有的人谦虚、礼貌，有的人朴实、诚恳，有的人轻浮、傲慢，有的人虚伪、贪婪，这些都是在性格方面表现出来的个性特征，性格是一个人对现实的稳定的态度和习惯化了的行为方式中所表现出来的心理特征。性格是个性心理特征的核心内容，它最能表现一个人的个性差异，而且性格总是和一个人的意识倾向和世界观紧密相关，体现着一个人的本质属性。

在现实社会中，人不能离群索居，总是要归属到一定的家庭、单位、民族、种族等不同的群体中，总在一定地域中生活。在外界环境的影响下，人们的个性心理也融进了某些共性的东西，但共性是相对的，差异性则是绝对的。世界上没有两个个性完全相同的人，就像没有两片完全相同的树叶一样。

3. 心理过程和个性心理的关系。心理过程和个性心理作为心理现象的两个方面是有着密切联系的。一方面，心理过程是个性心理形成的条件。各种心理过程多次重复经历是形成个性的前提。假如没有对客观事物的明确认识，不能产生对客观事物的情感体验，缺乏对客观事物进行改造所必需的意志行为，人就难以形成稳固的个性心理。另一方面，已经形成的个性心理又会制约和影响心理过程的进行，并在心理过程中得到体现。比如，能力不同的人对同一事物的认识及解决问题的水平是不同的；性格不同的人在对待不同问题时常常会有不同的行为特点，有的人果断干练，有的人犹豫不决。

(二) 心理的实质

人类对自身的心理现象经过艰难而漫长的认识，逐渐形成了辩证唯物主义的基本观点，即脑是心理的器官，心理是脑的机能；心理是客观现实的主观反映。

1. 脑是心理的器官，心理是脑的机能。这一基本观点现代人理解起来一般不会产生很大的困难，但要理解得很深刻却并不容易。我们可以从以下几个方面加深认识。

(1) 心理的自然发展过程表明心理是神经系统发展到一定阶段的产物。物质世界本体对客体施加作用后，客体都会以一定的反映形式进行应答。反映是物质相互作用留下痕迹的过程，它是物质的普遍属性。但不同物质的反映形式是不一样的，从低级到高级存在着不同的形态。作为心理的反映形式的产生是物质，特别是生物演化的结果，有其自然发展过程。

(2) 人类个体的身心发展过程证实心理是脑的机能。儿童心理学家研究发现，心理水平的提高是与身体成熟，特别是神经系统的发展紧密联系的。以思维水平为例，0~2岁以感知运动为主，这时婴儿脑重为900克，是成人脑重的2/3，脑内部组织逐渐完善，婴儿可以协调感知觉和动作活动，认识外部世界，逐渐获得一些经验。2~7岁时，儿童脑重达1250克，相当于成人脑重的9/10，因为学会了使用语言，可以借助于内部语言进行内部化的智力操作，这个时期儿童头脑中存储了各种事物的表象，掌握了许多前科学概念；儿童开始有想象力，具有形象思维的能力。7~11岁时，儿童的脑重已接近成人。他们已掌握一些科学概念，学会运用概念认识事物，并形成一些观点，智力发生了新的飞跃。12~15岁时，儿童的身体发育已基本成熟，脑重量达到成人水平，约为1400克，可以进行抽象思维，能运用概念进行逻辑推理，会用归纳和演绎的方式解决抽象的问题。这些都说明，心理不是与生俱来的，它是与脑的发育和完善紧密相连的。

(3) 医学科学的研究证明心理是同脑密切关联的。脑科学告诉我们，人类的大脑是一种极其特殊的物质，它有一个与其他任何器官都不同的功能，这就是能够产生"地球上最美丽的花朵"——心理现象。

2. 心理是客观现实的主观反映。从心理的产生机制上看，心理是脑的机能，但仅仅具有这种机能并不能产生心理现象。从心理的内容来看，心理是脑对客观现实的主观反映。脑就好比是一个"加工厂"，没有待加工的"原材料"，大脑就产生不出"产品"，即产生不了心理。

(1) 客观现实是心理的源泉。心理活动是一种反映活动，它离不开被反映的对象，这个对象就是客观现实。客观现实是指在人的意识之外，不以人的意志为转移而独立存在的事物。它是心理取之不尽、用之不竭的源泉和内容。

(2) 心理是对客观世界的主观映象。人脑对客观现实的反映过程，就是在头脑中形成映像的过程。映象与反映的对象不是同质的。前者以观念形式存在于人脑中，是主观的；后者以物质形式存在于现实中，是客观的。二者是同一事物的两种不同存在形式。

但心理既有主观性又有客观性。其客观性表现在：①心理所反映的对象及内容是客观的。②心理反映过程本身是客观的。心理活动是以脑的神经系统为载体和物质承担者的活动，这一过程是客观的。③心理活动通过人的语言、表情和行为表现出来，这些表现也是客观的。

心理活动的主观性表现在：心理反映由一定主体进行，受主体需要、态度、情感、认知水平、个性特征和反映时的心理状态等主观世界的影响，所以表现出极其鲜明的个人色彩。对于同一篇文章，阅读后的评价可能仁者见仁、智者见智。可见，人们对同一事物的反映在准确性、深刻性、全面性和选择性方面都受主观世界的影响。

由此可知，心理活动是客观和主观的统一，是客观现实的主观映象。尽管人的心理对客观现实的主观反映复杂多样，但归根结底都是由客观现实所决定的。

二、社区矫正

社区矫正是贯彻宽严相济刑事政策，推进国家治理体系和治理能力现代化的一项重要制度，对于提高教育矫正质量、预防和减少重新犯罪、推进法治社会建设、实现社会长治久安的需要和推进我国经济社会又好又快发展具有重要意义。党的十九大明确提出中国特色的社会主义已经进入新时代，随着国家整体战略的推进，社区矫正工作作为中国特色社会主义事业的一部分，也将跨入新时代。在新时代背景下，社会力量参与社区矫正工作已经出现了许多新问题，需要我们创新思维勇于改革，积极探求社会力量参与社区矫正的新路径，提升社区矫正质量，真正落实治本安全观的宗旨要义。随着新时代国家整体安全战略的推进，作为我国政法机关重要组成部分的社区矫正也跨入了新时代。近年来，经过社区矫正系统的上下努力，社区矫正工作已初步形成了新时代格局和视野。社区矫正工作的安全稳定始终服从国家总体安全稳定的大局，以大局要求为指针，开展广泛细致的工作，底线安全观也逐步向治本安全观全方位推进，新的执法理念已经确立，社区矫正的安全稳定防线正稳步向前推进。要提高政治站位，深入学习贯彻习近平法治思想，切实增强贯彻实施社区矫正法的责任感和紧迫感，积极推进社区矫正制度化、规范化、法治化建设。要坚持靶向发力，做到监督管理与教育帮扶相结合、专门机关与社会力量相结合、分类管理与个别化矫正相结合、依法管理与尊重和保障人权相统一，把法律规定的各项制度措施落到实处。要坚持问题导向，优化机构设置，强化工作保障，细化衔接配合，深化社会力量参与，把社区矫正工作各项任务落到实处、见到实效。要坚持法治思维，加大法律宣传力度，努力形成社会合力，推进社区矫正工作高质量发展。

（一）社区矫正的概念

社区矫正（Community Correction）是一个外来语。社区矫正是西方国家首先推行的一种刑事执法模式，其理念始于19世纪末近代学派的行刑社会化思想。近代学派的大师们认识到监狱刑罚的缺陷和不足，提出了非监禁刑罚措施和对罪犯人格的改造，社区矫正便由此发端。20世纪50年代兴起了罪犯再社会化思潮，以安塞尔为代表的新社会防卫学派提出对罪犯实行人道和再社会化，使社区矫正思想由孕育走向成熟，并逐渐由学说渗透到立法，再转化为各国的行刑实践。刑罚注重对犯罪人的改造、完善而不是报复；刑罚的目的是将社会人格不完善、不能正常进行社会生活的犯罪人再社会化，这已成为现代社会的共识。社区矫正比监狱矫正有更大的优越性，目前已成为西方国家占主导地位的行刑方式，也已成为世界各国刑罚体制改革发展的趋势。

社区矫正的概念很多，在我国比较认同的观点是"非监禁刑罚执行说"，即认为社区矫正是与监禁矫正相对的刑罚方式，是指将符合社区矫正条件的罪犯置于社区内，由专门的国家机关在相关社会团体和民间组织以及社会志愿者的协助下，在判决、裁定或决定确定的期限内，矫正其犯罪心理和行为恶习，并促进其顺利回归社会的非监禁刑罚执行活动。社区矫正工作是积极利用各种社会资源、整合社会各方面力量，对罪行较轻、主观恶性较小、社会危害性不大的罪犯或者经过监管改造、确有悔改表现、不致再危害社会的罪犯在社区中进行有针对性管理、教育和改造的工作。

综上所述，社区矫正是指将符合法定条件的罪犯置于社区内，为保障刑事判决、刑事裁定和暂予监外执行决定的正确执行，提高教育矫正质量，促进社区矫正对象顺利融入社会，预防和减少犯罪的一种非监禁刑事执行制度。

（二）我国社区矫正工作的沿革

我国于2003年开始了社区矫正试点工作，到2009年在全国全面试行，其间社区矫正工作发展迅速，覆盖面稳步扩大，社区服刑人员数量不断增长。2013年11月进入全面推进阶段，党的十八届三中全会通过的《中共中央关于全面深化改革若干重大问题的决定》明确提出，要"健全社区矫正制度"。2014年4月21日，习近平总书记作出重要指示，要求把社区矫正工作作为司法行政一项重点工作，科学谋划，深入推进，他指出："社区矫正已在试点的基础上全面推开，新情况新问题会不断出现。要持续跟踪完善社区矫正制度，加快推进立法，理顺工作体制机制，加强矫正机构和队伍建设，切实提高社区矫正工作水平。"2014年10月，党的十八届四中全会通过的《中共中央关于全面推进依法治国若干重大问题的决定》进一步提出要"制定社区矫正法"。同年，司法部会同最高人民法院、最高人民检察院、公安部联合召开全国社区矫正工作会议，部署全面推进社区矫正工作，社区矫正工作由此进入全面推进的新阶段。截至2019年底，全国累计接收社区矫正对象达478万人，累计解除矫正对象411万人。而社区矫正的人均执行成本只有监狱的1/10，社区矫正期间矫正对象的再犯罪率只有0.2%。2019年12月28日，十三届全国人大常委会第十五次会议通过了《社区矫正法》，并自2020年7月1日起施行。《社区矫正法》分为总则，机构、人员和职责，决定和接收，监督管理，教育帮扶，解除和终止，未成年人社区矫正特别规定，法律责任，附则，共九章63条。这是我国首次就社区矫正工作进行专门立法，标志着我国社区矫正工作进入了全新的发展时期。《社区矫正法》的出台迎来了我国社区矫正工作"有法可依"的新局面，指明了我国社区矫正的发展方向，有利于社区矫正工作的全面规范运行。同时，《社区矫正法》对完善刑事执行制度，贯彻宽严相济刑事政策，推进国家治理体系和治理能力现代化，建设中国特色社会主义法治体系，具有重大意义。

《社区矫正法》以《中华人民共和国宪法》（以下简称《宪法》）为根本大法制

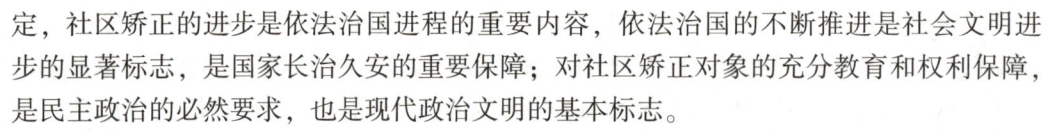

定，社区矫正的进步是依法治国进程的重要内容，依法治国的不断推进是社会文明进步的显著标志，是国家长治久安的重要保障；对社区矫正对象的充分教育和权利保障，是民主政治的必然要求，也是现代政治文明的基本标志。

【小贴士】
学习贯彻落实社区矫正法，推动社区矫正工作高质量发展作为当前和今后一个时期的重要任务，需要进一步增强"四个意识"、坚定"四个自信"、做到"两个维护"，严格依法履职，加强衔接配合，全面依法规范履行社区矫正各项法定职责任务，主动谋划推动社区矫正高质量发展的总体思路、重点任务、具体措施，不断提高社区矫正工作服务保障法治中国、平安中国建设的能力和水平。

（三）社区矫正的适用范围及社区矫正对象

1. 社区矫正的适用范围。关于社区矫正的适用范围，我国法律规定如下：①被判处管制的；②被宣告缓刑的；③被暂予监外执行的，具体包括：一是有严重疾病需要保外就医的；二是怀孕或者正在哺乳自己婴儿的妇女；三是生活不能自理，适用暂予监外执行不致危害社会的；④被裁定假释的。在符合上述条件的情况下，对于罪行轻微、主观恶性不大的未成年犯、老病残犯，以及罪行较轻的初犯、过失犯等，应作为重点对象，适用上述非监禁措施，实施社区矫正。

2. 社区矫正对象。从社区矫正试点工作的对象来看，实际上包括三类人：①罪行比较轻微的罪犯，包括被判处管制、缓刑的；②罪行虽然比较严重，但是经过教育改造证明确有悔改，不再危害社会的，如被假释的；③有特殊情况，暂予监外执行的。对于前两类人实行社区矫正，体现了对犯罪分子的区别对待。对于第三类人实行社区矫正，则体现了刑罚执行中的人道主义精神。由于社区矫正的对象是罪行较轻或者确有悔改表现、不致再危害社会的罪犯，而不是对社会造成严重危害，并且仍然对社会有危险的犯罪分子，因此，公众在心理上对社区矫正应当是能够理解的。对于三类人员都要经过评估确定没有再犯罪的危险，对所居住的社区也没有重大的不良影响才能适用社区矫正，这是国家对社区矫正的刚性规定，不得随意扩大或缩小适用范围。适用范围的特定性要求我们在社区矫正工作中，一定要认真贯彻落实宽严相济的刑事政策，不能扩大适用范围失之于宽，也不能缩小范围失之于严。

还应当指出的是，我国的社区矫正是与监禁矫正相对的刑罚方式，是充分利用社会资源，积极运用各种方法、手段，整合政法部门、社区等各方力量，着力对社区范围内的假释、监（所）外执行、管制、缓刑等罪犯进行针对性的教育改造的手段和方法。

3. 我国社区矫正对象的基本情况。为了更好地了解我国的社区矫正对象的基本情况，进一步完善社区矫正工作，从2018年开始，某市司法局与该市爱恩心理咨询有限公司共同开发"打开心墙"心理矫正系统，调查了该市社区矫正对象的基本情况。

此次调查采集了甲、乙、丙、丁四区共1080名社区矫正对象的基本情况，并得出评估结果，其中男性987人，女性93人。

表 1-1 某市社区矫正对象部分基本情况统计表

项目	性别		户籍		婚姻状况					药物	在矫时间			
	男性	女性	本地	外地	未婚	已婚	离婚	丧偶	再婚	吸毒史	1年以下	1~3年	3~5年	5年以上
性别	987	93	608	472	225	639	108	76	32	16	323	476	201	80
百分比%	91.4	8.6	56.3	43.7	20.8	59.2	10	7	3	1.5	29.9	44.1	18.6	7.4

（1）从性别来看，此次社区矫正对象调查数据中男性有 987 人，女性有 93 人。这表明男性犯罪的可能性远大于女性。从户籍来看，本地户籍的社区矫正对象和外地户籍的社区矫正对象人数基本相当。从社区矫正对象的婚姻状况来看，已婚、未婚和离婚的人数较多，其中已婚的社区矫正对象的家庭大多数都存在着一定的问题。有吸毒史的有 16 人。从在矫时间来看，多数为 1~3 年，然后是 1 年以下、3~5 年、5 年以上的最少，这表明社区矫正对象一般犯罪情节较轻，社会危害性较小。

（2）从就业情况看，入矫前为无业、工人、农民的人占多数。这表明社区矫正对象中多数人失业、无正当职业或无稳定经济来源，且有较多可自由支配的时间。

（3）从月收入情况来看，社区矫正对象中有 2/3 的人员月收入为中等以下水平，存在较大的经济压力，同时也注意到，超过该市平均收入的社区矫正对象也存在相当比例，将近 10%。

（4）从年龄结构来看，18~35 岁的人员在所测社区矫正对象中占比最高，这表明社区矫正对象中青壮年是预防重新犯罪和监控的重点。此外未成年人占比已经接近 10%，呈快速上升趋势。

（5）从犯罪类型来看，所犯危险驾驶、寻衅滋事、聚众斗殴等罪的人数较多。这表明冲动型犯罪是社区矫正对象的主要犯罪类型。

（6）从矫正类别来看，缓刑人员占所抽取的社区矫正对象的 89.3%。这表明社区矫正对象中绝大多数属于缓刑人员。

（7）从文化程度来看，小学文化以下有 680 人，占 63%；小学到中学文化有 270 人，占 25%。这表明社区矫正对象大多文化程度较低，其法律意识与自控能力较弱，进而导致犯罪。

（8）从家庭关系来看，所抽取社区矫正对象中家庭关系不好的有 725 人；关系一般的有 274 人；家庭关系好的只有 81 人，占总人数的 7.5%。可见，大多数社区矫正对象都缺乏家庭的关爱和支持。

4. 社区矫正对象心理状况分析。社区矫正对象是一个复杂的客体，由于其社会经历、文化教养、价值观念的不同，不良心理的表现也多种多样，社区矫正对象一般在接受矫正初期容易出现不满和悲观等不良情绪。青少年社区矫正对象则容易出现挫折心理、逆反心理等。从调查分析来看，比较常见的不良心理主要表现有身份转化的适应不良综合征、自卑自弃心理、焦虑恐慌心理、抑郁悲观心理、冷漠消极心理、抵抗报复心理等。通过对所抽取的某市司法局社区矫正对象进行症状自评量表（SCL90）测试，发现社区矫正对象中存在较多的是抑郁、焦虑、冲动、敏感、悲伤等问题。其中抑郁得分属于较高以上的占 51.3%，表明约有一半的社区矫正对象情绪状态不佳，对生活缺乏热情；近4/5的社区矫正对象遇事容易紧张，焦虑不安；62.79%的社区矫正对象遇事容易冲动，对自己的情绪缺乏控制能力，95%的社区矫正对象存在较高的悲伤情绪。

表1-2　某市社区矫正对象心理情况统计表

项目	抑郁			焦虑			冲动			敏感			悲伤		
	高	较高	正常	高	较高	正常	高	较高	正常	高	较高	正常	高	较高	正常
分数	167	387	526	332	464	284	276	401	403	370	656	54	86	225	769
百分比%	15.5	35.8	48.7	30.7	43	26.3	25.6	37.2	37.2	34.3	60.7	5	8	20.8	71.2

（1）适应不良综合征。适应不良综合征是指生活、学习和工作环境发生了重大改变，个体的心理、行为特征无法适应，出现异常，轻者自我迷茫、困惑、苦闷、迷失、烦躁、失眠或日夜颠倒，不善于与人交往，难以融入新环境，情绪不稳，冲动任性，会无故叫喊，少耐心，做事急匆匆、注意力不集中，等等；重者容易诱发各种心理障碍和心理疾患，甚至出现各种犯罪或自卑、自杀倾向。这种因环境改变导致精神上的紧张、干扰，而使自己思想上、情感上和行为上出现了偏离社会生活规范轨道的现象称为"适应不良综合征"。

每一名社区矫正对象本身都拥有社会角色，承担相应的社会功能，当身份变成了"罪犯"，在思想与行为上有明显不同，需要有一段时间去适应，大多数人能够自我进行角色调整，不会对身心与生活产生过大的影响或伤害。约有5%的人有明显的不良症状反应。

（2）自卑自弃心理，自感前途渺茫。自卑自弃是一种因过多自我否定而产生的自惭形秽的情绪体验。社区矫正对象有时会觉得自己低人一等，在社会上已经留下了不好印象，再也没有前途和希望；总觉得别人在背后议论自己，在心理上敏感、自卑，怕与人接触，不愿与人沟通，形成自我封闭的不良反应。

（3）焦虑恐慌心理，对生活缺乏信心。焦虑恐慌是个体主观上预料将会有某种不良后果产生或可能造成心理挫折的一种不愉快的情绪体验。社区矫正对象的矫正期限有长有短，特别是剥夺政治权利的时间更长。这样漫长的矫正期限，使某些社区服刑人员感到心里没底，对生活缺乏信心，心理压抑、恐慌甚至绝望。

（4）悲观心理，无力承受生活压力。抑郁悲观是个体感到无力应对外界压力而产生的一种消极情绪，常伴有厌恶、痛苦、羞愧、自卑等情绪体验。社区矫正对象的抑郁主要来自就业、择业的艰难。目前，社会整体就业压力不断增加，由于现在就业岗位少，社会上很多适龄人员都没有工作，所以推荐社区矫正对象再就业就更加难。特别是社区服刑人员大部分文化层次较低、知识技能较少，以致再就业竞争力低，进一步导致生活无着落，经济无来源，生活陷入极端困难境地，又不知如何改变现状，从而对生活缺乏信心，很容易导致重新违法犯罪。

（5）冷漠消极心理，自我封闭回避现实。冷漠消极是一种个体对挫折环境的自我逃避式的退缩性的心理反应，表现为对人对事不关心、冷漠的消极情绪体验。由于某些社区矫正对象因过去犯的错，给家人心理上造成了不同程度的伤害，导致部分家人对他们缺乏思想和生活上的关爱，个别甚至将其拒之门外。还有的社区矫正对象不体谅家中困难，易暴易躁，导致家庭关系、人际关系淡漠，亲情之间沟通不正常，相互埋怨不谅解。

（6）抵抗报复心理，致使重新违法犯罪。抵抗报复心理是在社会交往中欲以攻击方式对那些曾给自己带来挫折、不愉快的人发泄怨恨、不满的一种情绪。有些社区矫正对象有很深的"仇富"情结，周围熟悉的环境和人的巨大变化，与自己的"一无所有"相比较，不免相形见绌，心理落差大，情绪浮躁。他们犯罪的意识并没有得到根除，扭曲的心态也没有得到矫正。因此，这些人一旦有条件，不满情绪很容易转化为强烈的反社会心理，邪恶贪婪的本性就会再度暴露，进而无法自控，重新走上犯罪的道路。

三、社区矫正心理工作

心理矫正既是人类行刑理念的改革，更是促进罪犯教育矫正向着科学化、文明化、人道化方向转变，促进罪犯再社会化目标实现的重要手段。社区矫正作为刑罚执行文明化、进步化、人道化的标志，自然不可缺少以人为本、体现人性化理念的新型的、独特的矫正手段。司法实践表明，社区矫正对象也是发生心理问题的高危人群。他们无论是犯罪前还是在犯罪后，都或多或少地存在着各种各样的心理问题，有的犯罪的主要原因就是心理问题。比如说，心胸狭隘、暴躁易怒、情绪不稳、自控能力差、自卑、嫉妒、焦虑、人际关系紧张、贪婪、懒惰、认知错误、偏激、易激惹、片面、不遵守规章制度、喜欢挑战权威、无道德感或道德观念差等。这些人格上的缺陷很可能使他们在为人处世、面对困难或挫折时采取不适当的行为方式来解决，从而走上了违法犯罪的道路。也有一些社区矫正对象在矫正期间因身份的变化而产生一些新的心理问题，影响他们的改造，阻碍他们顺利回归社会。

上海市徐汇区康健街道司法所就曾对社区内的矫正对象进行心理状况调查，结果显示，在这些社区矫正对象中患有严重心理障碍的比例较高，他们之所以犯罪与他们的人格缺陷、心理健康水平较低有着密切的关系。在进行人格调查时发现，矫正对象中精神质偏高的占46.1%，其中特别高的占23.1%；情绪不稳定的占30.7%。在进行心理健康调查时发现，人际关系差、有敌对倾向、过于敏感的占25%；情绪忧郁的占75%；情绪焦虑的占25%。在进行家庭环境调查时发现，家庭成员之间情感沟通不佳的占33%；法律知识缺乏的占56%；道德观念差的占56%。这些问题的存在会成为这些矫正对象顺利接受社区矫正的"拦路虎"，社区矫正机构必须想办法解决。

随着社区矫正工作的深入开展，全国各地社区矫正机构的心理矫正工作也逐渐由初期的试点探索走上了现在的大面积推广适用，各地都开展了内容、形式、水平不等的心理矫正工作，比如，为矫正对象建立心理档案，开展心理健康教育、心理咨询和心理治疗、心理危机干预等工作。心理矫正工作的开展，使得社区矫正机构对矫正对象的矫正更加精准，效果更好。

《社区矫正法》第 11 条规定："社区矫正机构根据需要，组织具有法律、教育、心理、社会工作等专业知识或者实践经验的社会工作者开展社区矫正相关工作。"第 24 条规定："社区矫正机构应当根据裁判内容和社区矫正对象的性别、年龄、心理特点、健康状况、犯罪原因、犯罪类型、犯罪情节、悔罪表现等情况，制定有针对性的矫正方案，实现分类管理、个别化矫正。矫正方案应当根据社区矫正对象的表现等情况相应调整。"第 40 条第 1 款规定："社区矫正机构可以通过公开择优购买社区矫正社会工作服务或者其他社会服务，为社区矫正对象在教育、心理辅导、职业技能培训、社会关系改善等方面提供必要的帮扶。"这些法律条文都非常明确地规定了为社区矫正对象开展心理矫正的工作。

《社区矫正法实施办法》第 43 条第 3 款规定，根据社区矫正对象的心理健康状况，对其开展心理健康教育、实施心理辅导。

以上规定为社区矫正对象开展心理矫正工作提供了法律法规依据。

【小贴士】

党的二十大报告强调要健全共建共治共享的社会治理制度。社会组织的加入对于丰富基层社会治理的多元化主体具有重要作用。政府与社会组织协同配合，通过对社区矫正对象开展心理矫治工作，从心理源头上对其进行矫治，促使其缓解心理障碍，顺利回归社会，体现了政府对社区矫正对象在监督管理上的公共属性。在公共管理视角下，心理矫治工作呈现出基层政府、社会多元主体共同参与的多元治理格局。

（一）社区矫正心理工作的概念

社区矫正心理工作是指将心理学的原理、方法和技术运用于社区矫正工作中，剖析社区矫正对象犯罪心理形成的过程、原因和规律，分析他们在矫正过程中出现的各种心理问题，然后有针对性地采取心理学技术对其不良心理和不良行为进行矫正和治疗，帮助他们消除心理障碍，解决心理矛盾，促使其心理健康、重塑健全人格和提高适应社会的能力，并最终成为一名合格的社会公民。

对社区矫正对象开展心理矫正是罪犯矫正体系的重要组成部分，是与管理、教育、劳动并称的四大矫正手段之一，在罪犯改造的过程中发挥着极为重要的作用。随着社区矫正工作的全面推进，对社区矫正对象的心理矫正被作为一种具有现实意义的矫正手段而更加受到重视。

（二）社区矫正心理工作的目的及意义

1. 面向全体社区矫正对象。通过开展心理健康教育、心理辅导等活动，使社区矫正对象对心理矫正和心理健康有一个正确的认识，激发和强化自我矫正的积极性，改善和提高自身的心理素质，加速其再社会化的进程。

2. 针对有心理问题和心理障碍的社区矫正对象。通过实施辅导、教育、咨询和治疗，帮助他们消除心理障碍，缓解心理矛盾，摆脱心理困扰，改变不良行为，促进心理健康。

具体来讲，社区矫正对象心理矫正的目的主要包括六个方面：激发改善动力、探究问题根源、提高适应能力、转变行为观念、改变行为习惯、增强自我控制。

【小贴士】

党的二十大报告指出，国家安全是民族复兴的根基，社会稳定是国家强盛的前提。通过对罪犯开展心理矫治工作，做到从治标延伸到治本，对于落实治本观与实现安全观、保障社会安全稳定有重要意义。

(三) 社区矫正心理工作的原则

社区矫正心理工作是一项科学性、实践性很强的工作，做好这项工作应当遵循以下原则：

1. 以社区矫正对象的再社会化为最终目标，结合社区矫正的整体工作开展心理矫正。

2. 在全面了解社区矫正对象的基础上，根据他们的心理特征和发展规律，基于他们的个别特征和发展需要，有针对性地实施心理矫正。

3. 心理健康教育与心理咨询、心理治疗有机结合，使心理矫正贯穿社区矫正的全过程，积极主动地开展心理教育与心理辅导，同时关注出现心理障碍的社区矫正对象，积极能动地实施心理咨询与心理治疗。

4. 心理矫正的主导作用与社区矫正对象的积极参与有机结合。内因是变化的根据，外因是变化的条件，社区矫正对象的认知、情绪和行为的改变，尽管一定程度上得益于矫正者的专业工作，但是心理矫正者的作用只是"授之以渔"而不是"授之以鱼"，所以，在矫正关系中，矫正者只承担"助动者"的角色，而被矫正者才是改变自己的真正主宰。因此，应充分调动和启发社区矫正对象的主动性和自觉性，提高他们自我矫正、自我发展的思想观念与能力。

5. 社区矫正心理工作遵循相互尊重、平等原则。这是进行心理矫正的基础。心理矫正人员要与被矫正人员一起分析他们存在的心理问题，制定心理矫正目标，确定心理矫正方案等。

(四) 社区矫正心理工作的内容

社区矫正心理工作的内容主要包括心理健康教育、心理咨询、心理治疗和心理危机干预等。

1. 社区矫正对象的心理健康教育是面向全体矫正对象，根据他们的心理和生理特点，运用心理学的教育方法和手段，培养其良好的心理素质，促进其整体素质全面提高的教育。心理健康教育注重矫正对象健全的人格和健康的心理品质的培养，体现的是以人为本、对人的可持续发展负责的基本精神。

2. 社区矫正对象的心理咨询是指心理咨询专业人员运用心理学的知识、理论和技术，协助需要帮助的社区矫正对象解决心理问题，从而帮助其实现自强自立，增进心理健康水平，提高生活质量，使其顺利回归社会，不致重新犯罪。

3. 社区矫正对象的心理治疗是指由受过专业训练的心理咨询（或治疗）师以心理

学理论为指导，运用心理治疗的有关理论和技术，对有各类心理与行为问题的社区矫正对象进行矫治，以消除或缓解其心理或行为问题，促进其人格向健康、协调的方向发展，促进社区矫正对象重新社会化的过程。

4. 社区矫正对象心理危机干预是指针对由于突然遭受严重灾难、重大生活事件或精神压力而处于心理危机状态的社区矫正对象及时给予适当的心理援助，使其尽快摆脱困难，顺利参与社区矫正的一种有效的服务方法。

（五）社区矫正心理工作的相关研究

1. 国外研究现状。国外对罪犯的心理矫治研究经历了艰难曲折的发展历程。20世纪60年代，针对罪犯的理论研究逐渐受到冷落。由于心理治疗哲学中的固有假设，将罪犯描述成受害者，他们之所以犯罪是社会或者个体所致。因此建立在这一假设基础上的罪犯心理治疗被认为是合理、必要而有效的方法。但这与基于自由意志理论建立的刑事司法体系相矛盾，心理治疗研究人员极力为犯罪人辩护，而法院则要考虑到判决的公正与法律的威慑力量，因此这两者之间的矛盾阻碍了罪犯心理矫治的发展。加之针对罪犯的心理矫治理论研究并未从很大程度上降低罪犯的再犯罪率，因此针对罪犯的心理矫治理论研究受到了质疑。20世纪80年代，罪犯心理矫治的理论研究更是进入冰点，针对犯罪心理的心理矫治观念也受到了人们的质疑与反对。从20世纪90年代开始这种情况逐渐得到了改善，尤其是加拿大、美国的部分地区。这是因为心理矫正治疗效果的元分析研究重新将心理矫治工作纳入刑事司法体系的视野。心理矫治的元分析方法研究由美国心理学家格拉斯（Glass）所创立。针对心理矫治效果的元分析研究就是对犯罪人进行具体分析，根据犯罪人不同的生活环境、家庭背景、个人经历，找到相应的心理矫治方法、技术。这种有针对性的心理矫治方法大大提高了矫治的有效性。针对罪犯的心理矫治理论研究也重新引起了国外学者的关注，各种矫治理论不断产生。

国外罪犯心理矫治的理论研究基本上建立在原有理论成果之上，并且这一理论研究与心理学理论的发展是并行的，随着心理学理论研究的不断深入，罪犯心理矫治的理论内容也得到不断发展、丰富和完善。例如奥格斯·霍恩（August Aichhom）根据传统的精神分析理论探讨青少年的犯罪问题，并提出潜在的不良行为理论这一观点。同时随着皮亚杰认知主义、华生行为主义心理学理论的提出，针对罪犯心理矫治的理论研究也获得了前所未有的发展。精神分析心理治疗理论的发展，推动了各种不同的心理治疗理论相继产生，基于理论背后的心理治疗方法也各式各样，如日本著名医学博士森田正马在精神分析理论基础上创立的森田疗法；奥地利精神病学家阿德勒（Alfred Adler）创立了阿德勒治疗理论。同时某些西方国家在对罪犯的心理矫治理论研究中也逐步扩大研究视野，譬如将东方的传统文化应用在罪犯的心理矫治研究与实践中并取得一定的治疗效果。美国心理医师科菲尔德（Komfeld）博士就将东方传统文化中的某些合理治疗方法应用于心理矫治临床研究，并取得了一定的研究成效。国外对于罪犯的心理矫治研究工作尽管已经相当成熟，但是这种理论研究却建立在西方人的心理特征基础上，对于不同地区、不同人种、不同文化等跨文化的心理研究还很薄弱。各个学派站在自己的立场，缺乏合作与沟通，导致研究工作分散，没有形成科学的心理矫治研究体系。因此在对我国的社区服刑人员进行心理矫治时，应积极借鉴国外先进和成熟的心理矫治理论成果，但不可急功近利，更不能采取拿来主义，应当在研究我国传统文化心理特点的基础上，进行适合中国人心理特点的心理矫治理论研究和实践工作，努力实现我国社区矫正心理矫治工作的本土化。

2. 国内社区矫正心理矫治研究。由于我国社区矫正实践工作开展较晚，实践中尚处在试点阶段，尽管许多试点的实践为我国社区矫正的理论研究工作提供了宝贵经验，如北京、上海、浙江等试点，但由于我国对刑事执行理论的研究重点在罪犯的监禁执行方面，对社区矫正这一较为新鲜的制度理论的研究相对不足，同时存在着粗放和较为笼统的态度，在心理矫治理论方面大多是借鉴西方的心理矫治成果，缺乏符合中国人心理特征、文化特点的本土化心理矫治方法，并在社区矫正的主体、矫正方法、监督等方面存在理论缺陷与实践障碍。另外，我国对社区矫正中矫正对象的心理矫治的具体项目还缺乏制度性的规定，矫正方法分类尚未形成一个完整的体系。在适用上往往出现各自为战的情况，缺乏使用上的程序性规定，如使用的先后次序、分类的适用原则。因此，借鉴国外社区矫正心理矫治理论研究工作的先进经验并结合我国具体情况，建立有中国特色的社区矫正心理矫治体系，建立本土化的心理矫治模式，是推进我国社区矫正工作的制度化、规范化和科学化、有效化的重要步骤。

在社区矫正对象心理矫治的研究方面，国内有些学者主张运用西方心理学的有关理论对矫正对象进行心理矫治，如运用弗洛伊德的精神分析理论、行为主义的"厌恶疗法""系统脱敏法"和认知主义的"理性情绪疗法"等对社区矫正对象犯罪心理的矫治进行研究探讨，这些都是对我国社区矫正理论的重要探索，对我国社区矫正心理矫治的理论研究提出了有价值的建议，但这些理论基本上停留在国外的研究成果之上，没有较大的突破和改进，并且建立在西方个人主义基础上的心理矫治研究成果是否适合中国人的心理特点，尚不能得到有效证实。

国内有些学者主张从心理矫治的整体入手，借鉴美国、加拿大等西方的社区矫正概念，将社区矫正定位在行使审判的各个环节，从大框架、大范围内提出对社区矫正对象的心理矫治方法；提出从心理矫治开展主体、矫治过程、影响心理矫治的内外因素等完善对矫正对象的心理矫治。这些都是从试点中发现的问题的具体解决对策，由于各地情况不同，这方面的理论研究还需进一步深入。

与上述学者的研究方向不同，我国著名心理学家钟友彬先生在弗洛伊德精神分析疗法的研究基础上，结合中国文化背景，提出了新的心理治疗理论，并提出具有独创性的心理治疗方法——领悟疗法。叶浩生、杨丽萍也主张运用后现代心理学的重要理论流派——社会建构心理学结合中国人的心理特点进行研究分析。这在一定程度上将我国心理学研究方向转向正轨，即努力探寻适合中国人传统文化心理特点的心理学理论，努力发掘西方心理学理论中的合理成分并结合中国人的特点予以改进和创新。

第二节　社区矫正心理工作模式

社区矫正工作的性质具有两面性，既需要体现出法律惩戒、司法监管的权威性，又需要体现出柔性管理、人性化的矫治教育。其本身由行为监管与教育矫治两部分构成。

社区矫正中的心理矫正，是以社会心理学、犯罪心理学等基本理论为依据，融合我国国情、现有社区矫正管理模式、司法管理特点等因素，根据"两高两部"的《社区矫正实施办法》（现已失效）等相关条款，为社区矫正工作服务的一套教育矫治体系。

【小贴士】

党的二十大报告指出，中国式现代化，是中国共产党领导的社会主义现代化，既有各国现代化的共同特征，更有基于自己国情的中国特色。中国式现代化具有鲜明的中国特色，中国国情是中国特色的基点和来源。只有以国情为一切工作的出发点，才能推进中国式现代化不断取得新发展。

运用心理学的原理与心理咨询技术介入社区矫正工作的目的是运用心理学原理、心理测评技术分析判断犯罪原因，定位再犯罪风险较高的社区矫正对象，并从社区矫正对象的犯罪成因中的心理需求层面介入，采取有针对性的措施进行教育矫治，以减少再犯罪率、帮助矫正对象顺利回归社会，维护社会和谐稳定。

运用心理咨询技术在社区矫正工作中体现了以人为本的理念，对于帮助社区矫正对象重新找准自己的社会位置，矫治社区矫正对象的犯罪心理和行为恶习，预防社区矫正对象重新犯罪具有重要的作用；对于帮助他们悔过自新、努力改造自我、克服心理障碍、消除心理阴影，恢复自信心，增强其家庭责任感和社会责任心具有积极意义。

对社区矫正对象开展心理矫正工作是一项系统、严谨的工作，因此称之为社区矫正对象的心理矫正系统。该系统由从事心理矫正工作者的专业技能要求，从事心理矫正工作的环境条件与心理矫正方法三大部分构成。

（一）从事社区矫正心理工作的人员要求

开展社区矫正心理工作的人员需要掌握犯罪心理学原理，同时具有丰富的专业心理咨询经验，通过对社区矫正对象开展心理评估、心理健康教育、心理矫治、心理咨询、心理创伤抚慰与危机干预等一系列活动，准确掌握社区矫正对象心理特征，帮助其正确认识心理问题。对社区矫正对象的心理状态进行监督与管理，帮助其确定身份、端正心态、遵纪守法、积极改造，以提高其适应社会的能力。

目前，从事社区矫正心理工作的人员包括具有心理专业知识背景的社区矫正工作者，具备专业知识的心理志愿者或者民间心理协会、专业的心理咨询机构的人员等，统称为社区矫正心理咨询师，因涉及社区矫正对象的心理隐私，社区矫正心理咨询师需要独立开展工作。

总之，在社区矫正工作中，我们要持续推进社区矫正队伍建设，锻造政治过硬、本领高强、作风优良的精兵劲旅。进一步提升素质能力，加大专业培训力度，推进实战练兵常态化，加快专业化、规范化建设步伐。健全保障机制，推动建立依法履职保护、纠错容错机制等，加强职业保障。从严正风肃纪，认真落实防止干预司法"三个规定"，加大执法不作为、乱作为和趋利执法、选择性执法等突出问题整治力度，有效预防和减少执法问题的发生。

【小贴士】

通过社区矫正工作人员、心理咨询师及矫正对象家庭成员等多元配合，打造融法律限制、道德疏导、亲情认同、心理矫治为一体的社会力量多元化参与格局，极大地消除了大部分社区矫正对象的阻抗心理，有力推动了心理矫治工作水平提升，使心理矫治工作走上科学化、规范化轨道，降低再次犯罪的风险，同时体现了法治国家的人道主义精神和以人民为中心的发展思想。

社区矫正心理工作人员能帮助社区矫正对象打开心扉，克服心理障碍，消除心理阴影；树立合理的信念，增强其自信心，提高其心理健康水平，同时对犯罪心理与犯罪人格进行矫正，从而实现心理矫正工作效果的最大化。从事社区矫正心理工作的人员要求如下：①拥有相应的心理学知识和心理咨询技能；②拥有300小时以上的个案咨询经验；③具有2年以上的从事心理矫正相关工作经历；④经历过社区矫正工作培训，对社区矫正工作性质、流程有清晰的了解。

(二) 社区矫正心理工作需要的环境与条件

为社区矫正对象开展心理矫正工作需要在专门的心理矫正室中进行，心理矫正室是对社区服刑人员进行心理矫正的基本场所。因为咨询对象的特殊性，心理矫正室的建设与普通的心理咨询室有较大的差异，科学规范、富有特色地建设好心理矫正室，能够使社区服刑人员在心理矫正工作中更好地配合心理咨询人员，打开心扉，使矫正方案更具针对性和科学性，从而实现心理矫正工作效果的最大化。

区（县）级心理矫正室建设的基本要求如下：

有条件的区、县（市）可以建立功能较全的心理矫正中心，包括办公室及预约等候室、心理测量及档案室、个体心理咨询室、团体心理活动室、放松治疗室、心理宣泄室等；条件不具备的区、县（市）至少建设个案心理矫正室。

1. 心理矫正室（中心）必须有专用场地，选址适当，保持相对安静，场所隐蔽，按照司法标识规范布置门牌、制度牌、标识。

2. 心理矫正室（中心）内部设施应简洁大方，采光通风条件好，室内装饰风格温馨、宁静，避免使用容易引起来访者强烈情绪反应的刺激颜色；可在适当的位置摆放鲜花或盆景，悬挂书画；沙发及其他设施摆放适宜，保持整洁、舒适。

3. 心理矫正室（中心）必须配备心理健康阅读材料、多媒体电脑、投影设备，有条件的心理咨询室还可配备录音机、摄像机等设备，以备需要时使用。

4. 心理测量室应配备必要的心理测量软件，可同时使用纸质心理测量量表进行测量。测量软件需具备国家版权局颁布的软件著作权。心理测量室一般不宜与咨询室合在一起，条件不具备的区、县（市）可与办公室合并。测量仪器、量表的使用要符合规范，测量前应取得社区矫正对象同意，在自愿的前提下进行。

测评软件应包括再犯罪风险评估量表、社会危险度评估量表、监管风险动态评估量表、心理健康测试量表、人格特质测试量表等。

5. 放松治疗室地板使用地毯铺设，避免走路声响影响效果；建议使用隔音、环保墙纸，配合地板和窗帘颜色；灯光选用柔和色并可调节；音乐放松设备需能对减压放松过程中的生理指标进行实时监测、动态反馈评估，应具备 CE 安全认证。

6. 团体活动室可根据团体活动的规模或团体咨询的需要，配置地毯、座椅和活动道具，有条件的县（市）配备录音录像等设备。团体活动室面积大小可根据自身条件和社区服刑人员规模而定。

（三）社区矫正心理工作体系的组成部分

社区矫正心理工作包括评估、矫治、教育三大核心功能，具体分为：社会危险度评估、入矫再犯罪风险评估、监管风险动态评估、再犯罪高风险定位、入矫心理辅导、个案心理矫治、个案心理咨询、集中心理教育、未成年人社区矫正对象的心理矫治教育、紧急心理干预十大功能，是社区矫正工作教育矫治的重要组成部分。同时，也可运用心理矫正系统为社区矫正工作人员提供心理援助服务。

1. 配合审前调查进行社会危害度评估。根据《社区矫正实施办法》的相关要求，人民检察院、公安机关、监狱对拟决定暂予监外执行的在押罪犯，需要调查其对所居住社区影响的，可以委托县级司法行政机关进行调查评估；受委托的司法行政机关应当根据委托机关的要求，对罪犯的居所情况、家庭和社会关系、一贯表现、犯罪行为的后果和影响、居住地村（居）民委员会和被害人意见、拟禁止的事项等进行调查了解，形成评估意见。

审前调查的核心目的是判断调查对象是否具有社会危险性、是否可以实现有效监管、是否可以适用社区矫正，所依据的是调查对象表现的积极因素和消极因素。

心理分析技术在审前调查过程中呈现出重要的作用。从调查对象的个人、家庭、生活、就业、社会关系、违法犯罪史、认罪悔罪态度及服刑表现、生活态度和政治倾向等情况来分析其社会危害程度，为委托方提供客观的参考依据。

2. 对新入矫的社区矫正对象开展再犯罪风险评估、心理健康测评，建立个人档案。入矫时开展的再犯风险评估是指司法所工作人员对社区矫正对象的情况，在审前调查、入矫测评的基础上，综合各种信息对新入矫人员在矫期间重新犯罪的可能性进行分析与判断，确定其再犯风险等级，从而在社区矫正工作中落实相应的防控措施，有针对性地为社区矫正对象进行分类管理、分阶段教育，最大限度地预防和减少重新违法犯罪，使社区矫正工作程序化、规范化、科学化、标准化。

入矫再犯罪风险评估是社区矫正工作者开展工作的依据，是社区矫正工作的重要组成部分。对新入矫的社区矫正对象，应在入矫一周内进行入矫测评，测评内容包括入矫再犯罪风险评估、人格与心理健康评估，由社区矫正心理咨询师根据测评结果分析，形成标准的评估报告，报告中应有相应的分级管理建议与针对性的矫正方案。

此外，社区矫正对象在入矫报到7天内，需要在工作人员的要求下，在司法所内参加人格特质与心理健康测试，建议使用16种人格因素测验（16PF）或者艾森克人格问卷（EPQ）与SCL90量表，若有需要，也可以运用明尼苏达多项人格问卷调查（MMPI）量表进行全面评估。根据测试结果，有犯罪人格障碍或者有致犯罪心理障碍的社区矫正对象为再犯罪高风险人员，应列为重点监管对象。入矫评估报告将随社区矫正对象建立个人档案。评估分析过程中所发现有反社会型人格障碍、边缘型、报复型人格障碍，或者有严重心理障碍者，应列为重点监管对象。

3. 监管风险动态评估。司法所的工作人员对社区矫正对象在矫期间的表现，每月都需要进行评估，判断其监管过程变化，分析其在矫期间的犯罪可能性的倾向走势，该过程称之为监管风险动态评估。监管风险将综合考虑影响再犯罪风险的因子如消极抗拒、情绪波动、脱管、被警告、工作变动、失业、亲人离世或判刑、离婚等。

由上可见，主要影响动态监管风险的是活动因子，来源于社区矫正对象的心理活动变化，因此，通过心理分析技术来协助判断社区矫正对象的监管风险的必要性得以凸显。

社区矫正心理工作者可以将上述影响再犯罪的因子，按一定的加权，以月为单位得出相应数值，做成再犯罪风险动态曲线，供监管部门与工作人员参考并作出风险预判，当动态评估分值超出预警分数时提供预警信息。

4. 再犯罪高风险定位。因入矫测评的性质与方法原因，导致有部分社区矫正对象测评结果的可信度较差，为了修正误差，精确定位再犯罪风险较高的社区服刑人员，社区矫正心理咨询师需要在入矫再犯罪风险评估基础或者在监管风险动态预警的基础之上，对测评结果显示再犯罪风险较高（超预警值）的社区矫正对象，进行再犯罪风险排查，进一步确定社区矫正对象的心态与状态，排除无效测评，精确定位再犯罪风险较高的社区矫正对象，为有针对性开展矫正工作做准备。该过程称为再犯罪风险排查。

依据入矫再犯罪风险评估的结果，运用心理询问与沟通技巧，通过调阅档案、与社区矫正对象电话沟通、面谈、上门走访等方式，判断其再犯罪的可能性，同时还根据其罪行、在矫周期、在矫表现等因素综合判断其再犯罪的可能性。排查报告为工作档案的组成部分。

5. 入矫时对社区矫正对象进行心理辅导。为了掌握社区矫正对象入矫时的心理活动状态，在入矫报到时，由社区矫正心理工作者告知对其提供心理矫正的目的、作用与方式，解释社区矫正对象身份对生活与心理带来的影响，减轻适应不良对社区矫正对象的影响，鼓励其安心改造。社区矫正心理工作者与社区矫正对象建立联结，鼓励社区矫正对象主动寻求心理帮助，为日后顺利开展工作打下基础。

同时，这个过程也对故意隐藏罪行的社区矫正对象有暗示警告作用。从实际工作来看，入矫时由社区矫正心理工作者及时介入社区矫正工作非常必要，能够与社区矫正对象顺利联结，减轻他们对心理矫正工作的排斥与抗拒。

从社区矫正工作性质来说，很少有社区矫正对象在社区矫正中主动求助社区矫正心理工作者，而入矫心理辅导可以有效解决这一问题，很多社区矫正对象会在经历入矫辅导后主动求助。这有效降低了因适应不良导致的压力、焦虑等不良心理障碍，减少了导致再犯罪的可能性，也减少了社区矫正工作人员的工作量，使社区矫正工作得以顺利开展。

6. 对重点社区矫正对象开展心理矫治。心理矫治是社区矫正对象心理矫正工作中的重要概念，也是对社区矫正对象开展心理矫正工作中的核心内容，其目的是控制与稳定矫正对象情绪，帮助其顺利度过矫正期。心理矫治对心理咨询技术要求更高，和普通的心理咨询或心理辅导相比具有强制性与快速性，一般来说一对一的心理矫治不超过6次。心理矫治适合采用针对性强、易操作、疗程短、见效快的行为疗法，需要在心理矫正室里进行。

社区矫正心理工作者对再犯罪风险较高的社区矫正对象需要进行犯罪原因分析，因心理或人格所导致的再犯罪风险较高的社区服刑人员，需对其进行一对一的个案心理矫治，矫正其错误认知或行为，稳定其改造情绪，使其顺利回归社会。

重点心理矫治对象有三大类：①因心理健康问题或人格原因导致的再犯罪风险较高的社区矫正对象；②有明显的心理障碍或精神障碍而拒绝进行心理咨询的社区矫正对象；③抗拒、排斥、不配合社区矫正工作的社区矫正对象。

7. 对社区矫正对象开展个案心理咨询服务。在自愿的前提下，社区矫正心理咨询师对有需要的社区矫正对象开展个案心理辅导，调整其心态，帮助其树立正确人生价值观、进行职业规划，以使其能够顺利回归社会，特别是解矫前的心理辅导服务更有其重要的价值与意义，是减少再犯罪率的有效方法。

为社区矫正对象开展心理咨询服务，需严格遵循"平等、保密"原则，本着尊重、真诚、助人的精神，进行专业的心理咨询服务。一般来说，为社区矫正对象开展心理咨询服务范围包括：①神经症：抑郁症、焦虑症、强迫症、疑病症、躁狂症、恐惧症、失眠症、厌食症等；②心理修复：急性反应性精神障碍、精神创伤后适应障碍等；③睡眠障碍：入睡困难、易醒、早醒、夜惊、梦呓、夜游、梦魇等；④人际关系：烦恼、焦虑、抑郁、恐惧，以及持久精神紧张与精神压力等；⑤情感关系：夫妻关系咨询、婚姻心理调适、恋情咨询、婚前心理准备、两地分居咨询、情感变迁咨询；⑥择业中的心理困惑。

对社区矫正对象开展心理咨询工作，在保证安全的前提下在其他场所进行，也可通过电话、网络、预约面谈等多种方式，为其提供心理咨询服务。

社区矫正对象心理咨询转介原则：如发现社区矫正对象有严重心理障碍，社区矫正心理工作者必须及时向上级汇报，并转介到相应的专业机构接受治疗，以有效预防和处置突发事件。初步判断标准如下：

（1）心理测评结果偏离常态：①SCL90-症状自测量表：标准总分大于等于200分；②SDS-抑郁自评量表：标准总分大于等于63分；③SAS-焦虑自评量表：标准总分大于等于60分；④16PF-卡特尔人格测试量表：因子标准分小于3分或大于8分。

（2）经历过较为强烈的、对个体威胁较大的生活刺激，如离婚、亲人去世、意外创伤等，体验着痛苦情绪（如悔恨、悲哀、失落、恼怒等），且痛苦情绪间断或不间断地持续2个月以上。

（3）生活、工作或社会交往存在障碍，不能独自完成。

（4）有强烈的仇恨、报复思想意识或行为，给别人造成危险或不良后果。

（5）有自残、自伤倾向，给本人造成痛苦或不良后果。

（6）在心理矫正室进行3次以上心理干预，但没有明显改善者。

（7）其他情形，如社区矫正心理咨询师诊断有必要进行转介者。

8. 社区对象集中心理教育活动与讲座。根据《社区矫正实施办法》要求，结合集中教育，对社区开展心理矫正对象讲座与心理培训，采用座谈、沙龙、拓展等形式，定期开展心理教育系列活动，通常以所在单位组织相关社区服刑人员或家属参加，集中心理教育的内容通常是同质性心理主题，如情绪、压力、家庭关系、适应不良等，每次集中心理教育都将解决一个再犯罪心理因素以实现教育的目的，常见的集中心理教育课程为"集中心理教育参考课程"。

9. 对未成年社区矫正对象开展心理辅导和心理干预。按《社区矫正实施办法》的要求，对青少年的社区矫正对象需要遵循教育、感化、挽救的方针，由社区矫正心理咨询师为主组成对未成年人社区矫正工作小组，对未成年社区矫正对象采用单独心理辅导，或上门进行心理测评、心理咨询服务。

对未成年社区矫正对象开展心理辅导和心理干预，需要从未成年人的生理、心理、行为等特点进行多方面、多角度的引导教育及防止再犯的心理矫正，在矫正方案实施上采用调研访谈、个案咨询、电话关注、团体辅导四大方式交替进行，做到每周听声、每月见人，一直持续到解出矫正。

10. 紧急心理干预。当遭遇突发性社会事件或紧急事件发生，社区矫正心理工作人员或社区矫正小组成员、家属、来访者可要求心理咨询师配合提供相应心理危机干预服务，避免伤害进一步升级，减轻或避免不必要的身心伤害或财产损失，降低不良社会影响。

11. 对从事社区矫正的工作人员进行心理援助。社区矫正工作难度大、情况复杂，给社区矫正工作人员带来了很大的压力，使其普遍存在焦虑、抑郁、愤怒、急躁等情绪，这在一定程度上影响了其对社区矫正对象的态度，如冷硬横推、粗暴执法等，会给社区矫正工作带来不利的影响。为帮助工作人员有良好的工作状态，通过以下方式提供心理援助：

（1）对工作人员进行心理健康、调适心态等心理知识培训。对从事社区矫正的工作人员，每年至少2次进行健康心理知识与矫正心理技巧的培训，帮助其了解心理健康和心理保健的基本常识，能够察觉自身心理健康状况。培训内容包括关注社区矫正对象的心理变化；自我认知；情绪管理；抑郁、强迫与焦虑症；人际沟通能力；工作效率提升；突发事件与创伤应激等，可以由具备相关心理学专业的科研院所和社区矫正部门双方协商确定，由社区矫正部门组织、心理学专业科研院所负责实施。

（2）为需要心理咨询的工作人员进行一对一的心理咨询服务。对于受心理问题困扰的社区矫正工作人员，社区矫正心理咨询师应利用专业的优势，提供热线咨询、网络视频咨询、异地咨询面谈、个人面询、电话咨询、电子邮件咨询、团体辅导等形式的咨询服务，以便能够及时、顺利地对有需要的工作人员进行心理咨询服务。

第二章 社区矫正评估及建档

【本章导图】

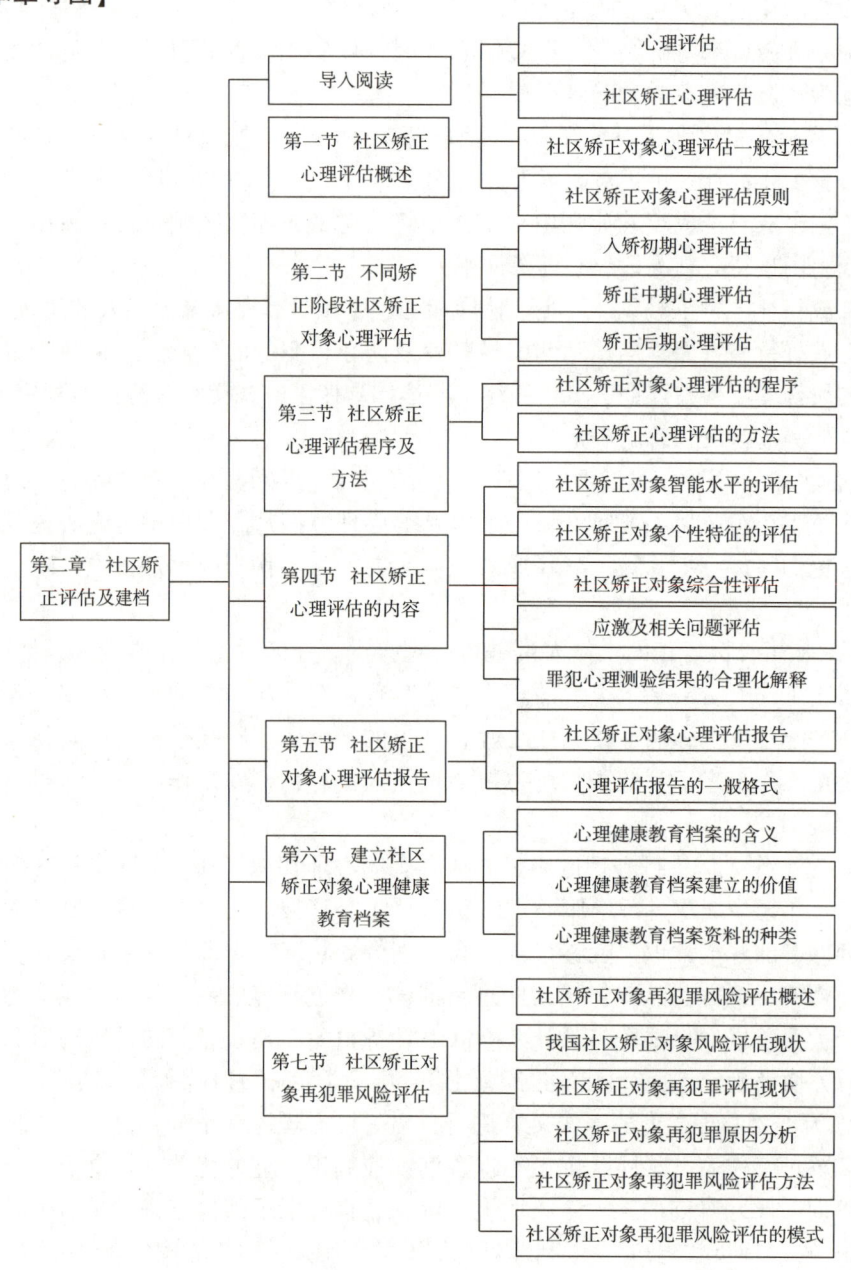

```
                                          ┌── 心理评估
                         ┌── 导入阅读 ─────┤
                         │                 └── 社区矫正心理评估
                         │
                         │  第一节 社区矫正    ┌── 社区矫正对象心理评估一般过程
                         ├── 心理评估概述 ────┤
                         │                    └── 社区矫正对象心理评估原则
                         │
                         │  第二节 不同矫     ┌── 入矫初期心理评估
                         │  正阶段社区矫正    │
                         ├── 对象心理评估 ────┼── 矫正中期心理评估
                         │                    │
                         │                    └── 矫正后期心理评估
                         │
                         │  第三节 社区矫正   ┌── 社区矫正对象心理评估的程序
                         ├── 心理评估程序及 ──┤
                         │  方法              └── 社区矫正心理评估的方法
                         │
                         │                    ┌── 社区矫正对象智能水平的评估
                         │                    │
                         │                    ├── 社区矫正对象个性特征的评估
  第二章 社区矫           │  第四节 社区矫正   │
  正评估及建档 ───────────┼── 心理评估的内容 ──┼── 社区矫正对象综合性评估
                         │                    │
                         │                    ├── 应激及相关问题评估
                         │                    │
                         │                    └── 罪犯心理测验结果的合理化解释
                         │
                         │  第五节 社区矫正   ┌── 社区矫正对象心理评估报告
                         ├── 对象心理评估报告─┤
                         │                    └── 心理评估报告的一般格式
                         │
                         │  第六节 建立社区   ┌── 心理健康教育档案的含义
                         │  矫正对象心理健康  │
                         ├── 教育档案 ────────┼── 心理健康教育档案建立的价值
                         │                    │
                         │                    └── 心理健康教育档案资料的种类
                         │
                         │                    ┌── 社区矫正对象再犯罪风险评估概述
                         │                    │
                         │                    ├── 我国社区矫正对象风险评估现状
                         │  第七节 社区矫正对  │
                         └── 象再犯罪风险评估 ┼── 社区矫正对象再犯罪评估现状
                                              │
                                              ├── 社区矫正对象再犯罪原因分析
                                              │
                                              ├── 社区矫正对象再犯罪风险评估方法
                                              │
                                              └── 社区矫正对象再犯罪风险评估的模式
```

第二章 社区矫正评估及建档

【导入阅读】

2020年8月24日，习近平总书记在经济社会领域专家座谈会上指出，要"深刻认识错综复杂的国际环境带来的新矛盾新挑战，增强机遇意识和风险意识，准确识变、科学应变、主动求变，勇于开顶风船，善于转危为机，努力实现更高质量、更有效率、更加公平、更可持续、更为安全的发展"。中国共产党一直把防范与治理风险作为一项重要任务。聚焦社区矫正领域，就是要以贯彻落实《社区矫正法》为抓手，深化创新赋能，聚焦稳定、研判、管理、帮扶四个维度，细化制度措施，植入风险评估先导理念。对社区矫正对象进行心理评估在社区矫正风险评估工作中至关重要，入矫初期对社区矫正对象进行心理评估，能够了解其心理状况，建立社区矫正对象心理档案，进行分类教育，为个别矫正提供原始资料和心理学依据；矫正中期的心理评估是对矫正对象心理健康状况和心理危机的判断，便于对其监督管理、教育帮扶；矫正后期的心理评估是对其心理矫治效果的鉴定。以心理评估为手段，形成常态化的风险研判，以实现社区矫正风险研判的"全过程"和"无缝隙"。同时，党的二十大报告明确要求，全党必须提高防范化解重大风险能力，严密防范系统性安全风险，主动防范化解风险。因此要提高防风险、迎挑战、抗打压能力，将这些风险的防范化解过程转变为化危为机、化不利为有利的发展进程。

心理评估在社区矫正心理工作中至关重要，它既为心理咨询、心理治疗提供依据，又是检测矫治成效、进行心理预测、干预心理危机的重要手段，是心理矫正的前提与基础。对社区矫正对象进行心理健康评估，既是咨询与矫正工作过程的开始环节，也是进行其他工作的基础。在我国罪犯心理矫治过程中，心理评估起步较早，推广面宽，理论和应用研究也较为前沿，但实践中盲目性、随意性等不规范现象还普遍存在，亟待规范化、科学化。

第一节 社区矫正心理评估概述

一、心理评估

心理评估是对被评估者的过去和现在的智能个性特征、心理健康状况等进行评价和鉴定的过程。

在西方心理治疗领域，不同治疗学派对于治疗中心理评估的作用有不同看法。有些治疗学派特别强调对来访者进行全面的评估，把它作为治疗过程的第一步，他们认为当来访者过去和现在的功能状况不清时就不能制定具体的咨询目标，也不能设计恰当的策略。如精神分析疗法强调综合评估技术是了解个性动力及情感障碍来源的基础；行为疗法认为一开始就应该对来访者的行为、感觉、情感、想象、认知、人际关系、药物及生物因素进行全面评估，对具体行为及维持这些行为的刺激进行客观评价；认知行为疗法认为在评估中不能仅仅收集关于过去事件的数据，还要特别注意与其相关的错误思维和认知扭曲。有些治疗学派对于在心理治疗过程中进行心理评估则持否定态度,如来访者中心疗法认为评估和诊断都是有害的,因为它们是了解来访者的外部方式;现实疗法不强调心理测量和诊断的作用,认为让来访者对目前正在进行的事情予以注意,然后确定在什么程度上目前的行为是有效的;格式塔疗法不使用诊断标签,认为它们是对来访者咨询关系充分投入的逃避。

二、社区矫正心理评估

社区矫正心理评估是指在社区矫正心理工作中,评估者根据矫正对象心理测验的结果,加上会谈、调查、观察等所得到的多方面的资料,对被评估的社区矫正对象个体或群体的心理特性作出有意义的解释和科学的价值判断。

社区矫正心理评估是心理矫治工作的前提和基础,通过评估,能获得社区矫正对象较为真实、准确、深层次的信息,为进一步开展咨询、治疗和重新违法犯罪的预测、心理危机干预等提供依据。

从国际上看,许多国家在对社区矫正对象进行心理矫治过程中都强调心理评估的作用。例如,一些国家一般都为社区矫正对象提供心理健康关怀服务,对于有需要特殊服务项目的对象,首先要进行细致的审查,审查内容包括姓名、身份证号、出生日期、教育水平(以年限论)、是否能阅读(选择)、是否有精神问题史或住院史、当前是否有精神药物治疗、是否有已明了的医疗问题变态反应、药物滥用情况、是否出现幻觉、是否出现错觉、是否焦虑、是否抑郁、是否有自杀企图史等,通过审查,对于有进一步评估需要的社区矫正对象,进行专业细致的评估,评估项目包括会谈、记录卡片回顾、体格检查、行为观察和可能的心理测验等,然后进行各种诊断。

【小贴士】

习近平总书记在党的二十大报告中提出:"重视心理健康和精神卫生。"这对新时代做好心理健康和精神卫生工作提出了明确要求。心理健康和精神卫生是公共卫生的重要组成部分,也是重大的民生问题和突出的社会问题。对社区矫正对象开展心理评估,是扎实推进社区矫正心理矫正工作,充分发挥心理矫正攻心治本作用,进一步提升社区矫正对象心理健康水平的关键一环。

三、社区矫正对象心理评估一般过程

一般而言,社区矫正对象心理评估的过程大致可以分为四个阶段。

(一)确定评估目的和评估标准

确定评估目的非常关键,因为目的不同,评估所采取的方法和手段、所依据的标准也不同,只有明确了评估目的,才能选择相应的评估方法和手段。一般而言,社区矫正对象心理评估的目的是根据矫治对象的实际需要确定的,比如社区矫正对象在不同的矫治阶段,由于矫治工作的侧重点不同,心理评估的目的也不一样。

社区矫正对象心理评估的标准要根据所选择的方法和手段来确定。例如,如果要选心理测验的方法进行评估,那么就要以该测验所确定的常模为标准。在此,值得注意的一点是,社区矫正对象心理评估的标准也不能局限于过去在心理测验中对常模标准的依赖，因为至今为止，常模的确定都以群体平均数和标准差为基础，而平均数只反映了群体心理水平的中间状态。社区矫正心理工作并不仅仅是描述社区矫正对象的心理，而是需要矫正和提高矫正对象的心理健康水平，那么，以平均数确定的常模就有很大的局限性。要想促进社区矫正对象心理品质的提高，应以群体中优异的心理发展水平作为提高的目标。关于这一点，还需要进一步加强研究。

(二) 收集资料阶段

通过心理测验以及其他多种方法收集被评估罪犯的全面资料，其中包括：

1. 社区矫正对象个体的一般资料，包括姓名、性别、年龄、文化程度、出生地、职业、收入、经济状况、受教育情况、婚姻家庭等。

2. 犯罪情况，包括犯罪类型、原判刑期、有无重大疾病和精神病史、大脑是否受过钝器损伤等，必要时可将罪犯的"副档"调出以了解其犯罪经历，判断其是否受过强烈或相对强烈的精神刺激。

3. 组织心理测试开展心理调查。应用科学的测量手段掌握罪犯个性特征、健康水准、防御方式等与罪犯改造密切相关的一些心理因素，旨在为准确诊断、正确矫治提供科学依据。通过查阅档案，对其他罪犯的访问、面谈、观察等手段，掌握罪犯心理现状，预测罪犯未来的行为倾向，发现心理问题。

4. 心理测验资料汇总。在罪犯心理测验中，目前使用较多的是精神健康症状自评量表（SCL90）、明尼苏达多项人格问卷调查（MMPI）、16种人格因素测验（16PF）、艾森克人格问卷（EPQ）、智力测验、爱德华个性偏好量表（EPPS）等。对于自诉有精神症状的社区矫正对象或有异常行为的社区矫正对象，以及社区矫正工作人员通过观察发现有异常行为表现的社区矫正对象，应做细致全面的检查，如通过投射测验、测谎、焦虑测验、抑郁测验、应付能力测验等，了解罪犯的需求倾向，进而了解其人格特质。对社区矫正对象是否焦虑、抑郁，是否有自杀企图、是否易激惹，是否有暴力倾向等做出预测。根据不同的评估目的，选取合适的心理测验项目，然后将测验结果进行汇总，发现并记录被评估社区矫正对象的心理矫治关键问题。

5. 心理诊断与资料分类。当采用上述方法对社区矫正对象进行测验、调查后，根据测试和调查的结果，对社区矫正对象的心理进行综合评估，并对社区矫正对象的个性特征、行为方式、心理现状等，按照量表的要求和分析方法对测验的数据及相关因素进行综合分析、评价诊断受测验者（被试社区矫正对象）的心理特征、类型及存在的所有心理问题，将诊断的结果进行详细记录，为实际心理矫正工作提供科学依据。

心理诊断和资料分类是心理咨询和矫正取得预期效果的前提，诊断正确，分类科学，才能有的放矢地进行咨询、治疗。在收集和处理资料的过程中，需要注意以下几点：①量化资料与非量化资料相结合；②社区矫正期间的现实资料与入矫前资料及对未来预测相结合；③来自社区矫正对象本人的资料与来自他人提供的资料相结合；④言语资料与具体行为资料相结合。只有这样，才能使我们的评估具有较高的客观性、准确性。

（三）具体评估阶段

这是需要评估者付出艰苦劳动、发挥主观能动性的阶段。评估者首先要综合多方面的信息资料，对社区矫正对象的心理特征做出客观的、生动的描述，然后透过现象分析、推断被评估的社区矫正对象的心理和行为表现的内在本质特性，以及产生特殊问题的原因，最后根据评估的目的和要求做出评估的结论。

在具体评估阶段，要不断修改和完善心理矫正工作方案。在此期间，要对心理矫正工作的科学性、可行性进行评估和检验，根据具体过程中所出现的新情况、新问题调整和修改矫治计划，使评估与心理矫正更具有连接性、针对性。

（四）评估结果的使用阶段

一般来说，评估结果应该以有益于矫正教育的方式反馈给被评估社区矫正对象，以促其心理品质的改造和提高。然而，更重要的是把评估结果应用于社区矫正对象心理健康教育、心理咨询、心理治疗等工作中去，一方面可为这些工作提供可靠的依据和建议，同时也要通过这些工作对评估结果进行检验和修正，以利于今后评估工作的更加完善。

四、社区矫正对象心理评估原则

为了使评估过程更加科学规范，真正达到评估的目的，在对社区矫正对象进行心理评估时必须坚持以下原则：

（一）客观性与主观能动性相结合的原则

科学的心理评估建立在客观性的基础之上，反对任何的主观臆断。首先，除了通过心理测验获得客观的资料以外，还要利用其他多种途径来获取矫正对象的客观资料，如行为观察、阅案抽样、调查谈话，等等。其次，在具体的评估过程中，评估者还要充分发挥主观能动性，运用自己已经掌握的知识，对信息资料进行选择加工，并从教育矫正工作的实际需要出发，做出科学的结论。这是一项极为复杂的工作，需要评估者付出艰苦的努力。因此，客观性与主观能动性相结合，是社区矫正心理评估必须遵循的基本原则之一。

【小贴士】

党的二十大报告提出，把握好新时代中国特色社会主义思想的世界观和方法论，坚持好、运用好贯穿其中的立场观点方法。必须坚持人民至上，坚持自信自立，坚持守正创新，坚持问题导向，坚持系统观念，坚持胸怀天下，站稳人民立场、把握人民愿望、尊重人民创造、集中人民智慧，坚持对马克思主义的坚定信仰、对中国特色社会主义的坚定信念，坚定道路自信、理论自信、制度自信、文化自信，不断提出真正解决问题的新理念、新思路、新办法，为前瞻性思考、全局性谋划、整体性推进党和国家各项事业提供科学思想方法。

客观性与主观能动性相结合，是社区矫正心理评估必须遵循的基本原则之一；做任何事都要坚持客观规律性与主观能动性的辩证统一的原理。首先，必须尊重客观规律性，发挥主观能动性必须以承认客观规律性为前提；其次，在尊重客观规律性的基础上，要充分发挥主观能动性。这就要求我们牢固树立"实践是检验真理的唯一标准"的基本观点，在正确把握我国具体国情、党情和世情的基础之上做到理论与实践的有机结合。

(二) 定量与定性相结合的原则

在社区矫正对象心理评估中，对信息资料既要进行定量分析，又要进行定性分析，把二者有机结合起来。定量分析就是把由测验或其他途径得到的具有一定数量指标的资料运用一定的数理统计方法加以处理，使评估的结论更具有可靠性和精确性。定性分析是对信息资料的质的方面进行分析，具体而言，就是通过对已经获得的复杂的资料进行去粗取精、去伪存真、由此及彼、由表及里的全面分析，综合比较抽象和概括，从而找出这些资料中隐藏的规律性。只有进行定量和定性相结合的分析，才能全面认识被评估对象的心理特征及其发展规律。

(三) 理论与实践相结合的原则

从心理评估在心理学中的地位上看，它处于理论研究与实际应用的中介位置上。一方面，它以心理科学多种分支学科的研究成果为理论基础；另一方面，它又以广泛的社会实际需要为产生和发展的直接动力。因此，在社区矫正对象心理评估中，评估者首先必须掌握丰富的、以心理学为核心的理论知识，其次根据我国社区矫正工作的实际需要，对社区矫正对象个体或群体做出有价值、有意义的评估和指导。

(四) 分析与综合相结合的原则

对社区矫正对象进行心理测验一般只能对其心理结构中的某一方面、某一特征进行测定，本质上是分析式的。而心理评估则需要综合多方面、多特征的测验结果来进行，本质上是综合的。但综合一定要以分析为前提，只有经过分析、比较，将信息资料中的本质方面和非本质方面区别开来，然后再进行综合，才能使认识深化，由感性上升到理性，从而揭示社区矫正对象心理的本质特征。

第二节 不同矫正阶段社区矫正对象心理评估

在不同的矫正阶段，社区矫正对象心理评估的侧重点有所不同。一般而言，对入矫初期的对象要进行个性特征、心理健康状况的评估；在入矫中期，社区矫正工作者出于心理咨询和治疗、危机干预的需要对社区矫正对象进行心理评估；对即将解矫的对象，为了检验矫正质量和预测未来适应社会状况而进行心理评估。

一、入矫初期心理评估

对入矫初期的社区矫正对象进行心理评估，主要是为了了解其心理状况，建立社区矫正对象心理档案，为进行分类教育和个别矫正提供原始资料和心理学依据。初入矫的心理评估主要包括以下工作：

(一) 进行心理测试

应用科学的心理测验量表，掌握社区矫正对象的个性特征、犯罪心理状况、心理健康状况、心理防御方式、与矫正密切相关的心理状况，为进一步的诊断、矫治提供科学依据。

(二) 开展心理调查

通过查阅档案、访问、面谈、观察等手段，初步掌握矫正对象的心理现状，预测其未来的行为倾向。

(三) 进行心理诊断

根据心理测试和调查的结果，对罪犯的心理状况进行综合评定，并对罪犯的个性特征、行为方式、心理问题等做出恰当的评价。

(四) 建立心理档案

关于罪犯心理档案的有关问题，将在本章第六节介绍，此处不再赘述。

(五) 制定心理矫治工作方案

在明确矫正对象的心理发展历史和现状的基础上，根据心理诊断结论，提出相应的管理教育措施和心理咨询、心理治疗方案。矫治方案包括团体矫治方案和个体矫治方案。

二、矫正中期心理评估

对处于矫正中期的矫正对象进行心理评估，主要包括以下几方面：

(一) 心理预测

这是对矫正对象心理现状和行为倾向的判断，其目的是完成监督管理、教育帮扶，帮助其顺利回归社会，成为守法公民。

根据矫正对象自身特点安排合适的劳动岗位，有效防范危险行为，确保社区矫正工作的正常运行、确保监督管理到位，避免发生脱管、漏管，防止其重新违法犯罪。心理预测包括危险性预测和心理发展预测。危险性预测是根据测量结果以及社区矫正对象现实表现、来自一些事件的刺激因素等，预测社区矫正对象危险性的大小，为确立重点防范对象及防范项目提供依据。心理发展预测是指根据社区矫正对象不同年龄、不同刑期、不同经历、不同犯罪类型所体现出的不同特点，预测其共性和个性的心理发展问题，为教育管理特别是心理矫治活动提供依据。

(二) 心理危机评估

心理危机是一种很容易导致危害行为发生的心理状态，由于它具有突发性和危险性，因此，预防和干预社区矫正对象的心理危机是社区矫正工作安全稳定的重要内容。根据社区矫正对象心理危机产生的原因和发生的过程，在进行评估时可将其划分为三个水平，即一般预防水平、重点预防水平和特殊预防水平。

1. 一般预防水平是指对于具有一般心理问题对象的预防水平。这类社区矫正对象无明显异常言语和行为,有明确的自知力和定向力,在情绪方面有一定的不稳定性,但没有受到明显刺激。对此,可以通过各种心理矫治措施,提高其自我调节和控制能力,增强其对各种挫折的耐受力和应对能力。

2. 重点预防水平是根据入矫心理评估的结论,对有轻度心理障碍的社区矫正对象的预防水平。建议采取心理咨询、心理治疗等措施,有效地预防其心理和精神症状的恶化,并促其向良性转化。

3. 特殊预防水平是根据心理危机预测结果,对具有潜在心理危机发展倾向或现实危机表现的社区矫正对象的预防水平。这需要采取超前防范措施,如对有自杀观念尤其是有自杀企图的社区矫正对象,对有过度焦虑表现的社区矫正对象,对有明显的精神分裂症状的社区矫正对象,应实行特殊预防,以确保其自身和他人的安全。

(三) 心理健康状况评估

通过一定的量表测验、行为观察、会谈等评估手段,对社区矫正对象当前的心理健康状况进行评估,是社区矫正对象矫正中期心理评估的一项重要内容。其中包括对社区矫正的适应状况(是积极适应还是消极适应)、是否有异常的行为和心理表现、是否有精神病症状等进行评估,系统掌握其心理健康状况,并提高社区矫正对象心理健康水平。

(四) 心理咨询和治疗评估

在入矫中期,有些社区矫正对象不适应被监督管理,会产生心理困惑、心理问题(如焦虑、抑郁等),甚至由于心理问题导致出现生理反应(如由于焦虑导致失眠,由于伪装疾病导致身体机能的萎缩等)。心理咨询和心理治疗评估是评估者主要针对来访社区矫正对象在上述方面的问题,通过会谈评估、行为评估、心理测验等,进行归纳、总结和判断,进而提出咨询和治疗建议,甚至协助其他咨询和治疗人员拟定咨询与治疗计划。在这种评估中,主要目标是帮助来访社区矫正对象认清自己的心理问题所在,以提高其应对挫折和各种不幸事件的能力,改善其心理与行为适应方式,解除其症状和痛苦,促进人格的完善和成熟。

三、矫正后期心理评估

社区矫正对象在即将刑满解除矫正时,社区心理矫治工作者应当对其心理矫治的成效进行鉴定。这既是对社区矫正心理矫治效果的检验,也是矫正质量综合评估的重要方面。这种评估对此后制定其他社区矫正对象的心理矫治方案、改进和完善矫治措施有重要的参考价值。因此,这一时期的心理评估除记录性的描述外,还应有深刻的分析和比较。入矫后期的心理评估主要包括以下几个方面:

(一) 解矫前的心理检测

在社区矫正对象解矫前应对其进行各种心理测试,并将各种测试结果与入矫前期或中期的测试报告相对照,比较两次测试结果的差异,以检验矫正效果。

例如,某个社区矫正对象入矫时,艾森克个性测验情绪分很高,证明其情绪极不稳定,而解矫时情绪分有所下降,说明该对象暴躁的性格已发生一定的良性转化,自我调控能力有所提高；相反，如果解矫时的情绪分与入矫时一样甚至高于入矫时的分数，说明其不良的性格品质不但没有改变，反而变得更加暴躁。

(二) 社会心理成熟水平及认知能力的评定

在解矫前，按照矫正质量评定的一般标准，应根据日常行为考核、阶段性综合评定、矫正对策调整效果的记录等，对社区矫正对象的社会认知水平、社会情感水平、意志的自我调控水平，以及犯罪恶习、不良个性品质与习惯的矫正，良好行为习惯的养成等做出等级评定。

(三) 不同类型矫正对象矫正质量的心理评定

社区矫正对象在解矫前，根据分类标准的各项指标，对不同类型的矫正对象进行分类评定或有针对性的模拟检测。如对于那些由于性格缺陷而犯罪的情绪型矫正对象，可有意对其设置遭受他人侵犯的心理挫折情境（如可以是观看影片，让罪犯说出自己的观后感），以此考查其对挫折的心理承受力和自我调控能力。根据各项考查结果，做出相应的等级评定。

(四) 社会适应能力的评定

这种评定主要是为了检验社区矫正对象解矫后能否良好适应社会。因为解矫后，仍然会遇到各种挫折和困难，能否以理智和意志去克服这些困难，应对各种挫折，是衡量矫正对象社会适应能力的主要标志。在解矫前的教育中，对于矫正对象解矫后可能遇到的各种困难、挫折、诱惑等，可编制成一系列"怎么办"的心理问卷，让其回答，通过测验，了解矫正对象解矫后对这些可能遇到的问题的心理准备程度，考查矫正对象回归社会后的社会适应能力。这种测验可参照投射测验的有关理论和方法。

此外，还要对社区矫正对象进行文化知识和职业技能的评定。通过矫正期间的文化、技术教育，对于矫正对象已经达到的文化水平（已取得的学历）和职业技能水平（已取得的技术等级），应与其入矫时的上述两项指标相对照，看是否有所提高，是否具备了以自己的一技之长立足于社会的能力。这也是衡量社区矫正对象未来适应社会能力的重要方面。

(五) 再犯罪的风险评估 (详见本章第七节)

【小贴士】

党的二十大报告提出，高质量发展是全面建设社会主义现代化国家的首要任务。监管是基础，帮教是根本，推进社区矫正高质量发展就是要从"管得住"向"管得好"转变。将心理评估工作贯穿社区矫正日常监管全过程，结合日常教育学习、个别谈话等方式，定期或不定期开展集中心理评估和个人评估，确保对每一名社区矫正对象的心理状况关注到位、教育管理帮扶到位，切实提升社区矫正帮扶质量。

第三节　社区矫正心理评估程序及方法

一、社区矫正对象心理评估的程序

一般情况下，社区矫正对象心理评估的过程大致分为以下阶段：

1. 资料收集。通过对具体案件的档案材料进行全面审查，从中了解社区矫正对象的有关情况和基本个人信息。

2. 结构性面谈。专业心理学从业者通过与社区矫正对象的临床面谈，了解该个体的具体情况。

3. 心理测评。利用一系列心理学测评量表对社区矫正对象进行心理测评。

4. 综合评估。结合社区矫正对象的各方面情况，对其作出全局性、整体性的评价。

5. 形成报告。根据所了解到的所有有关信息，完成一份社区矫正对象心理健康的评估报告，供社区矫正工作人员及心理学专家参考。

总之，如果是对社区矫正对象的矫正质量进行心理学评估，其程序应体现出从社区矫正对象"入矫"到"解矫"心理发展的全过程。

二、社区矫正心理评估的方法

对社区矫正对象的心理评估，应当综合运用会谈法、观察法、心理测验法、实验法、产品分析法、生活史调查法、犯罪事实判断法等，其中主要是运用前三种方法来评估与诊断。

（一）会谈法

会谈法是一种有目的的交谈。它要求社区矫正中的心理学工作者在会谈时保持中立的、非批判性态度，不能用指责、批判性语言阻止或歪曲来访社区矫正对象的会谈内容。在整个会谈过程中，社区矫正心理学工作者的面部表情、提问的语调、动作，均不能表现出对会谈的某类内容感兴趣，即在接待、提问、倾听过程中，社区矫正中的心理学工作者的态度必须保持态度中立。这是有效会谈的前提条件。

心理矫正的会谈一般以问题为中心来展开，或称之为"病史采集法"，可以围绕以下主要内容展开：身份资料、来访的原因和对咨询的期望、现在及近期的状况、对家庭的看法、早年回忆、出生和成长情况、健康及身体状况、教育及培训、工作记录、娱乐、性欲的发展、婚姻及家庭资料、社会基础、自我描述、生活的转折点和选择、对未来的看法等。

（二）观察法

社区矫正中的心理学工作者在自然情景中对社区矫正对象的行为进行有目的的、有计划的系统观察和记录，然后对所作记录进行分析，发现心理活动和发展的规律。

(三）心理测验法

1. 什么是心理测验？目前，关于心理测验还没有一个统一的、规范化的定义，一般认为，心理测验是根据客观的、标准化了的程序来测量个体的某种行为，以便判定个别差异的一种方法。测验的结果一般以计分的形式呈现，这样才能对每个人的心理特性之优劣进行比较。各种测验都是由一系列能引起个体反应的项目所组成，然后给个体每一个项目的反应评分，根据得分的解释来间接地推定其心理特性。

一般来说，心理测验具有两种机能：一是预见，二是诊断。如果对甲、乙两人实施某种测验，便知道两人之间的某些差异。然后根据这个差异，在一定程度上预见两者在将来的活动中所显示的差别。这是心理测验的预见机能。诊断则是把重点放在同一个人多种特性间的差异上，即诊断是注重查明个人的特性。如通过测验，诊断出某人的言语能力优于计数能力。基于心理测验的这两种机能，可以根据不同的目的选择不同种类的测验。

2. 心理测验需要标准化。心理测验要想实现上述机能，必须依据一定的程序进行编制，并按照客观的、标准化的方法施行，即心理测验必须做到标准化。一个标准化的心理测验必须满足一定的条件，这些条件包括：

（1）要有一套有效的问卷项目。按照测验的性质和要求，选定足以能代表所要测定的心理特性或行为特征的问题。这种问卷必须通过项目分析才能获得。

（2）要有常模。常模是比较和解释测验结果时的参照分数标准。没有标准，就不能做绝对的判断。心理学上的常模会提供一些心理素质得分的平均分数和标准差。在心理测量中，我们经常应用的一种解释分数的方法是参照常模解释分数，即将被试的分数直接或间接地以在某个团体中的相对位置或相对等级来表示。这个用来比较的参照团体，称为常模团体。常模是根据对被试团体的标准化样本的施测而获得的具有代表性的结果。它常常是以所测团体的标准化样本的平均值而出现的可以作为评判个别差异的依据和比较的标准。因测验标准化时所选取的样本不同，常模的种类也不同。最常见的有年龄常模、年级常模、全国性常模、地区性常模等。常模样本量如果总体数目小，只有几十个人，则需要100%的样本；如果总体数目大，相应的样本也大，一般最低不小于30或100个样本；全国性常模一般应有2000~3000人为宜。

（3）要有一定的信度、效度和区分度。测验的信度是指测验的可靠程度。它表现为测验结果的一贯性、再现性、稳定性。一个测验，不论是多次再测，或由多人进行测验，其结果都大致相同，方能可信。当然，信度并不是绝对的有无，而是一个程度上或多或少的问题。没有一个测验是绝对可靠的，只是其误差有大小之别而已。测验的效度是指测验对所要测定的特性或功能确实地测定到什么程度。简言之，就是测验的正确性。测验的区分度是指测验对被试实际水平的区分程度，即测验的鉴别力。具有良好区分度的测验，实际水平高的被试应得高分、水平低的被试应得低分。我们常把测验项目的区分度作为测验是否具有效度的"指示器"，并作为评价项目质量、筛选项目的主要指标与依据。

（4）实施的方法要标准化。测验必须以规定的方法施行。为此，要编制出测验手册，注明实施方法、指导语、施测时间等。

（5）计分标准要明确，任何人记分，结果均无变动。有关原始分数的计算、原始分数向其他分数的换算，以及如何使用常模来解释分数等，都应在测验手册中加以详细的规定。

3. 社区矫正对象心理测验及其实施方法。近年来的实践表明，对社区矫正对象进行心理测验，是检测社区矫正对象心理健康状况，发现心理问题，进行心理诊断的有效方式，为进一步对社区矫正对象实施心理矫治提供依据。对社区矫正对象进行心理评估，通常采用团体测验和个体测验两种形式，而且多采用问卷测量法，即让受试者根据自己的情况，回答一些问题，以推测其心理品质。

一项标准化的测验的最基本的要求，就是要使所有受试对象在相同的条件下去表现自己的真实行为。为此施测前要为受试对象准备合适的环境条件，施测过程中则要使用标准的指导语，确定标准的时间。一般分为三步：

（1）准备。主要是准备测验题目答题纸，并在施测前清点、整理、安排好。提前一天准备好团体测验的场所并提前通知社区矫正对象测验的目的、时间、地点，准备测验所需的笔墨等工具。要熟悉测验指导语，主试在个别测验中记住指导语是职业的基本要求，即使是团体测验，先熟悉指导语也会使主试在朗读指导语时少出差错，在测验中感到自然轻松。此外，还要熟悉测验的具体程序，团体测验有辅助人员参与时，要明确分工，明确任务和要求。

（2）施测。施测要求受试对象在限定的时间内，按测验的要求，做出自己真实的反应。为此。在施测开始后应做好以下工作：①安排罪犯按顺序进入施测场地，待平静后，由主试说明测验的目的、意图并告知测验的结果与其矫正表现无关。②按一定的语速、音量朗读指导语。念完指导语后，主试应询问被试对象有无问题。主试回答被试对象的提问时，不能另加自己的想法。指导语也是测验的情境之一，不同的指导语会直接影响被试的回答态度和回答方式。③控制施测过程中的环境。为了避免外界环境干扰，可以在门外挂上"正在测验，请勿打扰"的牌子，也可以由辅助人员在门外监控。其他无关人员在施测期间禁止入内，主试和辅助人员在施测期间不要随意走动，也不要查看或观看被试对象答题。

（3）收尾。测验结束时，按同一时间递交问卷和答题纸，以避免先后交卷，相互影响。试题答题纸收上来后应整理、清点，确保下发的如数收回。

主试者应在测验结束后，及时对受试者进行正面教育，以免受试者对测验结果妄加猜测，引起思想顾虑，影响正常的教育矫正。

（四）生活史调查法

生活历程是了社区矫正对象人格特征的基础，评估社区矫正对象心理不能脱离对罪犯生活史的了解。调查生活历程的方式，既可以与本人、亲属及有关人员直接接触，当面询问，又可以查阅历史形成的多种记录资料，如书信、日记、工作学习记录材料、人事档案材料或前科案卷材料等。对矫正对象生活历史的调查可主要侧重于违法犯罪史、受教育史、从业史三个方面。

1. 调查违法犯罪史。对违法犯罪人而言，其违法犯罪行为是在违法犯罪心理支配下实施的；而违法犯罪行为的实施反过来又强化其违法犯罪心理。这种心理的积淀导致违法犯罪人的人格偏离和人身危险性增强。一般来说，犯罪人违法犯罪史越长，其人格偏离越严重，主观恶性越大。反之亦然。在心理矫治中，要充分考虑社区矫正对象的违法犯罪史，特别是当被矫治的对象是累犯或惯犯时，对他们采取的矫治方案和措施更要谨慎。

2. 调查受教育史。在当代社会，教育（包括家庭教育和学校教育等）对人的影响是深远的，它不仅决定一个人的知识水平和职业技能的高低，而且影响一个人人格的健康成长。在社区矫正对象心理矫治中考虑其所受教育的情况，不仅仅在于有针对性地对矫正对象进行文化、技术教育，而且有助于考察社区矫正对象的人格状况。一般来说，从小受过良好的家庭教育，接受学校教育的程度也较高，在上学期间表现积极者，其人性中的顽劣较少，恶习较少，接受矫治的主动性容易被激发；相反，从小受过不良的家庭教育，接受学校教育的程度低或者在上学期间厌学、逃学、经常受处分的矫正对象，其人格中的顽劣较多，恶习较深，接受矫治的主动性较差。当然，也有一些受教育程度较高的矫正对象，其人格偏离却更为严重，这就另当别论了。

3. 调查从业史。犯罪人曾经从事的职业及表现情况，不仅可以为社区矫正对象进行劳动分类提供根据，而且可以为判断社区矫正对象人格及心理状况提供根据。对社区矫正对象从业历史的调查，应侧重了解其职业类别、工作表现、业绩情况、职业中的人际关系状况等。这些都是影响其心理发展轨迹的重要因素。

（五）犯罪事实判断法

犯罪事实不同于一般的生活事实。一般说来，犯罪事实是在特殊或危机情况下的行为，而危机情况下的行为最能反映其人格的本来面目。因此，犯罪事实是判断犯罪者人格与心理状况的主要依据。分析犯罪事实，重点应放在以下三点：

1. 分析犯罪性质。一般来说，犯罪人所犯罪行的性质在一定程度上能反映其人格特点、显示其主观恶性：故意伤害犯往往具有滥用暴力的人格特点，而诈骗犯往往具有不诚实的特点。关于这一点，在犯罪学史上，无论是龙勃罗梭、菲利，还是加罗法洛都曾给予过关注。

2. 分析犯罪方法、犯罪对象、犯罪动机。犯罪人的犯罪方法、犯罪对象、犯罪动机可以较深刻地反映其人格状况。例如虐待其亲生母亲的犯罪人，必然具有残忍、良心淡漠的人格品质；一个实施报复伤害的犯罪人，其人格虽有易激怒、自控力差的一面，但也有刚烈、疾恶如仇的一面。

3. 分析犯罪后的表现。对社区矫正对象犯罪后的行为表现进行分析，也能在一定程度上透视其心理状况。如果行为人犯罪后积极抢救被害人、积极退赃，表明罪犯具有较多的常态心理，悔改余地较大；如果罪犯销赃灭迹、拒不认罪，表明其犯罪坚定性较强、犯罪心理稳固。

第四节　社区矫正心理评估的内容

心理测验一般由一套标准化的题目组成，供被测者回答。心理测验主要有三类：智力测验、人格测验以及心理评定量表。它用以评估社区矫正对象的智力状况、人格特征以及当前的心理行为性质，如有无焦虑、抑郁等。

社区矫正中的心理学工作者在选择使用心理测验量表时，应当以社区矫正对象的心理问题为依据，具体可参照以下标准：①选择测评量表，应有指向性。比如，社区服刑人员有明显的焦虑情绪，可选用与情绪有关的量表。②为了确定非情景性症状，应启用人格问卷，以便探索症状的人格因素。③为寻找早期原因，可选用病因探索性量表（如SCL90），可以查找2年以来是否有重大生活事件发生，或是否有应激的叠加效应发生等。④为排除疾病而使用量表。当临床表现超出常规表现时，若怀疑有精神疾病，可使用MMPI；若觉得智力有问题时，可用智力量表；若怀疑是神经系统疾病时，可选用神经心理学测评手段等。

一、社区矫正对象智能水平的评估

（一）常用的个别智力测验量表

1. 比奈—西蒙智力测验。1905年法国心理学家就制定出第一个测量智力的量表——比奈—西蒙智力量表，1922年传入我国，1982年由吴天敏先生修订，共51个项目，主要适合测量小学生和初中生的智力。

（1）测验的记分。中国比奈量表在施测时应当首先计算被试的实足年龄，然后根据实足年龄从测验指导书附表中查询开始的项目，如实足年龄为10岁，就应该直接从第18题开始，并严格按照指导书的记分标准记分。答对1题得1分，连续5题未通过即停止。计算测验总分时，除了累加答对的题目分外，还要补加一定的分数：①通过1题记1分。各试题都有唯一的答案，有的是代表性答案，凡符合该答案含义的答案，都可以记作通过。②将受测者答对若干试题的分数加上默认他能通过的试题分，即选择开始答题之前题目的分数，得到测验的总分。③根据受测者的实足年龄和总分，从指导手册的智商表中可查到相应的智商分数。

（2）分数解释。中国比奈量表采用离差智商的记分法，但与下面的韦氏量表不一样，其智商的平均数为100，标准差为16。

表2-1　中国比奈智力等级分布表

智力等级	智商范围	理论百分数
非常优秀	≥140	1.6
优秀	120~139	11.3

续表

智力等级	智商范围	理论百分数
中上	110~119	18.1
中等	90~109	46.5
中下	80~89	14.5
边缘状态	70~79	5.6
智力缺陷	≤69	2.9

2. 韦氏智力量表。韦氏智力量表被认为是当今世界上最权威、应用最广的量表之一。从1934年起，韦克斯勒致力于智力测验的编制研究。到1981年为止，韦克斯勒先后发表了韦氏幼儿智力量表（WPPSI），适合于4~6.5岁的幼儿；韦氏儿童智力量表修订本（WISC—R），适合于6~16岁的儿童；韦氏成人智力量表修订本（WAIS—R），适合于16~74岁的成年人。

在20世纪80年代初期，由我国心理学家引进、修订，出版了中文版。

（1）韦氏智力量表的内容。其采用分测验形式，分为言语、操作两大部分。

言语部分包括：

①常识测验：由29个常识问题构成，包括历史、天文、地理、文学和自然等内容，主要测量知识广度和远事记忆。所有受试者均从第5项开始，逐一提问。若第5项或第6项失败，便回头做第1~4项，连续5项失败（得0分）终止测验。每正确回答一项记1分，个别项目可记0.5分，第1~4项免做者补记4分，最高29分。

②领悟测验：由14项有关社会价值观念、社会习俗和一些现象的理由等问题组成，主要测量社会适应能力，尤其是对伦理道德的判断能力。所有受试者均从第3项开始，逐一提问。若第3、4、5项中任何一项未得满分，便回头做第1~2项，连续4项得0分终止测验。第1~2项按0、2计分，第3~14项按0、1、2三级记分，第1~2项免做者补记4分，最高28分。

③算术测验：由14项有关加减乘除的心算题组成，主要测量数的概念、心算能力、注意集中、工作记忆和解决问题的能力。所有受试者均从第3项开始，若第3、4项得0分，便回头做第1~2项，连续4项得0分终止测验。注意时限，记录时间，读完题开始计时。每一正确答案记1分，第11~14项有时间加分，未说单位可给分，不明确，可追问，第1~2项免做记满分，最高18分。

④相似性测验：由13对表示物、方向或行为的词组成，要求找出两者的共同性，主要测量抽象、概括能力。所有受试者均从第1项开始，连续4项得0分终止测验，第1项可给帮助。每1项按0、1、2三级计分，最高26分。

⑤数字广度测验：分顺背和倒背两式，顺背有10个数字串，倒背9个数字串，主要测量即刻记忆或短时记忆、注意力，倒背还测量工作记忆。所有受试者均从第1项开始，每项有2试，2试均失败终止测验，每秒一数，不能分组，第1项失败缩短位

数，全部通过可加位。按通过的数字位数记分，而不是按通过的项目数记分，顺背最高 12 分，倒背最高 10 分。

⑥词汇测验：由 40 个双字词组成，要求解释词义，主要测量语义提取能力、语言表达能力、长时记忆。所有受试者均从第 4 项开始，主试每读一词，要求被试者指认并解释，第 4~8 项中有 1 项得 0 分，回头做第 1~3 项，连续 5 项得 0 分终止测验。每词按回答质量分别记 0、1、2 分，免做的记满分，最高 80 分。

操作部分包括：

①数字符号测验：要求给数字（1~9）配上相应的符号，共 90 项，主要测量学习性联想的能力、视觉—运动协调、精细运动、持久能力和操作速度。在 90 秒内，以最快的速度，按顺序填写相应的符号，时间到终止测验。每正确填写一个符号记 1 分，倒转符号记 0.5 分，最高 90 分。

②图画填充测验：由 21 幅有缺失的图画构成，要求找出缺失的部分，主要测量视觉辨认能力，对物体要素的认知能力，扫视后迅速抓住缺点的能力。从第 1 项开始，全做，第 1~2 项可给帮助，每项时限 20 秒。每一正确回答记 1 分；要求部位正确，性质解释正确，最高 21 分。

③木块图测验：用两色立方体木块复制平面图案，共 10 项，主要测量理解空间关系，视觉分析综合能力，空间建构能力。从第 1 项开始，第 1~2 项有两试，第 1 项第一试用实物呈现，第 1、2 项均可给帮助，连续 3 项得 0 分终止测验。每项正确记 4 分，第 7~10 项有时间加分，最高 48 分。

④图片排列测验：调整散乱的图片卡，使之成为有意义的故事，共 8 项，主要测量逻辑联想，生活常识，思维灵活性。从第 1 项开始，按规定顺序呈现。每张图片卡背面有一排数字，如 2-3-1/4，第一个数字"2"为项目序号，第二个数字"3"为呈现位置，第三个数字"1"为正确顺序，斜线后的数字"4"为卡片张数。第 1~2 项可给帮助，每正确一项计 4 分，第 6~8 项有时间加分，最高 38 分。

⑤图形拼凑：将物体碎片复原，共 4 项，主要测量想象力，抓住事物线索的能力，手眼协调能力。4 项全做，按规定位置摆放碎片。按接点数记分，每个接点记 1 分，完全正确的再按时间加分，最高 44 分。

（2）测验的记分。原始分获得：①有时间限制项目，以反应速度和正确性作为评分依据；②不限时间项目，则按反应质量给予不同分数；③言语测验中理解/领悟、相似性、词汇和部分知识测题，要求主试根据评分原则作出主观判断而给分。

原始分换算量表分：①原始分：也称粗分，即一个分测验中各题目得分之和。②量表分：各分测验原始分以标准 20 记分法换算成标准分，即平均数为 10，标准差为 3 的量表分。③言语量表分：各言语测验量表分相加所得；操作量表分：各操作测验量表分相加所得；全量表分：言语量表分与操作量表分相加所得。④根据相应用表换算成言语智商（VIQ）、操作智商（PIQ）和总智商。

（3）分数解释。

表 2-2　智力等级分布表

智力等级	智商范围	理论百分数
极超常	≥130	2.2
超常	120~129	6.7
高于平常	110~119	16.1
平常	90~109	50.0
低于平常	80~89	16.1
边界	70~79	6.7
智力缺陷	≤69	2.2

（二）常用的团体智力测验量表

瑞文标准推理测验（RSPM）是由英国心理学家瑞文 1938 年编制的非言语智力测验。它的主要任务是要求被试者根据一个大图形中的符号或图案的规律，将某个适当的图案填入大图形的空缺中。瑞文标准推理测验适用的年龄范围广，测验对象不受文化、种族和语言的限制，因此具有文化公平性，可个别施测也可团体施测。

1. 瑞文标准推理测验的内容。我们采用的瑞文标准推理测验是由张厚粲教授于 1985 年修订后的中国城市版。RSPM 包括 60 道题，分为 A、B、C、D、E 五组，每组 12 题。A、B、C、D、E 这五组题目难度逐步增加，每组内部题目也由易到难排列，所用解题思路一致，而各组之间有差异。

A：反映知觉辨别能力（共 12 题）；B：反映类同比较能力（共 12 题）；C：反映比较推理能力（共 12 题）；D：反映系列关系能力（共 12 题）；E：反映抽象推理能力（共 12 题）。通过以上五个方面得分的结构，一定程度上有助于了解被试者的智力结构。RSPM 施测无严格时限，一般用 40 分钟左右即可完成。

2. 瑞文标准推理测验的记分。瑞文标准推理测验采用二级评分，答对得 1 分，答错不得分。被试者的总得分就是其通过的题数，即测验的原始分数。本测验的量表分数是先将被试者的原始分数转换为相应的百分等级，再将百分等级转化为 IQ 分数。

3. 分数解释。

表 2-3　瑞文智商分级等级标准分布表

智力等级	智商范围	理论百分数
天才	≥145	1
超级智商	131~144	10

续表

智力等级	智商范围	理论百分数
中上	110~130	16
中等	90~109	46
中下	80~89	16
偏低	70~79	8
智力不完整	<70	3

由于智力测验是个别施行的，对社区矫正对象很难做到普测，只能做到进行。

二、社区矫正对象个性特征的评估

社区矫正对象个性评估有关的测验主要包括客观测验和投射测验。本章节中主要针对个性的客观测验进行阐述。

（一）行为类型问卷。

由张伯源主持研制，是从外部行为和人的情绪体验上进行自我观测评定的性格量表，目的在于发现 A 型行为。A 型行为的特征是情绪不稳定、社会适应性差、急躁、外倾、人际关系不融洽等。

（二）艾森克人格问卷（EPQ）

1. 艾森克人格问卷（Eysenck Personality Questionnaire，EPQ）是伦敦大学心理系和精神病研究所艾森克和其夫人根据因素分析法编制的一种有关人格维度研究的测定方法。它是由早期若干人格量表发展而成的。

1952 年制定的莫兹利医学问卷（MMQ）是最早的人格问卷，1959 年又制定了莫兹利人格调查表（MPI），1964 年该量表又发展为艾森克人格调查表（EPI），现在通用的 EPQ 是 1975 年制定的，它是一种自陈量表，有成人（共 90 个项目）和少年（共 81 个项目）两种形式，各包括 4 个量表：E—内外向；N—神经质，又称情绪性；P—精神质，又称倔强、讲求实际；L—说谎或掩饰性（即效度量表）。

经艾森克等人的因素分析计算，前三个量表代表人格结构的三个维度，它们是彼此独立的，L 则是效度量表，代表一种稳定的人格特质，也反映被试者的社会性朴实或幼稚水平。由于该问卷具有较高的信度和效度，用其所测得的结果可同时得到多种实验心理学研究的印证。因此它亦是验证人格维度的理论根据。

2. 记分方法。

（1）E 量表：外向—内向。第 1、5、9、13、16、22、29、32、35、40、43、46、49、53、56、61、72、76、85 题答"是"和第 26、37 题答"否"的，每题各得 1 分。

（2）N 量表：神经质（又称情绪性）。第 3、6、11、14、18、20、24、28、30、34、36、42、47、51、54、59、63、66、67、70、74、78、82、84 题答"是"的，每题各得 1 分。

（3）P 量表：精神质（又称倔强、讲求实际）。第 19、23、27、38、41、44、57、58、65、69、73、77 题答"是"的和第 2、8、10、17、33、50、62、80 题答"否"的，每题各得 1 分。

（4）L 量表：测定被试的掩饰、假托或自身隐蔽，或者测定其朴实、幼稚水平。第 12、31、48、68、79、81 题答"是"的和第 4、7、15、21、25、39、45、52、55、60、64、71、75、83 题答"否"的，每题各得 1 分。

3. 测验结果的解释（实际上应按标准差计算再确定）。标准分在 40~60 分之间大约包括 68.46% 的常模群体，如果某个被试者的标准分大于 60 分或小于 40 分，就可以认为该被试者在某量表上具有高分或低分的特征。

（1）E（内向—外向）量表分：分数高于 15 分，表示人格外向，可能是好交际，渴望刺激和冒险，情感易于冲动。分数低于 8 分，表示人格内向，如好静，富于内省，不喜欢刺激，喜欢有秩序的生活方式，情绪比较稳定。

（2）N（神经质）量表分：分数高于 14 分表示焦虑、忧心忡忡、常郁郁不乐，有强烈情绪反应，甚至出现不够理智的行为。分数低于 9 分表示情绪稳定。

（3）P（精神质）量表分：分数高于 8 分表示可能是孤独、不关心他人，难以适应外部环境，不近人情，与别人不友好，喜欢寻衅搅扰，喜欢干奇特的事情，并且不顾危险。低分者能与人相处，能较好地适应环境，态度温和，不粗暴，善从人意。

（4）L（掩饰性）量表分：L 量表分如高于 18 分，显示被试者有掩饰倾向，测验结果可能失真。

（三）卡特尔 16 种人格因素测验（16PF）

1. 卡特尔 16 种人格因素测验是美国心理学家卡特尔经过多年的研究，运用一系列严密的科学手段研制出的 16PF 量表。他把人类行为的 1800 种描述称为人格的表面特质，并将这种描述通过因素分析的统计合并成 16 种因素，称这 16 种因素为根源特质。他认为只有根源特质才是人类潜在的、稳定的人格特征，是人格测验应把握的实质。这 16 种特性因素在任何一个人身上组合，就构成了其不同于其他人的独特人格。其中 16 种人格因素有：乐群性、聪慧性、稳定性、恃强性、兴奋性、有恒性、敢为性、敏感性、怀疑性、幻想性、世故性、忧虑性、实验性、独立性、自律性、紧张性。16PF 人格测验在人事管理中应用得比较广泛，它能够预测应试者的工作稳定性、工作效率和压力承受能力等，也可以广泛地应用于心理咨询、人员选拔和职业指导的各个环节，为人事决策和人事诊断提供个人心理素质的参考依据。

2. 计分方法。16 种人格因素测试共有 187 道题，每种人格因素由 10~13 道题组成。各题的计分方法有三种：①对应于 A、B、C 答案分别计 2、1、0 分；②对应于 A、B、C 分别计 0、1、2 分；③有些题目，只有选定了特定的答案才计 1 分，否则计 0 分。各个人格因素所涉及题目的计分之和就是相应人格因素的原始得分。研究表明，人群总体在各个人格因素的原始得分符合正态分布。依据此规律，可以把原始分从低到高依次转化为标准分 1 到标准分 10。

3. 分数解释。每项因素得分在 8 分以上者为高分，3 分以下者为低分。

4. 16 个因素的名称和高分、低分人格特征。

因素 A—乐群性：高分者外向、热情、乐群，术语称环性情感或高情感；低分者缄默、孤独、冷淡，术语称分裂情感。

因素 B—聪慧性：高分者聪明、富有才识、善于抽象思维，术语称高 8；低分者思想迟钝、学识浅薄、抽象思维能力弱，术语称低 3。

因素 C—稳定性：高分者热情稳定而成熟、能面对现实，术语称高自我力量；低分者情绪激动、易生烦恼，术语称低自我力量。

因素 E—恃强性：高分者好强、固执、独立、积极，术语称支配性；低分者谦逊、顺从、通融、恭顺，术语称顺从性。

因素 F—兴奋性：高分者轻松兴奋、随遇而安，术语称澎湃激荡；低分者严肃、审慎、冷静、寡言，术语称平静。

因素 G—有恒性：高分者有恒负责、做事尽职，术语称高超我；低分者苟且敷衍、缺乏奉公守法精神，术语称低超我。

因素 H—敢为性：高分者冒险敢为、少有顾虑，术语称交感免疫性；低分者畏怯退缩、缺乏自信，术语称威胁反应性。

因素 I—敏感性：高分者敏感、感情用事，术语称娇养性情绪过敏；低分者理智、着重现实、自食其力，术语称极度现实感。

因素 L—怀疑性：高分者怀疑、刚愎、固执己见，术语称投射紧张；低分者信赖随和、易与人相处，术语称放松。

因素 M—幻想性：高分者幻想、狂放任性，术语称我向性或自向性；低分者现实、合乎成规、力求完善合理，术语称实际性。

因素 N—世故性：高分者精明能干、世故，术语称机灵性；低分者坦白、直率、天真，术语称朴实性。

因素 O—忧虑性：高分者忧虑抑郁、烦恼自扰，术语称易于内疚；低分者安详、沉着、通常有自信心，术语称信念把握。

因素 Q1—实验性：高分者自由、激进、不拘泥于现实，术语称激进性；低分者保守、尊重传统观念与道德准则，术语称保守性。

因素 Q2—独立性：高分者自立自强、当机立断，术语称自给自足；低分者依赖、随群、附和，术语称团体依附。

因素 Q3—自律性：高分者知己知彼、自律谨严，术语称高自我概念；低分者矛盾冲突、不顾大体，术语称低整合性。

因素 Q4—紧张性：高分者紧张困扰、激动挣扎，术语称高能量紧张；低分者心平气和、闲散宁静，术语称低能量紧张。

卡特尔 16 项人格因素量表（16PF），这一量表能较好地反映人格的复杂层面及其组合，信息量比较大，有利于发现社区矫正对象的心理缺陷，了解其心理健康方面的问题，可用于对入矫对象的诊断。

（四）明尼苏达多项人格测验（MMPI）

1. 明尼苏达多项人格测验。这是由美国明尼苏达大学心理学家哈兹威（S. P. Hathaway）与精神科医生麦金利（J. C. Mckinley）于1940年编制的自我报告式的个性量表。1979年，中科院心理所宋维真主持汉化和修订，其适用范围是年满16周岁，具有小学以上文化程度，无读写困难的人，共包含疑病、抑郁、歇斯底里等10种临床症状量表，是目前国内外用于诊断精神疾病的主要量表之一，也是一种用途广泛的人格量表，可用于判别、区分精神病患者和正常者。我国司法领域常用该量表来做精神诊断鉴定和预测罪犯刑满释放后的行为倾向。

2. 明尼苏达多项人格量表及其意义。MMPI共有14个量表（研究量表未算在内），其中临床量表10个，效度量表4个，均集中在1~399题。

10个临床量表分别为：

（1）疑病（Hs）：共33个题目，它反映被试者对身体功能的不正常关心。得分高者即使身体无病，也总是觉得身体欠佳，表现出疑病倾向。该量表得分高的精神科求助者往往有疑病症、神经衰弱、抑郁等临床诊断。

（2）抑郁（D）：共60个题目，它与忧郁、淡漠、悲观、思维与行动缓慢有关，分数太高可能会自杀。得分高者常被诊断为抑郁性神经症和抑郁症。

（3）癔症（Hy）：共60个题目，评估用转换反应来对待压力或解决矛盾的倾向。得分高者多表现为依赖、天真、外露、幼稚及自我陶醉，并缺乏自知力。若是精神科求助者，往往被诊断为癔症（转换性癔症）。

（4）精神病态（Pd）：共50个题目，可反映被试者性格的偏离。高分数的人为脱离一般的社会道德规范，蔑视社会习俗，常有复仇攻击观念，并不能从惩罚中吸取教训。在精神科的患者中，多诊断为人格异常，包括反社会人格和被动攻击性人格。

（5）男子气—女子气（Mf）：共60个题目，主要反映性别色彩。高分数的男人表现为敏感、爱美、被动、女性化，他们缺乏对异性的追求。高分数的妇女表现为男性化、粗鲁、好攻击、自信、缺乏情感、不敏感，在极端的高分情况下，则应考虑有性变态倾向和性变态行为。

（6）偏执（Pa）：共40个题目，高分提示具有多疑、孤独、烦恼及过分敏感等性格特征。如T超过70分则可能存在偏执妄想，尤其是合并F、Sc量表分数升高者，极端的高分者被诊断为精神分裂症偏执型和偏执性精神病。

（7）精神衰弱（Pt）：共48个题目，高分数者表现为紧张、焦虑、反复思考、强迫思维、恐怖以及内疚感，他们经常自责、自罪，感到不如人和不安。Pt量表与D、Hs量表同时升高则是一个神经症测图。

（8）精神分裂症（Sc）：78个题目，高分者常表现出异乎寻常的或分裂的生活方式，如不恰当的情感反应、少语、特殊姿势、怪异行为、行为退缩与情感脆弱。极高的分数者（T>80）可表现妄想、幻觉、人格解体等精神症状及行为异常。几乎所有的精神分裂症求助者都有80~90T得分，如只有Sc量表高分，而无F量表T分升高常提示为类分裂性人格。

(9) 轻躁狂（Ma）：46 个题目，高得分者常为联想过多过快、活动过多、观念飘忽、夸大而情绪高昂、情感多变。极高的分数者可能表现为情绪紊乱、反复无常、行为冲动，也可能有妄想。量表 Ma 得分极高（T>90）可考虑为躁郁症的躁狂相。

(10) 社会内向（Si）：70 个题目。高分数者表现为内向、胆小、退缩、不善交际、屈服、过分自我控制、紧张、固执及自罪。低分数者表现为外向、爱交际、富于表情、好攻击、健谈、冲动、不受拘束、任性、做作，在社会关系中不真诚。

四个效度量表分别为：

(1) 疑问（Q）：对问题毫无反应及对"是"和"否"都进行反应的项目总数，或称"无回答"的得分。高得分者表示为逃避现实，若在前 399 题中原始分超过 22 分，则提示临床量表不可信。

(2) 说谎（L）：共 15 个题目，是追求过分的尽善尽美的回答。高得分者总想让别人把他看得要比实际情况更好，他们连每个人都具有的细小短处也不承认。L 量表原始分超过 10 分时，就不能信任 MMPI 的结果。

(3) 诈病（F）：共 64 个题目，多为一些比较古怪或荒唐的内容。分数高表示被试者不认真、理解错误，表现出一组互相无关的症状，或在伪装选病。如果测验有效，F 量表是精神病程度的良好指标，其得分越高暗示着精神病程度越重。

(4) 校正（K）：共 30 个题目，是对测验态度的一种衡量，其目的有两个：一是为了判别被试者接受测验的态度是不是有隐瞒的或是防卫的；二是根据这个量表修正临床量表的得分，即在几个临床量表上分别加上一定比例的 K 分。

3. 记分方法。MMPI 的计分方法是由原始分转换为 T 分数，然后画出剖面图。

(1) 计算 Q 量表的原始分，超过 22 分或 30 分无效。

(2) 分别计算各量表的原始分。

(3) 对 5 个量表加 K 分校正（Hs+0.5K、Pd+0.4K、Pt+1.0K、Sc+1.0K、Ma+0.2K）。

(4) 查表把原始分转化为 T 分，或计算 T 分：T=50+10（X-X）/SD。

(5) 画出剖析图。

4. 分数解释。T 分数在 70 分以上为异常是美国标准，T 分数在 60 分以上为异常是中国标准。异常者便视为可能有病理性异常表现或某种心理偏离现象。

三、社区矫正对象综合性评估

（一）症状自评量表（SCL90）

1. 症状自评量表的种类很多，临床最常用的是 90 项症状清单（Symptom Checklist 90，SCL90），又名症状自评量表（Self—reporting Inventory），有时也叫作 Hopkin's 症状清单（HSCL）。此量表包含有广泛的精神病症状学内容，如思维、情感、行为、人际关系以及生活习惯等。SCL90 使用范围颇广，主要为成年的神经症、适应障碍及其他轻性精神障碍患者，不适合于躁狂症和精神分裂症。

本量表共有 90 个项目，包含有较广泛的精神症状学内容，从感觉、情感、思维、意识、行为直至生活习惯、人际关系、饮食睡眠等，均有涉及，并采用 10 个因子分别反映 10 个方面的心理症状情况。

2. 适用范围。

（1）在精神科和心理咨询门诊中，作为了解就诊者或受咨询者心理卫生问题的一种评定工具。

（2）在综合性医院中，常以 SCL90 了解躯体疾病求助者的精神症状，并认为结果满意。

（3）应用 SCL90 调查不同群体（包括社区矫正对象）的心理卫生问题，从不同侧面反映各种群体（包括社区矫正对象）的心理卫生问题。

3. 施测步骤。

（1）在开始评定前，先由工作人员把总的评分方法和要求向受检者交代清楚，然后让其作出独立的、不受任何人影响的自我评定，并用铅笔填写（便于改正）。

它的每一个项目均采取 5 级（0~4）评分制，具体说明如下：

①没有：自觉无该项症状（问题），评分为 0。

②很轻：自觉有该项症状，但对受检者并无实际影响或影响轻微，评分为 1。

③中度：自觉有该项症状，对受检者有一定影响，评分为 2。

④偏重：自觉常有该项症状，对受检者有相当程度的影响，评分为 3。

⑤严重：自觉该症状的频度和强度都十分严重，对受检者的影响严重，评分为 4。

这里所指的"影响"，包括症状所致的痛苦和烦恼，也包括症状造成的心理社会功能损害。"轻""中""重"的具体定义，则应由自评者自己去体会，不必做硬性规定。

（2）对于文化程度低的自评者，可由工作人员逐项念给其听，并以中性的、不带任何暗示和偏向地把问题本身的意思告诉他。

（3）评定的时间范围是"现在"或者是"最近一个星期"的实际感觉。

（4）评定结束时，由本人或临床咨询师逐一查核，凡有漏评或者重复评定的，均应提醒自评者再考虑评定，以免影响分析的准确性。

4. 测验的记分。SCL90 的统计指标主要为两项，即总分和因子分。

（1）总分：90 个项目单项分相加之和，能反映其病情严重程度。

总均分：总分/90，表示从总体情况看，该受检者的自我感觉位于 1~5 级间的哪一个分值程度上。

阳性项目数：单项分≥2 的项目数，表示受检者在多少项目上呈现"有症状"。

阴性项目数：单项分=1 的项目数，表示受检者"无症状"的项目有多少。

阳性症状均分：（总分-阴性项目数）/阳性项目数，表示受检者在"有症状"项目中的平均得分，反映该受检者自我感觉不佳的项目，其严重程度究竟介于哪个范围。

（2）因子分：共包括 10 个因子，即所有 90 个项目分为 10 大类。每一因子反映受检者一方面的情况，因而通过因子分可以了解受检者的症状分布特点，并可作廓图（profile）分析。

5. 结果的解释。量表作者未提出分界值，按全国常模结果，总分超过 160 分，或阳性项目数超过 43 项，或任一因子分超过 2 分，可考虑筛选阳性，需进一步检查。

6. 各因子名称、所包含项目及简要解释。

（1）躯体化（somatization）：包括 1、4、12、27、40、42、48、49、52、53、56 和 58，共 12 项。该因子主要反映主观的躯体不适感，包括心血管、胃肠道、呼吸等系统的主述不适，以及头疼、背痛、肌肉酸痛和焦虑等其他躯体表现。

（2）强迫症状（obsessive-compulsive）：包括 3、9、10、28、38、45、46、51、55 和 65，共 10 项。它与临床强迫症表现的症状、定义基本相同。主要指那种明知没有必要，但又无法摆脱的无意义的思想、冲动、行为等表现；还有一些比较一般的感知障碍，如脑子"变空"，"记忆力不好"等，也在这一因子中反映出来。

（3）人际关系敏感（interpersonal sensitivity）：包括 6、21、34、36、37、41、61、69 和 73，共 9 项。它主要指某些个人不自在感和自卑感，尤其是在与他人相比较时更突出。自卑、懊丧以及在人际关系中明显相处不好的人，往往是这一因子获高分的对象。

（4）抑郁（depression）：包括 5、14、15、20、22、26、29、30、31、32、54、71 和 79，共 13 项。它反映的是与临床上抑郁症状群相联系的广泛的概念。抑郁苦闷的感情和心境是代表性症状，还以对生活的兴趣减退、缺乏活动愿望、丧失活动动力等为特征，并包括失望、悲观、与抑郁相联系的其他感知及躯体方面的问题。该因子中有几个项目包括了死亡、自杀等概念。

（5）焦虑（anxiety）：包括 2、17、23、33、39、57、72、78、80 和 86，共 10 个项目。它包括一些通常在临床上明显与焦虑症状相联系的精神症状及体验，一般指那些无法静息、神经过敏、紧张以及由此而产生的躯体征象，那种游离不定的焦虑及惊恐发作是本因子的主要内容，还包括一个反映"解体"的项目。

（6）敌对（hostility）：包括 11、24、63、67、74 和 81，共 6 项。主要从思维、情感及行为三方面来反映受检者的敌对表现。其项目包括从厌烦、争论、摔物直至争斗和不可抑制的冲动爆发等各个方面。

（7）恐怖（phobia anxiety）：包括 13、25、47、50、70、75 和 82，共 7 项。它与传统的恐怖状态或广场恐怖所反映的内容基本一致。引起恐怖的因素包括出门旅行、空旷场地、人群、公共场合及交通工具等。此外，还有反映社交恐怖的项目。

（8）偏执（paranoid ideation）：包括 8、18、43、68、76 和 83，共 6 项。偏执是一个十分复杂的概念。本因子只是包括了一些基本内容，主要指思维方面，如投射性思维、敌对、猜疑、关系妄想、被动体验与夸大等。

（9）精神病性（psychoticism）：包括 7、16、35、62、77、84、85、87、88 和 90，共 10 项。其中有幻听、思维播散、被控制感、思维被插入等反映精神分裂样症状的项目。

（10）其他：包括 19、44、59、60、64、66 及 89 共 7 个项目，主要反映睡眠及饮食情况。

（二）焦虑自评量表（SAS）

1. 焦虑自评量表（SAS）由 W. K. Zung 于 1971 年编制。本量表含有 20 个反映焦虑主观感受的项目，每个项目按症状出现的频度分为四级评分，其中 15 个为正向评分，5 个为反向评分。从量表构造的形式到具体评定的方法，与抑郁自评量表（SDS）十分相似，SAS 用于评出焦虑病人的主观感受。

2. 适用范围。本量表可以评定焦虑症状的轻重程度及其在治疗中的变化，适用于具有焦虑症状的成年人。主要用于疗效评估，不能用于诊断。

3. 施测步骤。

（1）在自评者评定以前，一定要让他把整个量表的填写方法及每条问题的含义都弄明白，然后作出独立的、不受任何人影响的自我评定。其评分标准为："1"是没有或很少时间有；"2"是小部分时间有；"3"是相当多时间有；"4"是绝大部分或全部时间都有。

（2）评定的时间范围是自评者过去一周的实际感觉。

（3）如果评定者的文化程度太低，不能理解或看不懂 SAS 问题的内容，可由工作人员念给其听，逐条念，让评定者独自作出评定。

（4）评定时，应让自评者理解反向评分的各题，SAS 有 5 项反向项目，如不能理解会直接影响统计结果。

（5）评定结束时，工作人员应仔细检查一下评定结果，应提醒自评者不要漏评某一项目，也不要在相同一个项目上重复评定。

4. 测验的记分。若为正向评分题，依次评为粗分 1、2、3、4 分；反向评分题（下文中有 * 号者）则评为 4、3、2、1 分。与 SDS 一样，20 个项目得分相加即得粗分（X），经过公式换算，即用粗分乘以 1.25 以后取整数部分，就得标准分（Y）。

5. 结果的解释。按照中国常模结果，SAS 标准分的分界值为 50 分，其中 50~59 分为轻度焦虑，60~69 分为中度焦虑，69 分以上为重度焦虑。

6. SAS 的 20 个项目希望诊断与评估的 20 条症状（括号中为症状名称）是（打 * 号者为反向题目）：

（1）我觉得比平常容易紧张和着急（焦虑）。

（2）我无缘无故地感到害怕（害怕）。

（3）我容易心里烦乱或觉得惊恐（惊恐）。

（4）我觉得我可能将要发疯（发疯感）。

*（5）我觉得一切都很好，也不会发生什么不幸（不幸预感）。

（6）我手脚发抖打颤（手足颤抖）。

（7）我因为头痛、颈痛和背痛而苦恼（躯体疼痛）。

（8）我感觉容易衰弱和疲乏（乏力）。

*（9）我觉得心平气和，并且容易安静坐着（静坐不能）。

（10）我觉得心跳很快（心悸）。

（11）我因为一阵阵头晕而苦恼（头昏）。

（12）我有晕倒发作或觉得要晕倒似的（晕厥感）。

*（13）我呼气吸气都感到很容易（呼吸困难）。

（14）我手脚麻木和刺痛（手足刺痛）。

（15）我因为胃痛和消化不良而苦恼（胃痛或消化不良）。

（16）我常常要小便（尿意频数）。

*（17）我的手常常是干燥温暖的（多汗）。

（18）我脸红发热（面部潮红）。

*（19）我容易入睡并且一夜睡得很好（睡眠障碍）。

（20）我做噩梦（噩梦）。

SAS 题量虽少，但反映的信息较多。在社区矫正心理矫治工作实践中，SAS 比较适合于对适应不良的入矫对象及发生生活应激事件等进行心理健康和情绪状态方面的简评。

（三）抑郁自评量表（SDS）

1. 抑郁自评量表（Self—rating Depression Scale，SDS）是含有 20 个项目、分为 4 级评分的自评量表，原型是 Zung 抑郁量表（1965）。本量表含 20 个反映抑郁患者的主观感受的项目，每个项目按症状出现的频度分为 4 级评分，10 个正向评分，10 个反向评分，其特点是使用简便，并能相当直观地反映抑郁患者的主观感受，主要适用于具有抑郁症状的成年人，包括门诊及住院患者。只是对严重迟缓症状的抑郁的评定有困难。同时，SDS 对于文化程度较低或智力水平稍差的人使用效果不佳。

2. 计分方法。与 SAS 相同，SDS 采用 4 级评分，主要评定项目为所定义的症状出现的频度，其标准为："1"是没有或很少有时间有；"2"是小部分时间有；"3"是相当多时间有；"4"是绝大部分或全部时间都有。将 20 个项目的各项得分相加，即得到测验的粗分，将测验的原始分数相加乘以 1.25 系数取整数，就是最后得分。分数越高，表示这方面的症状越严重。

3. 分数解释。按照中国常模，SDS 的标准分的分界值为 53 分，53~62 分者为轻度抑郁，63~72 分者是中度抑郁，72 分以上者是重度抑郁。

4. SDS 每条文字及所希望诊断出的症状（打 * 号者为反向题目）：

（1）我觉得闷闷不乐，情绪低沉（抑郁心境）。

*（2）我觉得一天中早晨最好（晨重夜轻）。

（3）一阵阵哭出来或觉得想哭（哭泣）。

（4）我晚上睡眠不好（睡眠障碍）。

*（5）我吃得跟平常一样多（食欲减退）。

*（6）我与异性密切接触时和以往一样感到愉快（性兴趣减退）。

（7）我发觉我的体重在下降（体重减轻）。

（8）我有便秘的苦恼（便秘）。

（9）心跳比平常快（心悸）。

（10）我无缘无故地感到疲乏（易倦）。

*（11）我的头脑和平常一样清楚（思考困难）。

*（12）我觉得经常做的事情并没有困难（能力减退）。

（13）我觉得不安而平静不下来（不安）。

*（14）我对未来抱有希望（绝望）。

（15）我比平常容易生气激动（易激惹）。

*（16）我觉得做出决定是容易的（决断困难）。

*（17）我觉得自己是个有用的人，有人需要我（无用感）。

*（18）我的生活过得很有意思（生活空虚感）。

（19）我认为如果我死了，别人会生活得更好（无价值感）。

*（20）平常感兴趣的事我仍然感兴趣（兴趣丧失）

5. 注意事项。

（1）SDS 主要适用于具有抑郁症状的成年人，它对心理咨询门诊及精神科门诊或住院精神病人均可使用。对严重阻滞症状的抑郁病人，评定有困难。

（2）关于抑郁症状的临床分级，除参考量表分值外，主要还应根据临床症状，特别是要害症状的程度来划分，量表总分值仅能作为一项参考指标而非绝对标准。

四、应激及相关问题评估

（一）生活事件量表（LES）

1. 生活事件量表（Life Event Scale，LES）有多个版本，本书所选用的是由杨德森、张亚林 1986 年编制的生活事件量表。LES 共含有 48 条我国较常见的生活事件，包括三方面的问题：一是家庭生活方面（28 条），二是工作学习方面（13 条），三是社交及其他方面（7 条）。

2. 适用范围。LES 适用于 16 岁以上的正常人、神经症、身心疾病、各种躯体疾病求助者以及自知力恢复的重性精神病求助者，主要应用于：

（1）神经症、身心疾病、各种躯体疾病及重性精神疾病的病因学研究。

（2）指导心理治疗、危机干预，使心理治疗和医疗干预更有针对性。

（3）甄别高危人群，预防精神疾病和身心疾病，对 LES 高者加强预防工作。

（4）指导正常人了解自己的精神负荷、维护身心健康，提高生活质量。

3. 施测步骤。LES 属自评量表，填写者须仔细阅读和领会指导语，然后逐条过目。根据调查者的要求，填写者首先将某一时间范围内（通常为一年内）的事件记录下来。有的事件虽然发生在该时间范围之前，如果影响深远并延续至今，可作为长期性事件记录。然后，由填写者根据自身的实际感受（而不是按常理或伦理道德观念）去判断那些经历过的事件对本人来说是好事还是坏事？影响程度如何？影响持续的时间有多久？对于表上已列出但并未经历的事件应一一注明"未经历"，不留空白，以防遗漏。

4. 测验的计分。一次性的事件如流产、失窃要记录发生次数，长期性事件如住房拥挤、夫妻分居等不到半年记为 1 次，超过半年记为 2 次。影响程度分为 5 级，从毫无影响到影响极重分别记 0、1、2、3、4 分，即无影响=0 分、轻度=1 分、中度=2 分、重度=3 分、极重=4 分。影响持续时间分 3 个月内、1 年半内、1 年内、1 年以上共 4 个等级，分别记 1、2、3、4 分。

生活事件刺激量的计算方法：①某事件刺激量=该事件影响程度分×该事件持续时

间分×该事件发生次数；②正性事件刺激量＝全部好事刺激量之和；③负性事件刺激量＝全部坏事刺激量之和；④生活事件总刺激量＝正性事件刺激量＋负性事件刺激量。另外，还可以根据研究需要，按家庭问题、工作学习问题和社交问题进行分类统计。

5. 结果的解释。LES 总分越高，反映出个体承受的精神压力越大。95%的正常人一年内的 LES 总分不超过 20 分，99%的正常人不超过 32 分。负性生活事件的分值越高，对身心健康的影响越大。正性生活事件分值的意义尚待进一步的研究。

6. 相关知识。

LES 的目的和背景。自 20 世纪 30 年代 H. Selye 提出应激的概念以来，生活事件作为一种心理社会应激源对身心健康的影响引起广泛的关注，使用 LES 的目的是对精神刺激进行定性和定量。

在研究生活事件评定的初级阶段，人们只注重那些较重大的生活事件，因而只统计某一段时期内较大事件发生的次数。次数越多，表示遭受的精神刺激越强。这种评定方法非常简单，不足之处是显而易见的。不同的生活事件引起的精神刺激可能大小不一，丢失一件衣物与经历一场浩劫是不能等量齐观的。于是，人们相信，每种生活事件理应具有其"客观"的刺激强度。

从 20 世纪 60 年代起，人们对各种生活事件的"客观定量"有了较多的研究兴趣。其中最有代表性的人物是美国的 T. H. Holmes。他和 Rahe 于 1967 年编制了著名的"社会重新适应量表"（Social Readiustment Scale，简称 SRRS）。SRRS 的理论假定是：任何形式的生活变化都需要个体动员机体的应激资源去作新的适应，因而产生紧张。SRRS 的计算方法是在累计生活事件次数的基础上进行加权计分，即对不同的生活事件给予不同的评分，然后累加得其总值。SRRS 加权的依据来自一个 5000 人的常模。在制定常模时，Holmes 等事先规定"丧偶事件"为 1000 分，"结婚事件"为 500 分，让被调查者以上述两事件的评分为标准，按自己直接或间接的经验去评估其他种利生活事件的分数。然后求得每种事件（5000 人）的平均值，将均值除以 10，再取其整数作为该事件的标准化记分。SRRS 选用了调查中发生频率较高的 43 项生活事件，在一定程度上反映了美国当时社会生活的实际情况，是科学地、客观地评定生活事件的开端。SRRS 被推广到许多国家，再研究的结果显示相关系数多在 0.85～0.99 之间，被公认为评定生活事件的有效工具，甚至有人认为可以作为黄金标准以检测其他生活事件量表的效度。

我国于 20 世纪 80 年代初引进 SRRS，使用者们根据我国的实际情况对生活事件量表的某些条目进行了修订或删增，其中包括张明园等 1987 年编制的《生活事件量表》，张瑶等 1989 年编制的《生活事件量表》，刘贤臣等 1987 年编制的《青少年生活事件量表》，以及此处介绍的由杨德森等 1986 年编制的量表。有的将百分制改为十分制，有的则沿用 Holmes 的记分方法，而杨德森提出的按事件的影响程度、持续时间和发生次数来记分最有特色。主要是强调根据受试者的主观感受，对生活事件作定性和定量评定，又对正性、负性生活事件作了区分。具体项目如下：

生活事件名称	事件发生时间			性质		精神影响程度				影响持续时间				备注
	未发生	一年前	一年内	长期性	好事	坏事	无影响	轻度	中度	重度	极重	三月内	半年内	一年内	一年以上
举例：房屋拆迁			√			√		√					√		
家庭有关问题： 1. 恋爱或订婚															
2. 恋爱失败、破裂															
3. 结婚															
4. 自己（爱人）怀孕															
5. 自己（爱人）流产															
6. 家庭增添新成员															
7. 与爱人父母不和															
8. 夫妻感情不好															
9. 夫妻分居（因不和）															
10. 夫妻两地分居（工作需要）															
11. 性生活不满意或独身															
12. 配偶一方有外遇															
13. 夫妻重归于好															
14. 超指标生育															
15. 本人（爱人）作绝育手术															
16. 配偶死亡															
17. 离婚															
18. 子女升学（就业）失败															
19. 子女管教困难															
20. 子女长期离家															
21. 父母不和															
22. 家庭经济困难															
23. 欠债															

续表

生活事件名称	事件发生时间	性质	精神影响程度	影响持续时间	备注
24. 经济情况显著改善					
25. 家庭成员重病、重伤					
26. 家庭成员死亡					
27. 本人重病或重伤					
28. 住房紧张					
工作学习中的问题： 29. 待业、无业					
30. 开始就业					
31. 高考失败					
32. 扣发奖金或罚款					
33. 突出的个人成就					
34. 晋升、提级					
35. 对现职工作不满意					
36. 工作学习中压力大（如成绩不好）					
37. 与上级关系紧张					
38. 与同事邻居不和					
39. 第一次远走他乡异国					
40. 生活规律重大变动（饮食睡眠规律改变）					
41. 本人退休离休或未安排具体工作					
社交与其他问题： 42. 好友重病或重伤					
43. 好友死亡					
44. 被人误会、错怪、诬告、议论					
45. 介入民事法律纠纷					
46. 被拘留、受审					
47. 失窃、财产损失					

续表

生活事件名称	事件发生时间	性质	精神影响程度	影响持续时间	备注
48. 意外惊吓、发生事故、自然灾害					
如果您还经历其他的生活事件，请依次填写。					
49.					
50.					

注：若被试者认为有表中未列生活事件对其造成较大影响，可以自己填入所留的空栏中，并作出相应评价。

五、罪犯心理测验结果的合理化解释

对于标准化测验，测验结果的解释一般是"现成"的，也就是在测验编制的时候就已经根据编制时取样的被试测验结果和理论上的构架，给出了"标准化"的解释。在实际的测验过程中，不仅要注意共性的品质，更要注重被试个体间的个别差异。因此，如何给出测量结果的合理化解释，是专业心理学工作者的重点工作所在。

（一）辩证看待"常模"

标准化的测验几乎都根据一定的大样本测量，制定出了特定被试群体的常模，无疑为个体的心理测验结果提供了比较的依据。当前我国使用较多的心理测验，大多来自西方国家，这些测验经过修订后比较适合我国国情，但是在制作常模时选取的是正常社会群体作被试，对于社区矫正对象被试来说，如果简单与常模比较就忽略了社区矫正对象群体的特殊性。另外，常模反映的是测验群体的集中趋势，对于个体的个别性不能通过常模直接体现出来，需要通过常模做出某种统计学上的检验。因此，辩证看待常模，是合理化解释测验结果的正确态度。

（二）综合多个测验结果

标准化测验结果的解释虽然比较规范，但对某一社区矫正对象具体而言，不能通过某一测验就给出武断的解释。这是因为，有的社区矫正对象自我防御意识很强，说谎和潜意识中的自我美化和自我掩饰十分常见，对测验的有效性检验就显得非常必要。只有综合多种测验结果，将社区矫正对象的不同心理品质通过多次印证，才能对其心理和行为做出科学的结论和更接近真实的解释。在社区矫正对象心理评估过程中应更加注意这种综合性，除使用标准化的心理测验外，还可以通过非标准化的测验手段如投射测验、主体测验等进行人格的深层次评估。

（三）测验结果与行为观察相结合

要想对测验结果进行合理化的解释，社区矫正工作者还要对被试社区矫正对象的行为习惯或行为表现有某种程度的了解，因为大家使用的测量工具是一致的，但社区矫正对象的行为表现却是千差万别的。了解社区矫正对象行为表现的方式有很多，如

通过查看所犯罪行，通过社区矫正工作者的观察记录等。

毫无疑问，一个好的解释应该是接近社区矫正对象真实情况的解释。从理论上讲，要求测验结果与社区矫正对象的真实心理和行为绝对吻合是不现实的，但我们所追求的是无限的接近。因此，越是综合多方面的信息，分析方法越是科学和客观，主观臆测的成分少，对于测验的解释就越接近合理。

【心理评估工具的实践应用】

学会熟练使用社区矫正对象心理工作中常用心理评估量表（可以在心理测评室完成）。

（一）训练项目一：智力测验量表的使用

1. 比奈—西蒙智力测验。

2. 韦氏成人智力量表修订本（WAIS—R）。

3. 瑞文标准推理测验。

（二）训练项目二：人格测验

1. 艾森克人格问卷（EPQ）。

2. 卡特尔16种人格因素测验（16PF）。

3. 明尼苏达多项人格测验（MMPI）。

（三）训练项目三：心理健康状态测验

1. 症状自评量表（SCL90）。

2. 焦虑自评量表（SAS）。

3. 抑郁自评量表（SDS）。

六、再犯罪的风险评估（详见第七节）

《社区矫正法实施办法》第22条第1款规定，执行地县级社区矫正机构、受委托的司法所要根据社区矫正对象的性别、年龄、心理特点、健康状况、犯罪原因、悔罪表现等具体情况，制定矫正方案，有针对性地消除社区矫正对象可能重新犯罪的因素，帮助其成为守法公民。

社区矫正对象危险性评估又称社区矫正对象人身危险性评估，是指运用科学的方法对社区矫正对象人身危险性程度和再犯可能性以及对社会所造成的危险性的评估和预测。

【小贴士】

习近平总书记在2021年2月20日党史学习教育动员大会上指出"江山就是人民，人民就是江山。"为民造福是立党为公、执政为民的本质要求。党的二十大报告明确指出，要"推进健康中国建设"，要"把保障人民健康放在优先发展的战略位置，完善人民健康促进政策"，特别强调要"重视心理健康和精神卫生。"对社区矫正对象进行心理评估能够了解矫正对象的智力状况、人格特征以及当前的心理行为性质，是对社区矫正对象开展心理健康教育的基础，是提高社区矫正对象心理健康水平和增强其法纪意识的体现。

第五节　社区矫正对象心理评估报告

一、社区矫正对象心理评估报告

撰写心理评估报告是社区矫正对象心理评估中的重要一环，也是评估工作者必须掌握的一项基本技能。心理评估报告包含如下要素：社区矫正对象的一般信息、要解决的问题、实施测验及对其结果的解释、背景信息、行为观察、危险性预测、总结与建议。

二、心理评估报告的一般格式

（一）一般信息

心理评估报告的第一部分应注明实施评估者（社会上的心理学家或社会工作者、矫正工作者）的基本情况，以及被评估者的姓名、年龄、以前职业、婚姻状况、住址、刑期、违法犯罪类型等，同时注明实施评估的日期。

（二）要解决的问题

心理评估所要解决的问题通常包括如下内容：

1. 确定被评估对象在认知或情绪上的具体问题是什么；
2. 对被评估对象有无器质性损伤及其程度，以及对由此引起的机能障碍进行调估；
3. 对被评估对象的心理障碍区分出是机能性障碍还是器质性障碍；
4. 根据有关心理或行为障碍的统计信息，对被评估对象存在的病态过程的范围、程度进行评估（例如，学习困难的程度如何，有没有其他证据证明这个人有自杀的可能性）；
5. 被评估对象对自己所存在的障碍的反应；
6. 找出心理问题的病因（例如，内心冲突，主要的防御机制以及发作的趋势等）；
7. 鉴别诊断（被评估对象所存在的是心理问题、焦虑性神经症还是精神分裂症或者是其他的精神障碍）；
8. 为咨询治疗方式的选择提供依据（例如，对某一社区矫正对象来说应选择什么类型的心理治疗最有效）。

（三）实施测验及对其结果的解释

问题提出之后，下一步要做的就是列出收集有关信息所用的测验，并根据评估的目的将测验进行分组。在选择测验时，应同时考虑评估的目的以及所用测验的信度和效度特点。

对测验结果的解释是整个心理评估报告中最重要的内容之一。对测验分数的解释一方面要求主试者对所作的具体测验要熟悉了解，包括它的信度、效度难度和常模的代表性，以及每一维度的实质涵义和设计要求等；另一方面，要依靠主试者的临床经验和心理测量学方面的知识素养，充分考虑到受测试者的实际情况（文化程度、职业、是否有可能接触过测验中的问题等）和测验的具体情况（是否有干扰，被试当时有无情绪波动或身体不适等），防止对测验分数作出千篇一律的刻板的解释。同一个分数可能是由不同的原因造成的，对同一分数也可作出不同解释。例如，在智力测验方面，用初中文化程度作样本的标准化智力测验，来测验一个不足小学文化程度的被试者，如果测得 IQ 为 80，就可以认为他基本上是中等水平。如果被试者原来的文化程度是大学毕业，也测得 IQ 为 80，就可以解释为被试者可能因疾病而智力有所减退，属于中下水平。因为智力是和文化水平有关的，合格的测验者认识到这一点，才能对测验结果作出合理的解释。智力测验的答案有正误之别，而个性测验的答案却没有对错之分，所以个性测验的情况就更为复杂。由于每个人的具体情况不同，相同的个性特点，对一个人来说是良好适应，而对另外一个人来说也许是适应不良。例如，在 16PF 测试中杀人犯的敢为性为标准 10 分，刑警队员敢为性也是标准分 10 分，前者是作案的凶残性，后者是为抓捕罪犯不惜牺牲自我的勇敢性。所以，在多数情况下，要对其个性各因素的特点作出综合性的全面分析和判断，才可能获得正确的诊断结果。

（四）背景信息

在社区矫正对象心理评估报告中，不应只报告测验结果和相关解释，而忽略了某些个人生活历史等背景信息。这些背景信息包括目前的生活情境和具体的困扰因素，目前其主观感受和存在的客观问题、困扰的持续时间、初次出现困扰时的情境，以及这些问题对其生活情境的影响。另外，还包括个人生活的历史信息如家庭情况、经济状况、受教育历史以及职业历史、社会经验和躯体健康状况等。

（五）行为观察

在实施会谈或测验的过程中，应注意被评估对象的行为表现，特别是那些与测验结果的解释和要解决的问题有关的行为，包括被评估者参与测验的愿望、注意的广度、测验中的停顿，以及不寻常的反应等。对观察到的行为要有详细的记录，并要有例证。但对于那些大多数人都可能出现的行为，如进行测验时的好奇、疑虑等可以不做记录。更重要的是要记下那些出乎意料的、不寻常的，以及某一社区矫正对象所特有的行为。

（六）危险性预测

在对被评估对象进行全面的评估之后，在评估报告上应写明该评估对象的危险性的大小，以及在哪些方面有危险性，是自杀、伤害他人、毁坏物品还是存在操作方面的危险性。这是整个心理评估报告最难写的部分，一方面由于我们是根据现状推知将来，不管是从预测手段还是预测标准来看，都没有现成的预测效度很高的工具；另一方面，由于社区矫正对象的特殊性，时常会有难以预料的影响因素，激惹、对峙及偏执等容易诱发其危险性行为的增加。此外，对有明显心理障碍的对象，在接受不同的治疗或干预措施之后，心理障碍或行为障碍的预后也不尽相同。尽管如此，这种预测在评估报告中必须要写，尤其是当被评估对象存在攻击性危险时（不论是指向自己或他人），更应认真书写这一部分内容，并尽量写明预测的依据，以供同行参考和会诊。

(七) 总结与建议

社区矫正对象心理评估报告的结论部分。主要有以下内容：

1. 小结。对前面几部分的内容分别用一两句话进行概括，要求明确、具体，让读者对前面的内容能有一个概貌性的了解。

2. 诊断。在给出诊断时要特别慎重，因为对心理异常的诊断难以做到准确无误。如果必须做出诊断，应根据现有的数据和资料做出谨慎的推理，同时列出这样做的依据。

3. 建议。为了扩大社区矫正对象心理评估报告的用处，有必要对被评估对象提出具体指导性建议，包括改善性的或补救性的措施，以及接受某种形式的咨询和治疗等。对社区矫正对象有攻击性行为的，结合有关的法律和矫正过程中的具体活动提出相应的保护、防范建议，供监督、教育帮扶时参考。

【案例】

关于社区矫正对象赵某某的心理评估报告

一、一般信息

评估者：×××

被评估者：社区矫正对象赵某某，女，38岁，已婚，因信用卡诈骗罪被判缓刑2年。

评估时间：2018年10月25日。

二、要解决的问题

1. 赵某某在认识上或情绪上的具体问题是什么？
2. 赵某某的心理问题属什么范围，程度如何？是机能性障碍还是器质性障碍？
3. 赵某某对自身心理问题的认识程度如何？
4. 赵某某心理问题产生的原因有哪些？
5. 对赵某某应选择什么样的心理矫治方法最有效？

三、测验及结果解释

对赵某某进行16PF测验，反映出该社区服刑人员情绪差：失眠、恐惧、紧张、敌对、悲观抑郁、情绪焦躁多变、神经过敏、容易烦恼激动；EPQ人格测试中，P分很高，显示不是很有同情心，自卑，有伤人的冲动，对生活没有信心，好抱偏见，人际关系敏感。咨询师对其进行了抑郁（SDS）、焦虑（SAS）两个自测量表的测试，结果显示为轻度抑郁、中度焦虑。

四、背景信息

赵某某目前处于分居状态，育有一子，已中专毕业。该社区矫正对象身体状况：有高血压，平常会腰痛，情绪方面较为低落。一直对自己的婚姻状况（分居）不满并对丈夫及其家人有怨言。

五、深入访谈

再通过深入访谈，可以判断该社区矫正对象有神经症性的心理问题：焦虑情绪，神经过敏，紧张害怕，会因为头痛、头颈痛和背痛而苦恼，大多时候手脚发抖打颤，经常脸红发热，常常想要小便，心情焦躁，想赶快把事情做完等。

六、总结与建议

1. 小结：由于该社区矫正对象对自己的婚姻状况不满，伴有焦虑情绪，应该及时缓解该来访者的焦虑情绪，正面面对婚姻问题。

2. 诊断：焦虑神经症性的心理问题。

3. 建议：需要咨询师首先运用放松技术让其先学会如何缓解焦虑，其次帮助其探寻焦虑的源头，进行合理分析和应对，最后学会面对现实，平和心态。

第六节 建立社区矫正对象心理健康教育档案

随着心理健康教育朝着普遍化、专业化、现代化、本位化等方向发展，心理健康教育档案的建立与管理已成为心理健康管理工作的基础环节。研究心理健康教育档案的基本原理和具体技术，对于切实提高心理健康教育工作的针对性和实效性意义重大。

一、心理健康教育档案的含义

档案是机关、社会组织和个人在社会活动中形成的、作为原始记录分类保存起来以备考察的文字、图表、音像及其他形式和载体的各种文件和材料。心理健康教育档案有广义和狭义之分。狭义的心理健康教育档案是指对个体心理发展变化特点、心理测验结果、司法局（所）中心理咨询与辅导记录等材料的集中保存，这些资料按照一定的顺序排列，组成一个有内在联系的体系，如实反映社区矫正对象的心理面貌。它是司法局（所）为了更好地开展心理健康教育工作，为每个社区服刑人员在心理健康方面建立起来的档案材料。而广义的心理健康教育档案还包括心理健康教育活动的有关资料，如心理健康教育的计划、心理课程开设、活动安排、研究课题及成果、效果评估及管理工作等记录。

二、心理健康教育档案建立的价值

心理健康教育档案既是心理健康教育工作有效开展的必要依据，又是社区矫正对象接受心理健康教育后的必要的原始记录，它将为我们进行心理科学的研究提供大量的、客观的第一手材料，对于社区矫正心理工作的科学化具有十分重要的意义。具体来说，有以下几点：

1. 心理健康教育档案的建立可以为司法局（所）对社区矫正对象的科学管理提供宏观的决策依据。

2. 心理健康教育档案的建立有利于加强和改善司法局（所）社区矫正心理工作。

3. 心理健康教育档案的建立为社区矫正对象的心理健康发展提供了动态的监测

手段。

三、心理健康教育档案资料的种类

（一）个人资料和团体资料

1. 个人资料是反映社区矫正对象个体心理和行为特点的资料，包括社区矫正对象个人的综合资料、心理测评资料以及个案报告等。

2. 团体资料是反映团体社区矫正对象心理和行为特点的资料，是在社区矫正对象个体资料的基础上做出的各种类别和层次的团体分析。这类资料可来源于普通的抽样调查、团体测验，以及对大量个人资料所作的整体分析、统计处理后得出的各种图表、数据和结论。

（二）专项资料和综合资料

1. 专项资料是反映社区矫正对象心理健康教育工作的某一方面属性或特征的资料。
2. 综合资料是反映社区矫正对象心理健康教育工作的较全面的属性或特征的资料。

（三）量化资料和非量化资料

1. 量化资料是指运用定量研究的方法获得的可进一步统计分析的资料，以及较为规范的经问卷调查的量化结果等。

2. 非量化资料是指运用定性研究的方法获得的描述性资料，为我们更全面、正确地了解社区服刑人员提供了许多有价值的信息。

【小贴士】

贯彻总体国家安全观，切实维护国家政治安全和社会稳定。要完善风险隐患排查、分析研判、应急处置等机制，增强维护国家安全能力。要融入社会治安整体防控体系，推进扫黑除恶常态化，依法严厉打击涉枪涉暴等突出违法犯罪活动，确保圆满完成国家重大活动的维稳安保任务。

第七节　社区矫正对象再犯罪风险评估

犯罪和重新犯罪的问题，是一种与人类文明发展相生相伴的正常的社会现象。对犯罪及重新犯罪的预防，已成为世界性的课题。

通过对重新犯罪危险性进行正确、准确的预测和评估，通过我们主动、积极地做好防控工作，是一定程度上减少犯罪，保持治安环境持续稳定，促进社会和谐的有效方式，实践证明是对预测、预防犯罪，减少、减轻重新犯罪的行之有效的好方法。本节试图探讨在我国行刑制度和行刑方式发展的新形势下，关于社区矫正对象的重新犯罪风险的评估、判断、预防和相关的分析。

犯罪预防也是我国为维护社会秩序而采取的积极措施，"打防结合，预防为主"是我国社会治安综合治理工作的重要指导方针；是我国社会治安综合治理的工作范围，也是目标和任务；是我国犯罪预防体系的特殊形式。

犯罪预防是包括社会预防、心理预防、治安预防、刑罚预防四个方面的系统工程。从社区矫正的定位和目的上看，实质上就是刑罚预防的完善和补充，是预防犯罪体系中不可或缺的一环。

关于重新犯罪的概念，有狭义和广义的理解，有法律专业性的理解和民众常识性的理解。在普通人的思维里，凡是过去犯过罪的，现在又犯了新罪的，都是重新犯罪，这样的理解同时也是广义的理解。在我国，一般都是以刑法中累犯的概念来界定重新犯罪的标准，社区矫正对象重新犯罪是指在社区矫正期间或解矫后因实施犯罪行为而再次受到刑罚处罚的人。

预防和控制社区矫正对象重新犯罪，是衡量社区矫正工作质量的重要标准。同时帮助他们重新融入社会，更是维护社会安全稳定，预防和打击犯罪，构建中国特色社会主义和谐社会的重要组成部分。

通过再犯罪风险评估，对再犯罪可能性较大的社区矫正对象应加以重点管控，是预防犯罪的共识，随着司法行政体制的改革，社区矫正工作不断地深化，预防社区矫正对象重新犯罪是社区矫正工作的重要任务。预防社区矫正对象重新犯罪也是有法律依据的，《社区矫正法实施办法》第21条第1款规定：社区矫正机构应当根据社区矫正对象被判处管制、宣告缓刑、假释和暂予监外执行的不同裁判内容和犯罪类型、矫正阶段、再犯罪风险等情况，进行综合评估，划分不同类别，实施分类管理。第22条第1款规定：执行地县级社区矫正机构、受委托的司法所要根据社区矫正对象的性别、年龄、心理特点、健康状况、犯罪原因、悔罪表现等具体情况，制定矫正方案，有针对性地消除社区矫正对象可能重新犯罪的因素，帮助其成为守法公民。

一、社区矫正对象再犯罪风险评估概述

社区矫正对象再犯罪风险，特指社区矫正对象在社区矫正期间，在其非监禁人身自由的情形下，存在的可能再犯罪、继续危害社会的概率。社区矫正工作中，主要是通过社区矫正对象危险性评估来确定再犯罪风险，社区矫正对象危险性评估主要指的是对社区矫正对象人身危险性的评估，是指运用科学的方法对社区矫正对象人身危险性程度和再犯可能性以及对社会所造成的危险性的评估和预测。

再犯罪风险存在着多因素性和不确定因素性，从实践中看，主要有以下几类风险：

第一类风险是社区矫正对象在社区矫正期限内，实施新的犯罪，危害社会的风险。

第二类风险是社区矫正对象在矫正期限内，不接受、不服从社区矫正的管理，违反社区矫正的相关规定，导致收监执行的风险。

第三类风险是社区矫正对象在矫正期满转入安置帮教期间再犯罪的风险。

关于对社区矫正对象再犯罪的风险评估，理论上也属于行为预测学的内容。根据行为预测的原理，尽管制约人们的某种社会行为的因素很多，相互间关系错综复杂，但只要通过调查该种社会行为表现不同者的个人及其周边环境的特点，然后经过统计、对比、分析，我们从中就能发现、寻找制约该种行为的影响因素，了解各种因素的影响力程度。在此基础上，可以设计出构建定量的预测公式，从而对该种行为是否会发生，进行准确的预测。

从美国、英国、加拿大和日本等国的实践来看，每一名在社区内接受矫正的罪犯，都必须接受"标准条件"的约束。所谓标准条件，主要是各国刑法所规定的缓刑、假释等条件。此外，还根据具体的案件和罪犯，由法官确定还需要接受"戒除酗酒、回避特定某人、参加各类康复计划或特定计划（主要有认知学习模式）"等"特殊条件"的约束，其实就是根据预测条件做出的回避风险行为。

在我国，对社区矫正对象的风险管理通常是由不同阶段的一系列评估所构成的，具体包括适用社区矫正刑罚之前的审前调查评估（审查适用假释之前在监狱接受的危险性评估）；被执行缓刑或其他监外执行刑罚进行的入矫评估；监管阶段为调整矫正计划或再次确定风险程度所实施的动态评估；解矫之前的教育矫治效果的评估。

（一）社区矫正工作再犯罪风险评估的原则

针对社区矫正对象的再犯罪风险评估，需要借助各类静态或动态的测试、评估报告，综合分析确定特定罪犯的再犯危险性（人身危险性、再犯可能性）。

在对社区矫正的评估中，需要把握一定的原则和注意相关的问题。在诸多的问题中，尤其需要把握评估时的客观性、连续性、系统性与可能性。

1. 客观性。对社区矫正进行评估，必须坚持实事求是、一切从实际出发的原则。我们在评估时必须在整个社区矫正评估工作中，包括前期评估方案的规划、设计，着手进行社区矫正评估的过程，以及得出最终评估结论，都应该坚持客观性原则，在评估中不应带主观趋向性。只有保持评估活动的客观性，才能保证经由评估活动所收集的有关社区矫正的资料能如实反映客观事实，避免评估过程会受到认知、情感以及利益诱惑等主观因素的影响。

为保证评估的客观性，在确定和选择评估人员时，要注意避免和减少与评估对象有直接和间接利害关系的人员参加。在国外往往将比较重大的评估委托给专职的评估公司或者有关的科研机构来进行，我国目前也逐步将审前调查委托给具有心理、社会工作专业背景的专业机构进行。目的是保证运用科学的方法，并站在客观中立的立场上进行评估。只有通过这样的客观的、不带倾向性的科学的评估，才能为正确的决策奠定基础。另外，在现实的改革中，一些部门和单位存在着注重考虑部门或单位的利益而忽视国家和全局的利益的倾向，这种倾向在一定程度上也会影响评估的客观性，因此，强调评估的客观性和正确地选择评估人员是完成好评估的关键。

2. 连续性。社区矫正的监管过程是不断变化的，对社区矫正的评估也应该是动态的。所谓连续性，是指在较长的时期内，针对一个共同的主题、目的，对相同的评估对象在一定的期限内定时进行评估，有利于分析对比。例如，对社区矫正对象在矫正期内重新犯罪的评估，对重新犯罪率的变化情况进行与此相关的原因分析，从中可以反映出社区矫正的质量以及相关因素对社区矫正的影响。

目前，对社区矫正对象进行的再犯罪风险评估尚未形成系统的模式，社区矫正工作者与专家学者们正在积极探索。

3. 系统性。对社区矫正对象进行的再犯罪风险评估要坚持系统的观点。社区矫正是一个非常复杂的系统，涉及面广，构成再犯罪的因素较多，在进行社区矫正对象再犯罪风险评估时不能孤立地对某个方面的因素进行研究，特别是在进行诊断性、评判性分析时，需要综合考虑各方面的相关因素，否则影响评估的信度和效度。

4. 可能性。可能性是指在选择评估对象时，要考虑到哪些内容由于不具备评估可能性而被剔除出评估对象的行列。在评测评估可能性时需考虑的因素包括：

第一，评估目标对于整个项目来说是否重要。如果重要就需要进行评估，否则就没有必要。

第二，现有的评估方法是否可以得到精确结果。如果方法问题没有解决，就不可能实施评估。

第三，评估目标本身是否可以用实证方法进行检验。

第四，现有的信息是否可以认定项目的有效性。如果利用手头资料就可以认定项目的有效性，那么评估就不需要进行。

我国社区矫正工作的全面展开，社区矫正对象的风险管理和评估机制需要积极借鉴国外的有益做法，在实践中不断地发展。

二、我国社区矫正对象风险评估现状

虽然我国社区矫正试点工作开展的时间并不长，但在各试点地区对外交流的过程中，各地已经充分认识到罪犯分类及罪犯危险性评估的重要性，纷纷展开探索。

北京市在社区矫正试点中将社区矫正人员分为 A 类（高强度管理）、B 类（中强度管理）、C 类（低强度管理）三类，目前，分级监管模式已在全国推行开来。不同类别的管理强度之间的主要区别体现在以下几个方面：每月到司法所报到的次数，每月提交改造小结的份数，司法所走访社区矫正人员家庭的次数，司法所干部与社区矫正人员谈话的次数以及社区矫正人员参加公益劳动的时间，等等。上海市从 2005 年起在试点中注重对社区矫正对象开展风险评估，将对社区矫正人员的风险评估作为社区矫正采取各种矫正手段的基本依据。浙江省对社区矫正人员全部实行了分级管理和分级处遇。江苏省司法厅要求从 2009 年 1 月起，在全省开展社区矫正风险评估工作，并积极探索建立审前评估和风险评估体系，切实提高监管科学化水平。

上海市率先开展社区矫正风险评估制度的实践，积累了一定的经验，取得了不错的效果，但在内容设置和具体执行中仍然存在一些问题，如初次测评的情境介入、测评人员素质、测评表制定等。为此，需要对风险评估机制进行深入论证，在专业培训、测评表完善、测评部门协调、评估督导制度以及专业机构协助等方面下功夫，进而为实践部门提供科学指导。

国内外实践表明，社区矫正中，无论是针对少年的鉴别还是成年人适用社区矫正的危险性评估，出于风险管理的需要，对罪犯危险性测试主要在准备适用缓刑、假释的环节之前进行。其后，在社区矫正期间，则注重个案管理通过静态、动态的因素分析评估，调整矫正计划。

我国社区矫正对象日益增多，重新犯罪的可能性日益加大。由于社区矫正对象的特殊经历，其社会危害性和犯罪手段明显高于初次犯罪，这导致对社区矫正对象的风险评估显得更为重要。

在现阶段，我国应立足于社区矫正对象的实际需要，合理使用矫正资源，侧重于通过面谈、汇报、实际矫正表现和其他档案资料，充分利用初级阶段的测试手段，结合"审前调查评估报告"确定罪犯的分类等级。在测试工具开发及专业人员培养等初具规模之后，再创制我国特色的社区矫正模式——"个案管理及风险管理于一体"的有效模式。

三、社区矫正对象再犯罪风险评估现状

（一）矫正需要评估

根据矫正需要原则，矫正要考虑罪犯的"犯罪性需要"，并且以犯罪性需要为根据安排矫正方案，因此矫正需要评估的实质是犯罪性需要评估。

所谓"犯罪性需要"，是指通过干预可以改变罪犯的动态性的危险性因素，这些因素与罪犯的重新犯罪相关的需要，是可以改变的因素。更为简单的表述是"犯罪性需要"是与罪犯的重新犯罪行为相关的需要。从研究看，影响"犯罪需要"的常见因素如下：

1. 犯罪人以前服刑的情况。有研究指出，75%的因盗窃而服过短期监禁刑的罪犯3年内再犯罪的可能性大于20%。社区矫正对象的生理健康、心理健康、生活技能、思考能力、不良生活方式、精神病史与滥用毒品史，与重新犯罪密切相关，是犯罪性需要的内容。

2. 生活与居住环境条件。英国反社会排斥局在其2002年的报告中指出，住房问题是与重新犯罪密切相关的因素。英国的调查发现，被释放的罪犯有42%的没有固定住宿。而无家可归的罪犯重新被定罪的比有住宿的罪犯重新犯罪率高2倍。从马洛斯需求理论来说，生活环境是需求的首先条件。

3. 教育、培训与就业。许多罪犯无一技之长，几乎没有就业经验。与常人相比，有13倍的失业可能，有10倍的逃学可能。

4. 理财能力。很多罪犯欠有债务，包括罚金等与法院相关的费用，所以他们依靠非法收入维持生活。

5. 人际关系。罪犯通常与家庭成员关系很差，很少感受到关心。

6. 生活方式与社会联系。生活方式与社会联系缺乏结构层次，而经常与其他罪犯来往的人更可能重新犯罪。

7. 不良的生活方式。如处于使用毒品、酒精滥用等犯罪环境。

8. 心理健康状况。心理不健康或有人格障碍。

四、社区矫正对象再犯罪原因分析

没有一个人天生就是罪犯。重新犯罪的原因是复杂的，由多方面原因共同作用形成，社区矫正对象重新犯罪的原因从心理学观点归纳起来大体包括如下原因：主观原因、客观原因与社区矫正方法。

(一) 主观原因

1. 好逸恶劳，贪图享乐。这是社区矫正对象重新犯罪最主要的主观原因。社区矫正对象，尤其是从监狱里出来的（如假释），家庭生活条件与他人比较都有较大的差距。个人的生活期望值过高，又无技术特长，缺乏谋生手段，回归社会后很难找到合适的工作、拥有稳定的经济收入，总想让钱来得更快、更轻松，便动了歪脑筋。

2. 教育缺失，导致价值观和人生观畸形。文化素质低，法律意识淡薄，自身综合素质差，其中有些人头脑简单、四肢发达，他们对社会好的方面不容易发现和接受，对不良社会现象却很敏感且容易接纳，讲江湖义气，为所谓的朋友两肋插刀，一旦有社会违法犯罪人员引诱、威逼，就可能导致其重新犯罪。同时，家庭教育的缺失，部分为单亲家庭，缺少亲情的呵护和教导，心智发育不完全，对他人没有同情心和爱心。有甚者，身为父母没有以身作则，有不良的行为习惯，误导了子女，使子女染上不良的习惯。由于早期教育的缺失或不足，导致社区矫正人员形成畸形的价值观和人生观，而价值观和人生观一旦形成，很难改变。

3. 部分社区矫正对象对人生失去信心，不愿到社会上自立。部分重新犯罪的社区矫正对象在生理或心理上产生了缺陷，实在适应不了社会形势的变化，常常感到前程渺茫，还不如在狱中无忧无虑地生活度日。

4. 没有矫正意识，不接受社区矫正，存在抵触心理。社区矫正对象，如被判处管制、缓刑或裁定暂予监外执行的，没有进过监狱，思想上没有监管改造意识。不服从工作人员对其监管和矫正志愿者对其教育，不能完成社区矫正工作规定的任务，更不会深刻反思自己的犯罪行为，从中吸取教训。

(二) 客观原因

1. 没有经济来源，生活无保障。就业乃民生之本。近年来随着新兴产业和信息业的兴起，社会城市化、工业化进程的加快发展和农村产业结构的调整，每年高校毕业生人数的逐年攀升，新增劳动力超过2000万人，就业形势严峻，就业压力加大。用人单位对社区矫正对象的防备心理，社区矫正对象难找到工作，没有经济来源。

2. 社会不良风气的影响，诱使其重新犯罪。社区矫正对象知识水平较低，结交的朋友素质良莠不齐，再加上明辨是非的能力较弱，社区矫正对象在犯罪后，仍与原来圈子中的人交往，部分朋友有可能仍在实施违法犯罪行为，唆使社区矫正对象加入，导致重新犯罪。

(三) 社区矫正工作本身的问题

1. 对社区矫正对象帮困解难不易开展，生活困难得不到有效解决。由于体制机制原因，社区矫正机构帮困解难的工作较难开展，只能为符合条件的社区矫正对象办理低保，鼓励社区矫正对象积极自谋职业或自主创业，而就业难的现状一时很难改变，社区矫正对象没有生活来源。

2. 社区矫正工作缺乏相应的人才、资金和物质保障，很难达到社区矫正教育的目的，继而发生重新犯罪。社区矫正教育的本意就是让社区矫正人员纠正错误，重新树立正确的人生观、世界观、价值观，矫正其因犯罪给社会和个人留下的阴影，回归到社会正常工作、学习和生活。

因此，社区矫正心理工作尤为重要，对社区矫正对象实施心理矫正，是社区矫正工作一项全新的探索，要求社区矫正工作者要根据每一个社区矫正人员的不同情况、不同心理，制定个性化的辅导方案，帮助、引导其自我调节精神状态、克服心理障碍和进行心理重建，这对我们社区矫正的工作队伍就提出了更高的要求。要求我们必须首先提高自身素质，并向专业化、高标准的方向发展。

综上所述，社区矫正对象重新犯罪是主观原因和客观原因共同作用的结果，主观原因反映了重新犯罪的必然性，客观原因说明了重新犯罪的可能性，客观原因通过主观原因起作用。而社区矫正工作本身存在的问题又没能有效改造主观原因，消除客观原因，打破主观原因和客观原因之间的联系，最终导致了社区矫正对象重新犯罪的发生。

尽管影响社区矫正人员的犯罪行为的社会因素很多，相互间关系错综复杂，社区矫正对象重新犯罪风险评估也比较困难。但通过有针对性的调查重新犯罪因素，经过统计、对比、分析，能从中寻找到影响犯罪行为的共性因素。影响重新犯罪的因素经整理与归纳后可归为以下两大类：

第一类：固定因素。社区矫正对象的自身条件形成或是固有存在的，通常难以被影响或改变，包括五个方面：①犯罪与服刑表现记录；②教育和工作背景；③经济状况；④家庭和婚姻状况；⑤居住条件指标。

第二类：活动因素。社区矫正对象的性格、认知与感觉，容易被影响或制约，可以通过加以影响而减少风险程度，包括六个方面：①休闲和娱乐活动情况；②交友情况；③酗酒和使用毒品情况；④人格特征与心理健康程度；⑤生活态度及政治倾向；⑥社会支持情况（社会支持量表）。

对社区矫正对象进行风险评估，需要综合考虑上述风险源并进行立体调查，从多个方面进行分析判断，从而实现准确的风险预测，并加以监控，有针对性地做出预案，将重新违法犯罪降低在最低范围内。

【小贴士】

为充分发挥社区矫正工作指导案例的宣传示范作用，推动《社区矫正法》正确实施，着力提升社区矫正执法能力和水平，司法部发布3篇社区矫正工作指导案例，其中"河北省石家庄市鹿泉区对故意伤害罪社区矫正对象邢某实施教育矫正案例"，就是司法所实地走访时了解到，邢某酒后因讨要工资未果与村干部发生争执，挡在村委会门口不让村干部外出。针对邢某的冲动行为，石家庄市鹿泉区社区矫正机构和司法所进行研判分析和风险评估，及时对其进行了法治及警示教育。同时，为切实发挥矫正小组作用，司法所与邢某的家属、村委会等进行沟通协调，要求其发挥好协同监督作用，并协调村委会妥善解决邢某讨要工资一事，邢某深受教育触动，表现大为改观。本案例中社区矫正机构、受委托的司法所主动履职，及时发现苗头性问题，深入分析思想根源，客观评估潜在风险，积极发挥矫正小组和村民委员会协同作用，适时开展教育帮扶，妥善解决社区矫正对象现实问题，切实将矛盾隐患解决在基层，化解在源头。

五、社区矫正对象再犯罪风险评估方法

（一）定性评估法

1. 概念。定性危险评估法是对社区矫正对象的人身危险性的质的规定性进行分析并得出结论的方法。具体而言，就是通过对反映社区矫正对象的人身危险性的相关因素进行分析后，评估人员利用自己的经验和知识，就其人身危险性大小作出判断并得出结论的方法。这是一种主观预测的方法。

2. 特点。由于简便易行，在司法实践和理论研究中都得到了广泛的应用。但是这种方法对评估工作人员个人的素质和经验依赖性较强，评估的主观主义色彩浓厚。不同的评估人员面对同一社区矫正对象的相关评估因素，可能会得出不同的结论。因此，定性危险评估法在较大范围的推广应用方面受到限制，这也是定量危险评估法受到众多人青睐的原因。

3. 定性评估的具体方法。

（1）阅卷法，就是通过审阅社区矫正对象的案卷，了解其基本情况、犯罪事实、主观恶性程度、罪名、刑种、刑期、社区矫正起止日期、入矫前的表现与人际关系、人格特点、法律意识等，以此来初步判定其人身危险性的一种方法。这种方法主要适用于入矫前（或入矫时）的人身危险性评估。

案例展示：通过审阅王某的案卷来进行人身危险性评估，了解的情况如下：

①基本情况：姓名，王某；性别，男；年龄，45岁；文化程度，初中文化水平。

②犯罪事实：酒后与他人发生交通纠纷，致对方鼻骨线性骨折、左侧眼眶内壁骨折，经鉴定损伤程度构成轻伤。

③主观恶性程度：较高。

④罪名：故意伤害。

⑤刑种：拘役。

⑥刑期：拘役6个月，缓刑1年。社区矫正起止日期：2015年12月15日至2016年11月25日。

⑦入矫前的表现与人际关系：经常对妻子施以家庭暴力，导致夫妻离异；经常与人发生矛盾纠纷，人际关系不好；

⑧人格特点：脾气急躁，做事冲动，酗酒，享乐主义思想严重。

⑨法律意识：法治意识淡薄，法律知识欠缺。

根据以上情况，可判定其人身危险性较高，有重新犯罪的可能。

（2）犯罪事实判断法，主要是通过对其主观恶性程度、犯罪情节、犯罪手段、社会危害后果等方面的犯罪事实判断其人身危险性的一种方法。这种方法主要适用于入矫时的人身危险性评估。

如用犯罪事实判断法对上述案例中的王某进行人身危险性评估，就是通过调查了解或审阅王某的案卷，对其犯罪事实进行判断并得出人身危险性高或低的结论。

①主观恶性程度：故意伤害，主观恶性程度较高。

②犯罪情节：在纠纷中致对方鼻骨线性骨折、左侧眼眶内壁骨折，经鉴定损伤程度为轻伤。

③犯罪手段：用拳头打击。

④社会危害后果：与他人发生交通纠纷，将人打至轻伤，社会危害后果一般。

根据以上情况，可判定其人身危险性较高，有重新犯罪的可能。

（3）行为观察法。主要是通过社区矫正工作人员对社区矫正对象的日常行为进行自然或设定情境的观察，来了解其行为特点和处事方式，以判定其人身危险性的一种方法。这种方法主要适用于矫正期间的社区矫正对象的人身危险性评估。

（4）访谈法。社区矫正工作人员通过与社区矫正对象本人或与其熟悉的人进行谈话，了解其日常表现、人格特点等，以预测其行为并判断其人身危险性的一种方法。

（二）定量评估法

1. 概念。定量危险评估法是对社区矫正对象的人身危险性的量的规定性进行分析并得出结论的方法。

2. 特点。

（1）定量危险评估法，具体是把反映社区矫正对象的人身危险性的相关因素转接成分值，并确定不同因素的分值在总值中所占的权重，根据事先确定的公式得出计算结果，然后根据计算结果确定社区矫正对象人身危险性大小的一种方法。

（2）一旦确定了反映社区矫正对象的人身危险性的相关因素及其分值和在总值中所占的权重（相关性），并且确定了计算公式后，人身危险性的评估和测定便变得简单易行。定量危险评估法对评估工作人员个人的素质和经验依赖性较小，评估的客观性较强。

3. 定量评估的具体方法。

（1）心理测量法。依据心理学理论，使用一定的操作程序，通过观察人的少数有代表性的行为，对于贯穿在人的全部行为活动中的心理特点做出推论和数量化分析的一种科学手段。

（2）能力倾向测验。用来测量个人潜在的才能，预测个人未来发展倾向。能力倾向测验一般可以分为两种：一般能力倾向测验和特殊倾向能力测验。一般能力倾向测验用于测量人多方面的潜能，特殊能力倾向测验用于测量人的特殊潜在能力，如音乐能力倾向测验，机械能力倾向测验等。

（3）人格测验。这类测验用于测量个人诸如兴趣、态度、动机、气质、性格等方面的心理特征。人格测验一般分为两种，一种是自陈人格问卷，如"艾森克人格问卷""卡特尔16PF测验""明尼苏达多项人格调查表"等；另一种是投射测验，如"罗夏克墨迹测验""主题统觉测验"等。

4. 按照施测方式分类。

（1）个别测验。个别测验是指那些一次只能给一个人测的测验。例如"韦氏智力量表""斯坦福-比内量表"等智力测验，以及"主题统觉测验""罗夏克墨迹测验"等人格测验。

（2）团体测验。团体测验可以在一个时间由单个主试向不止一个人施测，就像老师在同一时间考试一样。例如，"瑞文推理测验""陆军甲、乙种团体智力测验"以及绝大多数自陈人格问卷都属于团体测验。

5. 心理测验的基本要求。

（1）常模团体。

①定义及性质：常模团体是由具有某种共同特征的人所组成的一个群体，或者是该群体的一个样本。任何一个测验都有许多可能的常模团体。由于个人的相对等级随着用作比较的常模团体的不同而有很大的变化，所以，在制定常模时，首先要确定常模团体，在对常模参考分数作解释时，也必须考虑常模团体的组成。

对测验编制者而言，常模的选择主要是基于对测验将要施测的总体的认识，常模团体必须能够代表该总体。在确定常模团体时，先确定一般总体，再确定目标总体，最后确定样本。例如，研究大学生的价值观问题，其一般总体就是大学生；而目标总体是计划实施的对象，如计划实施的各大学的大学生；样本的选取则必须根据总体的性质（性别、年龄、专业、家庭背景等），找一个有代表性的样本来代表目标总体，也代表一般总体。满足所有条件后，才可称为常模样本，才真正具有代表性。

②常模团体的条件。

a. 群体的构成必须明确界定。在制定常模时，必须清楚地说明所要测量的群体的性质与特征。可以用来区分和限定群体的变量是很多的，如性别、年龄、职业、文化程度、民族、地域、社会经济地位等。依据不同的变量确定群体，便可得到不同的常模。在群体内部也许有很多小团体，它们在一个测验上的行为表现也时常有差异。假如这种差异较为显著，就必须为每个小团体分别建立常模。例如，在机械能力倾向测验上，男性通常比女性做得好些；而在文书能力倾向测验上，女性分数则高于男性。在这类测验上通常分别提供男性和女性的常模。即使一个代表性常模适用于大范围的群体，分别为每个小团体建立常模也是有益的。

b. 常模团体必须是所测群体的代表性样本。当所要测量的群体很小时，将所有的人逐个测量，其平均分便是该群体最可靠的。当群体较大时，因为时间和人力、物力的限制，只能测量一部分人作为总体的代表，这就提出了取样是否适当的问题。若无法获得有代表性的样本，将会使常模资料产生偏差，而影响对测验分数的解释。在实际工作中，由于从某些团体中较容易获得常模资料，所以存在着取样偏差的可能性。例如，从城市收集样本就比农村容易，收集18岁的大学生样本就比收集18岁参加工作的人的样本容易。在收集常模资料时，一般采用随机取样或分层取样的方法，有时可把两种方法结合起来使用。

c. 样本的大小要适当。所谓"大小适当"，并没有严格的规定。一般来说，取样误差与样本大小成反比，所以在其他条件相同的情况下，样本越大越好，但也要考虑具体条件（人力、物力、时间）的限制。在实际工作中，应从经济的或实用的可能性和减少误差这两方面来综合考虑样本的大小。

如果总体数目小，只有几十个人，则需要100%的样本；如果总体数目大，相应的样本也大。一般最低不小于30个或100个。全国性常模一般应有2000~3000人为宜。

实际上，样本大小适当的关键是样本要有代表性。从一个较小的、具有代表性的样本所获得的分数，通常比来自较大的、但定义模糊的团体的一组分数还要好。

d. 标准化样组是一定时空的产物。在一定的时间和空间中抽取的标准化样组，它只能反映当时、当地的情况。随着时间的推移和地点的变更，标准化的样组就失去了标准化的意义。这样，常模就不适合现时、现地的状况，必须定期修订。在选择合适的常模时，注意选择较为新近的常模。

（2）测验的信度。

a. 定义：同一被试在不同时间内用同一测验（或用另一套相同的测验）重复测量，所得结果的一致程度。

b. 影响测验分数的因素：促成一致性的因素——个体稳定的特征或人们正试图测量的属性；造成不一致性的因素——影响测验分数但与被测属性无关的个体或者情境的特征效度的定义。

（3）测验的效度。在心理测验中，效度是指所测量的与所要测量的心理特点之间的符合程度，或者简单地说是指一个心理测验的准确性。效度是科学测量工具最重要的条件，一个测验若无效度，则无论其具有其他任何优点，一律无法发挥其真正的功能。因此，选用标准化测验或自行设计编制测量工具，必须首先鉴定其效度，没有效度资料的测验是不能选用的。测量的效度除受随机误差影响外，还受系统误差的影响。可信的测验未必有效，而有效的测验必定可信。

六、社区矫正对象再犯罪风险评估的模式

社区矫正工作的核心目的是预防与控制再犯罪，运用心理学的原理与心理咨询技术介入社区矫正工作的目的是运用心理学原理、心理测评技术分析判断犯罪原因，定位再犯罪风险较高的社区矫正对象，并从其犯罪成因中的心理需求层面介入，采取有针对性的措施进行教育矫治，以实现减少再犯罪率、帮助社区矫正对象顺利回归社会，维护社会和谐稳定。

目前社区矫正工作实际对社区矫正对象重新犯罪风险的认识还只停留在依据社区矫正工作人员的主观能动和根据司法人员的办案经验的初始状态。诚然，经验是宝贵的，但也是有限的。而且正因为经验过多导致个人的主观性偏大。例如，对同一社区矫正对象，不同的司法工作者就可能做出不同的评估结果。因此，当前我们迫切需要的是能有相对客观、准确可信的科学的评估方法来指导，并作为工具来使用。

社区矫正对象再犯风险评估工作由司法所社区矫正工作人员完成，社区矫正专职社会工作者、心理专业志愿者或机构予以协助。

社区矫正对象的再犯风险评估根据不同阶段分为入矫风险评估、在矫期间动态风险评估与解矫风险评估三大类。入矫风险评估信息来自审前调查风险评估、社区矫正对象再犯罪风险自评、人格与心理健康测评三个部分组成；动态风险评估由入矫风险评估报告结合对社区矫正对象的日常监管表现综合评估后得出；解矫风险评估则依据动态风险评估与社会功能性的适应程度得出。

司法所工作人员根据社区矫正对象在不同阶段风险测评结果的最后得分，根据高、

中、低三个类别所规定的分数区间，归入相应的类别，最终确定风险等级。在此基础上，由司法所社区矫正工作人员集体研究审定监管类别，分析上述三种数据中反映出的情况，做出评估报告，提出针对性的矫正意见。

对高、中、低三类社区矫正对象实施不同强度的监管。其中，对高风险类纳入分类管理的严管；对中风险类纳入分类管理的普管；对低风险类纳入分类管理的宽管，根据不同类别，落实相应的管理措施。

如遇特殊情况，如脱管、被警告、工作变动、失业、亲人离世或判刑、离婚等情况，视情况追加该部分的再犯罪风险评估，每年应进行一次人格与心理的测评。

本节重点介绍审前调查危险度评估、入矫心理与人格评估、入矫再犯罪风险自评、再犯罪风险排查分析、监管风险动态评估、解矫社会适应性评估。

需要注意的是，社区矫正对象在进行风险自评和人格与心理健康测试前，工作人员要教育和引导他们积极配合，使其真实地表达自己内心的想法和反映实际情况，减少测试的偏差。

入矫风险评估时社区矫正工作人员对社区矫正对象的交代如下：

×××，您好，现在根据社区矫正工作要求，需要对您的状况做一些了解，需要您做两套测试题目，我们要求去做测试题目并不是为了探求您的隐私，而是通过了解您的生活、工作与认识上相关的问题来判断您的性格、优点、缺点，以及内心需要，以便帮助我们采用更合适与更人性化的方式来帮助您。

测试正常作答时间在30~60分钟之间，系统有自动判断结果是否有效的功能，如测试时间明显偏离，或者结果不够真实，或者有掩饰倾向，系统将判断测试者存在消极、抗拒、刻意隐藏等可能，工作人员将采用电话询问、面谈询问、案卷调阅、上门走访等方式进行后续追加判断，并建议司法行政管理工作将测试者列为"严管"级别而加大监管强度。

为避免误会，减少对您正常生活、工作的影响，请您在测试过程中确保本着认真、客观的态度作答。请注意：所有的问题答案并没有对错之分，无标准答案，只需真实客观、凭自己感觉回答即可，不需要仔细思考与斟酌，测试过程中请勿要求工作人员解释题目，更不要因"想选正确的答案"反而导致测试结果无效。

（一）审前调查社会危害度评估

司法所受法院委托对调查对象开展审前调查的核心目的是判断调查对象是否具有社会危险性、是否可以实现有效监管、是否可以适用社区矫正这一刑罚规定，所依据的是调查对象表现的积极因素和消极因素。

审前调查作为社区矫正工作的一项前置程序，甄别不同社会危险程度的罪犯，落实"宽严相济"的刑事司法政策，对保障改造犯罪效果，有效促进社区矫正教育具有极其重要的意义。正因为如此，推行社区矫正的国家和地区都建立了与之相适应的审前调查制度。通过审前调查制度，审判机关可以在刑事案件判决或裁定前，委托专门机构对犯罪人的犯罪情节、人格特征、成长经历、社会关系背景和社区环境等影响犯罪和非监禁刑执行的各类因素进行专门调查，并对其社会危险性和再犯罪可能性进行调查评估，提出适用监禁刑或非监禁刑的建议，做成调查报告提交审判机关。审判机关以此作为量刑参考。在国外，在非监禁制度适用比较完善的国家，作为社区矫正的罪犯，一部分（如缓刑）罪犯是在法院判决之前接受了"审前人格调查"方面的审查，另一部分（如假释）罪犯则在监狱接受各类风险测试或评估，符合假释条件才转到社区服刑。原则上，在社区服刑的罪犯基本上属于"有较高社会责任感，具有就业或就学的合理前景，并对社会公众或其他罪犯没有威胁的人"。

审前调查制度起源于美国的缓刑资格调查制度，1950年在海牙召开的第12届国际刑法及监狱会议积极倡导这一制度，20世纪70年代以来，世界各国都在不断地进行刑罚制度的改革和创新，刑罚的重心从威慑转向对罪犯的教育、感化和改造。审前调查制度在推动刑罚重心转移过程中无疑具有重要的前驱作用，因而为不少国家和地区采用。我国近年来开展审前调查试点工作的成效也十分明显。

心理分析技术在审前调查过程中呈现出重要的作用。除犯罪情节以外，还包括调查对象的个人、家庭、生活、就业、社会关系、违法犯罪史、认罪悔罪态度及服刑表现、生活态度和政治倾向等，均与心理活动状态有密切关系，是社会危害度的主要组成部分。主要采用危险程度可能性评估量表。

【危险程度可能性评估量表】

本量表采用逐步推进提问式方法进行材料采集，在基本材料的采集过程中，不能够跳跃提问。本量表对原始数据的精确性要求较高，原始数据将直接影响到预测结果的精确度。在具体操作过程中应关注以下问题：

1. 矫正拟用类别

  A. 剥夺政治权利☐   B. 管制☐   C. 假释☐   D. 缓刑☐   E. 保外就医☐

2. 年龄

  A. 55岁以上☐   B. 55~45岁☐   C. 36~45岁☐   D. 19~35岁☐   E. 18岁以下☐

3. 性别

  A. 女☐   B. 男☐

4. 婚姻状况

  A. 已婚☐   B. 丧偶☐   C. 离婚☐   D. 未婚☐

5. 捕前职业

  A. 公务员、事业单位人员、离退休人员☐   B. 私营业主、个体户☐

  C. 学生、工人、农民☐   D. 无业人员☐

6. 文化程度

  A. 大专以上☐   B. 高中、中专☐   C. 初中☐   D. 小学及以下☐

7. 初次犯罪年龄

  A. 45岁以上☐   B. 36~44岁☐   C. 18~35岁☐   D. 18岁以下☐

8. 刑期

  A. 1年以下☐   B. 1~3年☐   C. 3~5年☐   D. 5年以上☐

9. 前科次数（劳教处分计算在内，本次判决不计）

  A. 无☐   B. 1次☐   C. 2次☐   D. 3次及3次以上☐

10. 犯罪类型

A. 过失犯罪、贿赂犯罪、贪污犯罪、军职犯罪☐

B. 破坏经济秩序罪、盗窃罪、诈骗罪、涉淫犯罪、制假售假犯罪☐

C. 危害国家安全犯罪、危害公共安全犯罪、故意杀人罪、故意伤害罪、抢劫罪、强奸罪、涉黑犯罪、涉毒犯罪、涉邪犯罪☐

D. 其他犯罪☐

11. 是否有固定住所

A. 是☐ B. 否☐

12. 家庭经济状况

A. 比较富裕☐ B. 中上水平☐ C. 一般☐ D. 低于社会保障水平☐

13. 家庭关系

A. 和谐☐ B. 一般☐ C. 无往来☐

14. 本人对家庭责任感

A. 有责任感☐ B. 一般☐ C. 无责任感☐

15. 自残、自伤的经历

A. 无☐ B. 有☐

16. 精神病家族史

A. 无☐ B. 有☐

17. 性格

A. 外向☐ B. 内向☐

18. 有不良朋友或有犯罪记录的朋友

A. 无☐ B. 有☐

19. 主观恶性程度

A. 无意☐ B. 过失☐ C. 故意☐

20. 个人成长经历

A. 平稳☐ B. 有挫折☐

21. 暴力倾向

A. 无☐ B. 有☐

22. 情绪化

A. 能控制自我☐ B. 偶尔有情绪化☐ C. 情绪化严重☐

23. 直属亲人犯罪史

A. 无☐ B. 有☐

24. 家属配合社区矫正工作

A. 积极支持☐ B. 一般☐ C. 不太配合☐

25. 成瘾类别

A. 无☐ B. 网瘾☐ C. 药瘾☐ D. 酒瘾☐ E. 赌瘾☐ F. 毒瘾☐

测评说明：

本量表对原始数据的精确性要求较高，原始数据将直接影响到预测结果的准确度。

在具体操作过程中应注意以下问题：

1. 在"犯罪类别"一栏中如果该预测对象为数罪并罚，则选择其所犯主要罪名，一般选择判刑较重的那个罪名，但是涉毒、涉淫犯罪除外。若所列罪名中不包括预测对象所犯罪名，则选择"其他犯罪"。

2. 对于"初次犯罪年龄""自伤史""家族精神病史""成瘾类别"等栏尤其要注意核实预测对象的实际情况。

3. "家庭经济状况"一栏是依据其居住地的生活水平进行划分。

本量表由 25 个题目组成，入矫测评时用此表。本量表由工作人员测评。每道题设 A-F 选项不等，A 为 1 分、B 为 2 分，以此类推，总分 80 分。单独进行再犯高风险测评分值累计 40 分以下为低风险，41~70 分为中等风险，71 分以上为高风险。

（二）入矫再犯罪风险自我评估

入矫再犯罪风险评估是社区矫正对象在矫期间接受矫正的基础依据，是社区矫正工作的重要组成部分。司法所工作人员在社区矫正对象入矫时，应初步判断、确定其再犯风险等级，从而在社区矫正工作中落实相应的防控措施，有针对性地为社区矫正对象进行分类管理、分阶段教育，最大限度地预防和减少重新违法犯罪，使社区矫正工作程序化、规范化、科学化、标准化。

入矫时，再犯罪风险自我评估是让新入矫的社区矫正对象在入矫一周内进行入矫自我测评，该部分评估重点在于判断社区矫正对象的服法意识与悔罪意识，对社区矫正工作的认识，对社会的态度，其家庭关系、生活状态与能力等。

人格与心理健康测评是目前进行再犯罪风险评估最常用的方法，通常在司法所内参加人格特质与心理健康测试，建议使用 16PF 或者 EPQ 与 SCL90 量表，若有需要，也可以运用 MMPI 量表进行全面评估。

根据入矫测试结果，有犯罪人格障碍或者有致犯罪心理障碍的社区矫正对象为再犯罪高风险人员，应列为重点监管对象。

入矫评估报告应随社区矫正对象资料建立个人档案。在测评分析过程中发现有反社会型人格，边缘型、报复型人格障碍，或者有严重心理障碍者应列为重点监管对象。

以某市社区矫正工作为例，通过对所抽取的某市社区矫正对象进行症状自评量表（SCL90）测试，结果所示，社区矫正对象中存在较多的是抑郁、焦虑、冲动、敏感、悲伤等问题。其中抑郁得分属于较高以上的占 51.3%，表明约有一半的社区矫正对象情绪状态不佳，对生活缺乏热情；80% 的社区矫正对象遇事容易紧张、焦虑不安；62.6% 的社区矫正对象遇事容易冲动，对自己的情绪缺乏控制能力；92.3% 的社区矫正对象过于敏感，对他人或外界事物存在怀疑、抵触的态度；8.2% 的社区矫正对象存在较高的悲伤情绪。社区矫正对象人格问题则主要集中于反社会性人格和偏执性人格。其中属于反社会型人格的占总抽查人数的 21.1%，他们对社会存有敌意，危险性较高；属于偏执型人格的有 69.2%，他们对其他人或事存在敏感、固执和较为偏激的观念。社区矫正对象中再犯风险属于较高以上的占总数的 29% 左右，并有 6 人已经再犯罪，再犯率为 0.5%。

【入矫再犯罪风险评估量表】

测试说明：本量表由 50 个题目组成。每道题设有 3 个选项，即 A、B、C。阅读每道题时，请根据自己的实际情况或看法，在答题纸上相应题号右侧与 A、B、C 对应的□内打"√"。若有其他问题，请向测试主持人询问。

1. 我认为法院对自己的判决是：
   A. 冤枉□   B. 部分有出入□   C. 比较恰当□

2. 自己的犯罪对社会、被害人造成了一定的危害和伤害，我认为：
   A. 有愧疚感□   B. 无所谓□   C. 说不清□

3. 造成我犯罪的原因有：
   A. 主观的□   B. 主、客观都有□   C. 客观的□

4. 若我知晓其他人犯罪，我的做法是：
   A. 无所谓□   B. 向有关部门举报□   C. 要我谈时再说□

5. 在监狱、看守所期间，我与管理人员相处得：
   A. 不错□   B. 见到他们就烦□   C. 还可以□

6. 我对有关法律法规：
   A. 判刑前学过一点□   B. 现在明白得更多了□   C. 学不学无所谓□

7. "人不犯我我不犯人，人要犯我我必犯人"这句话恰当吗？
   A. 是的□   B. 有时是这样的□   C. 不是的□

8. 现在看来，犯罪对我来说：
   A. 运气不好□   B. 太不划算了□   C. 没考虑□

9. 只要能参加劳动，我会觉得自己是个有用的人：
   A. 是的□   B. 没考虑□   C. 不是的□

10. 根据我的实际情况，我可以从事的工作是：
    A. 蓝领□   B. 白领□   C. 创业□

11. 在劳动中，我会合理化建议：
    A. 是的□   B. 没想过这个问题□   C. 不会□

12. 当看到别人上当受骗时，我觉得：
    A. 很可怜□   B. 贪图小利，活该□   C. 提醒来访者报警□

13. 干一桩事，不管结果如何，我觉得有责任尽力干到底。
    A. 是的□   B. 介于 A、C 之间□   C. 不是的□

14. 当我寂寞时，我会干一些刺激性的事情。
    A. 是的□   B. 一般不会□   C. 不会□

15. 当我感到厌烦时，喜欢找一些事端发泄一番。
    A. 是的□   B. 介于 A、C 之间□   C. 不喜欢□

16. 有人闹纠纷时，我会站在熟悉人的这边。
    A. 是的□   B. 不予理会□   C. 看谁有理□

17. 我感到我不会比别人差。
    A. 是的□   B. 介于 A、C 之间□   C. 不是的□

18. "顺我者昌，逆我者亡"是体现出一个人自信。
   A. 是的☐   B. 介于A、C之间☐   C. 不是的☐
19. 在公开场合，我爱与别人交谈。
   A. 是的☐   B. 一般☐   C. 不是的☐
20. 我喜欢参加热闹的聚会。
   A. 是的☐   B. 不太喜欢☐   C. 不喜欢☐
21. 我总能保持一个好的心情。
   A. 是的☐   B. 介于A、C之间☐   C. 不是的☐
22. 我喜欢关心帮助别人，因而我的朋友很多。
   A. 是的☐   B. 介于A、C之间☐   C. 不是的☐
23. 我时常睡不着觉。
   A. 是的☐   B. 只是有时☐   C. 睡眠很好☐
24. 有时，我对某些问题很看不惯。
   A. 是的☐   B. 说不清☐   C. 不是的☐
25. 我要做的事，不管别人怎么说，我会坚持去做。
   A. 是的☐   B. 不全是☐   C. 不是的☐
26. 一个人在同样的地方跌倒两次，你认为可以原谅不？
   A. 可以☐   B. 不能☐   C. 无所谓☐
27. 我喜欢把自己的东西摆放得井井有条。
   A. 是的☐   B. 不全是☐   C. 不是的☐
28. 武打、枪战片比其他故事片更刺激。
   A. 是的☐   B. 各有千秋☐   C. 不是的☐
29. 有人向我乞讨，我会给他们一些钱。
   A. 是的☐   B. 有时给☐   C. 不是的☐
30. "有钱能使鬼推磨"。
   A. 是的☐   B. 不全是☐   C. 不是的☐
31. "马无夜草不肥，人无外财不富"。
   A. 是的☐   B. 不全是☐   C. 不是的☐
32. "不怕做不到，就怕想不到"。
   A. 是的☐   B. 不全是☐   C. 不是的☐
33. 社区矫正是我了解到的。
   A. 是的☐   B. 不知道☐   C. 不是的☐
34. 回到社会，我很担心社区群众对我冷眼相看。
   A. 是的☐   B. 有时担心☐   C. 不担心☐
35. 在社区服刑，我能与家人、亲友和睦相处。
   A. 是的☐   B. 介于A、B之间☐   C. 不是的☐
36. 小时候我受父母打骂较多，有些情况是我不能原谅的。
   A. 是的☐   B. 说不清☐   C. 不是的☐

37. 我希望找到一份力所能及的工作，有一个稳定的生活来源。
   A. 是的□　B. 无所谓□　C. 不是的□
38. "孟母三迁"说明了环境对人生活的影响很大。
   A. 是的□　B. 无所谓□　C. 没影响□
39. 休闲时间，我经常和朋友一块去卡拉OK歌厅、网吧等娱乐场所。
   A. 是的□　B. 偶尔去一下□　C. 没有□
40. 我认为社会对每个人都是公平的。
   A. 是的□　B. 看谁的命好□　C. 不是的□
41. "逢人只说三分话，不可全抛一片心"是真理。
   A. 是的□　B. 看情况□　C. 不是的□
42. 我对生活有信心，相信自己能够生活得更美好。
   A. 是的□　B. 无所谓□　C. 不是的□
43. 心情不好时，我会喝点酒，有时喝醉。
   A. 是的□　B. 处于半清醒状态□　C. 不是的□
44. 现实社会中，诚实守法的人往往容易吃亏上当。
   A. 是的□　B. 不全是□　C. 不是的□
45. 不说谎话办不成大事。
   A. 是的□　B. 不全是□　C. 不是的□
46. 我认为青少年时代，学校、家庭不良管教，对我犯罪是有责任的。
   A. 是的□　B. 介于A、C之间□　C. 不是的□
47. 撑死胆大的，饿死胆小的。
   A. 是的□　B. 不全是□　C. 不是的□
48. 在事业有成的熟人面前，我总感到局促不安。
   A. 是的□　B. 多少有一点□　C. 不是的□
49. 做了坏事的人，总会得到报应的。
   A. 是的□　B. 不一定□　C. 不是的□
50. 为了过上好的生活，我会拼命地赚钱。
   A. 是的□　B. 够用就可以□　C. 有机会就去赚□

测评说明：该项测评超过100分则属于再犯罪高风险社区矫正对象。

（三）再犯罪高风险定位评估

因入矫测评的性质与方法原因，决定有部分社区矫正对象的测评结果可信度较差，为了修正误差，精确定位再犯罪风险较高的社区矫正对象，社区矫正心理咨询师需要在入矫再犯罪风险评估基础或者在监管风险动态预警基础之上，对测评结果显示再犯罪风险较高（超预警值）的社区矫正对象，进行再犯罪风险排查，进一步确定社区矫正对象的心态与状态，排除无效测评，精确定位再犯罪风险较高的社区矫正对象，为有针对性开展矫正工作做准备，该过程称之为再犯罪风险排查。

社区矫正对象在入矫测评时，因其认识不够或者刻意隐藏等心理原因，可能会导致测试无效或者有较大的偏差，针对这种情况，需要社区矫正工作者或社区心理咨询师根据入矫再犯罪风险评估的结果，运用心理询问与沟通技巧，通过调阅档案、与社区矫正对象电话沟通、面谈、上门走访等四种方式，进一步判断其再犯罪的可能性程度。同时还根据其罪行、在矫周期、在矫表现等因素综合判断其再犯罪的可能性。排查报告为工作档案的组成部分。

例如，社区矫正对象蔡某，2018年2月因寻衅滋事罪入矫，表现正常，入矫通过EPQ测量，测评结论正常，但测评结果发现有较强掩饰性人格特质，于是社区矫正心理工作者采用面谈的方式进一步排查，发现了蔡某刻意隐藏了正参加赌博的犯罪事实，于是对蔡某加大了监管力度，同时对其进行心理矫正，矫正其喜欢赌博的人格缺陷，降低了再犯罪风险。另一位社区矫正对象王某，犯故意伤害罪缓刑入矫，入矫风险测评因测评时间过短被系统判为无效测评，入矫后一直拒不配合社区矫正工作，态度恶劣，不服从安排。心理矫正咨询师通过与其面询排查，发现其抗拒的原因是自己认为没有获得尊重。经过沟通教育，王某积极主动地配合，使社区矫正工作得以顺利开展。

以某区司法局为例，2018年入矫的社区矫正对象有389名，其中经入矫风险评估犯罪高风险结论95人，经排查后精准定位犯罪高风险24人。

在风险管理计划中，罪犯的风险度（测试积分）越高，被要求与评估对象接触的次数就会越多。所谓"接触"，最基本的方式就是上门走访。通常情况下，在社区矫正期间，监督官员或专门人员将按期准备报告，以文件形式证明罪犯的改进情况。这些报告将用于再次评估罪犯的风险程度及需求情况，可据此改变矫正策略，以便调整"要求罪犯报告的次数"或者矫正者与被矫正者之间的"接触次数"等措施。

从各国为罪犯开发的测试评估工具来看，依据各类静态或动态的评估报告，确定每个罪犯的静态和动态危险因素的相互关系，通过这样两种关系预测罪犯的再犯可能性，从而决定进行干预的程度（或称为降低危险度）。

（四）监管风险动态评估

所谓的罪犯的动态风险管理，就是两个目标：①评估危险度；②降低危险度。一般而言，静态因素（犯罪历史等）不能够改变，因为那已经是过去的事实。而动态危险因素（尤其是需求）的变化则会比较复杂。

司法所的工作人员对社区矫正对象在矫期间的表现，每月都需要进行评估，判断其监管过程变化，分析其在矫期间的犯罪可能性的倾向走势，该过程称之为监管风险动态评估。监管风险将综合考虑影响再犯罪风险的因子如消极抗拒、情绪波动、脱管、被警告、工作变动、失业、亲人去世或判刑、离婚等。

由上可知，动态监管风险主要影响的是活动因子，其来源于社区矫正对象的心理活动变化，因此，通过心理分析技术来协助判断社区矫正对象的监管风险的必要性得以凸显。

社区矫正心理工作者可以将上述影响再犯罪的因子，按一定的加权，以月为单位得出相应数值，做成再犯罪风险动态曲线供监管参考做出风险预判。当动态评估分值超出预警分数时提供预警信息。

(五) 解矫再犯罪风险评估

社区矫正对象解矫评估主要目的：①判断在矫期间的教育矫治结果；②判断其回归社会具备的社会功能。

上述因素是影响解矫的社区矫正对象犯罪的主要因素，司法所工作人员应当在社区矫正对象矫正期满前对其进行矫正质量评估并结合其在接受社区矫正期间的表现、考核结果、社区意见等情况做出书面鉴定，告知其安置帮教的有关规定，与安置帮教工作部门妥善做好交接，并转交有关材料。对其安置帮教提出建议。做好定期跟踪回访工作，防止其重新违法犯罪。

【示例】

社区矫正对象风险评估记录表

第　次

姓名：　　　性别：　　　编号：　　　时间：　年　月　日

社会调查评估得分		综合得分		×40%
自测量表评估得分				×30%
心理测评结果得分				×30%
综合评定风险等级		总得分		
监管类别		评估单位		
参加评估人签章				

注：
1. 社会调查评估得分满分为 80 分，综合得分应为得分×100÷80。
2. 自测量表评估得分满分为 150 分，综合得分应为得分×100÷150。
3. 心理测评结果得分满分为 100 分，直接等于综合得分。

本评估办法将再犯风险程度最终分为高、中、低三个等级，每个等级划定相应的分数区间，综合测评最后得分 60 分以下为低风险等级；61~79 分为中风险等级；80 分以上为高风险等级。

在矫期间监管风险动态评估量表

序号	评估因素	评估题目	评估分子	权重	备注
1	日常表现（以月为单位）	是否有对抗、冲动情绪	经常有□ 偶尔有□ 没有□	3、2、1	
2		是否有定位脱管现象	经常有□ 偶尔有□ 没有□	3、2、1	
3		是否有不按要求报到情况	经常有□ 偶尔有□ 没有□	3、2、1	
4		对工作人员态度	好□ 一般□ 不好□	1、2、3	
5		社区服务工作表现	好□ 一般□ 不好□	1、2、3	
6		遵规守纪情况	好□ 一般□ 不好□	1、2、3	
7		参加集中学习表现	好□ 一般□ 不好□	1、2、3	
8		电话汇报表现	好□ 一般□ 不好□	1、2、3	
9		思想汇报表现	好□ 一般□ 不好□	1、2、3	
10		通知配合状态	好□ 一般□ 不好□	1、2、3	

续表

序号	评估因素	评估题目	评估分子	权重	备注
11	请假过程	是否有请假状况	经常有□ 偶尔□ 没有□	3、2、1	
12		是否没有按要求请假	经常有□ 偶尔□ 没有□	3、2、1	
13		是否没有按要求销假	经常有□ 偶尔□ 没有□	3、2、1	
14	奖励与惩罚	是否有奖励	有□ 没有□	1、2	
15		是否有惩罚	有□ 没有□	2、1	
16	生活与工作	是否有稳定的生活来源	有□ 没有□	1、2	
17		工作状态是否稳定	稳定□ 不稳定□	1、2	
18		是否获得工作单位表扬或奖励	有□ 没有□	1、2	
19		与家庭成员关系相处状况	好□ 一般□ 不好□	1、2、3	
20		是否与亲友吵架	经常有□ 偶尔有□ 没有□	3、2、1	
21	其他风险因子	生活环境变化	有□ 没有□	2、1	
22		家庭结构是否发生变化	有□ 没有□	2、1	
23		工作是否发生变化	有□ 没有□	2、1	
24		是否有助人为乐表现	有□ 没有□	1、2	
25		是否有检举或立功表现	有□ 没有□	1、2	
26		是否获得其他表扬或鼓励	有□ 没有□	1、2	

续表

序号	评估因素	评估题目	评估分子	权重	备注
27	犯罪人格	上月再犯风险等级	高□ 中□ 低□	10、5、1	

评估说明：

1. 上月再犯风险等级高（红色区域）自动增加10分。

2. 评估过程若有不清楚，选择原则就低不就高，就好不就坏原则。

3. 每月月初评估上月再犯风险等级。

4. 60分以下（不含60分）为低风险，蓝色区域；60~70分（不含70分）为中风险，黄色区域；70分以上为高风险，红色区域。

5. 评估结果以分数标注。

社区矫正对象解矫风险评估表

姓名		性别		年龄	
		身体状况		文化程度	
矫正类别		原判刑期			
案由		矫正起止日期			
测评结果					

	项目	子项目	分值
基本因素	1. 犯罪时的年龄	1. 初次违法犯罪18周岁以上（含18周岁）（1分） 2. 初次违法犯罪不满18周岁（2分）	
	2. 受教育程度	1. 大专以上（0分） 2. 高中初中及同等程度（2分） 3. 小学、半文盲、文盲（3分）	
	3. 就业态度和状况	1. 能自食其力（0分） 2. 不能自食其力或不愿自食其力（3分）	
	4. 婚姻家庭状况	1. 已婚或25周岁以下未婚，家庭稳定（0分） 2. 丧偶、离异、大龄未婚（25周岁以上）或25周岁以下未婚（生活在单亲家庭）（2分）	
	5. 生活来源	1. 依靠自己的工作收入（0分） 2. 低保或依靠家庭（1分） 3. 无生活来源（3分）	
	6. 固定住所	1. 有（0分） 2. 无（3分）	

续表

性格及心理因素	7. 情绪自控能力	1. 能够自我控制（0分） 2. 自控能力较差或有时不能自控（3分）	
	8. 心理健康状况	1. 基本健康（1分） 2. 存在心理问题（2分） 3. 患有心理疾病（3分）	
	9. 有精神病史或精神病遗传史	1. 无（0分） 2. 有（1分）	
	10. 认罪伏法态度	1. 认罪伏法（0分） 2. 不认罪（1分）	
	11. 对现实社会的心态	1. 能够正确看待社会现实（0分） 2. 对社会不满甚至仇视（2分）	
	12. 法律知识或法治观念	1. 法律知识欠缺、法治观念淡薄（1分） 2. 无法律知识和法治观念（法盲）（2分）	
社会因素	13. 交友情况	1. 无不良交友情况（0分） 2. 有不良交友情况（3分）	
	14. 个人成长经历	1. 顺利（0分） 2. 有挫折（2分）	
	15. 家庭成员犯罪记录	1. 无（0分） 2. 有（1分）	
	16. 家属配合矫正工作	1. 理解支持（0分） 2. 不配合或有抵触情绪以及无家庭支持系统（2分）	
综合因素	17. 违法犯罪案由	1. 其他（1分） 2. 盗窃、抢劫、涉毒、寻衅滋事之一（3分）	
	18. 过去受刑事处罚记录	1. 无（0分） 2. 有（2分）	
	19. 过去受行政处罚记录	1. 无（0分） 2. 有（1~2次处罚记录）（1分） 3. 有（3次及以上）（3分）	
	20. 主观恶性程度	1. 过失犯罪（1分） 2. 故意犯罪（2分）	
	21. 社区矫正类别	1. 管制、监外执行（1分） 2. 缓刑、剥夺权利、假释（2分）	

续表

	22. 犯罪中是否使用暴力或是否惯骗（2次及以上）	1. 无（0分） 2. 有（2分）	
测评分值			
风险等级			
备注	1. 测评分值为测评对象所有单项实际测评分值的总和。 2. 总分值为所有单项最高分值的总和，22个小项的总分值为50。 3. 计算测评分值/总分值的百分比，划定风险等级：稳定≤45%；重点关注45%~55%；高危控制≥55%。 4. 如果测评对象具有本表未涉及但易引发重新犯罪的因素，可以在备注栏注明。		

测评人：　　　　　　　测评日期：

【小贴士】

明者防祸于未萌，智者图患于将来。党的二十大报告中多次出现"安全""挑战""风险"等词汇，体现了以习近平同志为核心的党中央所具有的高瞻远瞩的风险意识和应对风险挑战的时代担当。这要求我们必须运用科学思维，从战略的高度来准确认识和主动应对当前所面临的风险挑战。运用科学的方法对社区矫正对象的人身危险性程度和再犯可能性以及对社会所造成的危险性进行评估和预测，主动、积极地做好防控工作，是维护社会治安环境持续稳定，有效预测、预防犯罪，减少、减轻再次犯罪的有效手段。

第三章 社区矫正对象心理健康教育

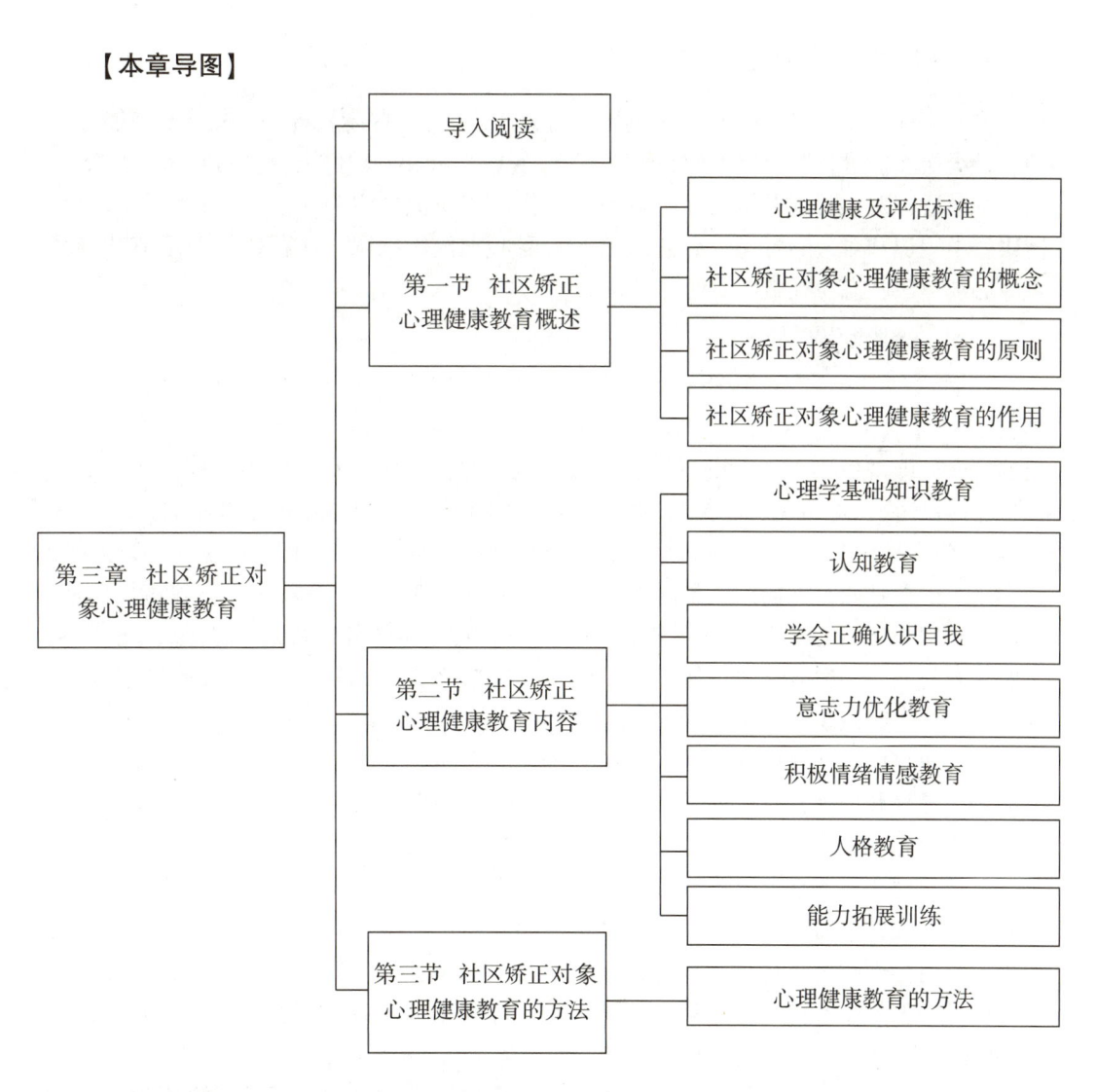

【本章导图】

```
第三章 社区矫正对 ─┬─ 导入阅读
象心理健康教育      │
                   ├─ 第一节 社区矫正 ─┬─ 心理健康及评估标准
                   │   心理健康教育概述  ├─ 社区矫正对象心理健康教育的概念
                   │                    ├─ 社区矫正对象心理健康教育的原则
                   │                    └─ 社区矫正对象心理健康教育的作用
                   │
                   ├─ 第二节 社区矫正 ─┬─ 心理学基础知识教育
                   │   心理健康教育内容  ├─ 认知教育
                   │                    ├─ 学会正确认识自我
                   │                    ├─ 意志力优化教育
                   │                    ├─ 积极情绪情感教育
                   │                    ├─ 人格教育
                   │                    └─ 能力拓展训练
                   │
                   └─ 第三节 社区矫正对象 ── 心理健康教育的方法
                       心理健康教育的方法
```

【导入阅读】

党的二十大报告通篇贯穿以人民为中心的发展思想,体现了真挚的为民情怀。报告指出,"必须坚持人民至上""坚持以人民为中心的发展思想""努力让人民群众在每一个司法案件中感受到公平正义",等等。在社区矫正工作中,把以人民为中心的发展思想作为思考谋划各项工作的原则,秉持宽严相济、惩教结合,持续深入开展社区矫正对象心理矫治工作,增加对社区矫正对象的心理健康教育,不断完善心理健康教育内核,优化心理健康教育方式,提升社区矫正心理工作成效,促进社区矫正对象顺利融入社会,助力营造安全稳定的社会环境。

第一节 社区矫正心理健康教育概述

一、心理健康及评估标准

在西方国家,1973年就提出了健康教育修正定义,"健康教育是一种涉及智能、心理和社会层面的过程",健康教育包括了生理健康教育和心理健康教育两方面的内容。

社区矫正对象心理健康教育一般面向全体矫正对象,主要是让矫正对象了解心理健康基本知识和对人的意义,有意识关注自身心理健康状况,能积极主动调节和维系自身心理健康状态,并在必要时寻求帮助。

(一)心理健康的概念

1. 健康的概念。传统观点认为,健康是指人体生理机能正常,没有缺陷和疾病。早在1989年,世界卫生组织(World Health Organization,简称WHO)就对健康作出了新的定义,即"健康不仅是没有疾病,而是包括躯体健康、心理健康、社会适应良好和道德健康"。由此可见身心健康、能与环境和文化相适应才能是一个健康的人。

2. 心理健康的概念。心理健康是相对于生理健康而言的。心理健康也叫心理卫生,其含义主要包括两个方面。一是指心理健康的状态,即没有心理疾病。心理功能良好,即能以正常稳定的心理和积极有效的行为,去应对现实的外部环境和内在心理环境,具有良好的调节和适应能力,保持切实有效的功能状态。二是指维护心理的健康状态,亦即有目的、有意识、积极自觉地按照个体自身的身心状态和特点,遵循相应原则,有针对性地采取各种有效的方法和措施,利用和营造良好的内外环境,通过各种形式的教育、辅导和训练,以达到预防心理疾病,提高心理素质,维护和促进心理活动的良好功能状态。上述两个方面构成了心理健康这一概念的基本内涵。

有学者把心理健康定义为:心理健康是指个体对环境的高效而良好的适应,在这种状态下,人的生命具有活力,人的潜能得到开发,人的价值能够实现。世界卫生组织提出所谓心理健康,是指个人不仅没有心理疾病或变态,而且在身体上、心理上以及社会行为上均能保持最高、最佳的状态。心理健康包含有生理、心理和社会行为三方面的意义。

(1)从生理上看,心理健康的个人,其身体状况特别是中枢神经系统应当是没有疾病的,其功能应在正常范围之内,没有不健康的体质遗传。脑是心理的器官,心理是脑的机能。健康的身体特别是健全的大脑乃是健康心理的基础。只有具备健康的身体，个人的情感、意识、认知和行为才能正常运行。身体不健康特别是大脑出了毛病，就会影响心理健康，也可以说，身心是一个协调统一的整体。

（2）从心理上看，心理健康的个人应该具有良好的自我认知、自我情感和自我调节控制能力，也即具有与主客观相吻合的生理自我、社会自我和心理自我概念，对自我有较好的情感体验和接受状态，在发展自我的同时又能兼顾社会环境的要求，能面对现实问题，积极调适自身认知、情感与现实环境相适应，有良好的心理适应能力。

（3）从社会行为上看，心理健康的个人能在学习、生活和工作中有效地适应社会环境，妥善地处理人际关系，形成稳定的行为习惯并符合生活环境中文化的常模而不偏离常态，所扮演的角色符合社会要求，与社会保持良好的接触，并能为社会做出贡献。

辩证地看，心理健康的概念不是绝对的，而是一个相对的概念，健康和不健康之间并没有严格的界线。心理健康既是一个身心和环境相平衡的状态，又是一个自身心理和行为相协调统一的状态。然而这种状态不是一成不变，时刻稳定的。在个体身心发展的过程中，由于内外因素的影响，在每个年龄阶段或每个人生节点都有可能会因为一些重要生活事件而打破平衡，使人的心理健康状态受到破坏，即出现心理和行为紊乱，进而影响到个体的生理和社会生活。当破坏超出个体自我平衡范围，则会产生相应的心理健康问题，依据心理受损的程度，我们将心理问题分为一般心理问题、严重心理问题、神经症性问题和精神病性问题。

（二）心理健康的标准

1. 判断心理正常和异常的三项原则。我国知名心理学家郭念锋先生认为心理健康的具体标准一时难以确定，但基本原则是可以说清楚的。他提出了判断心理正常与异常的三项原则：

（1）主观世界与客观世界的统一性原则。因为心理是客观现实的反映，所以任何正常心理活动和行为，必须就形式和内容上与客观环境保持一致性。一个人的感知或思维内容脱离现实、背离客观事实时便形成幻觉或妄想。这些都是我们观察和评价人的精神与行为的关键，我们称它为统一性（或同一性）标准。人的精神或行为只要与外界环境失去同一，必然不能被人理解。

在精神科临床上，常把自知力作为是否有精神病的指标，其实这一指标已涵盖在上述标准之中。所谓无自知力或自知力不完整，是一种患者对自身状态的反映错误或称为自我认知统一性原则的丧失。

（2）心理活动的内在一致性原则。人类的心理活动过程虽然可以被分为知、情、意等内容，但心理过程之间具有协调一致的关系，这种协调一致性保证人在反映客观世界过程中的高度准确和有效。一个人遇到愉快的事，会产生愉快的情绪体验，并伴随手舞足蹈和诉说开心体验的行为，我们可以认为他的认知与行为相统一。如果相反，用悲伤的语调讲述愉快的事，或者用欢快的情绪讲述痛苦的事，我们就可以说他的心理过程失去了协调一致性，称为异常状态。

（3）人格的相对稳定性原则。每个人在生理遗传和环境文化影响下，伴随独有的个人生活经历都会形成自己特有的人格特征，这种人格特征具有相对的稳定性，一般不易改变。它是一个人区别于他人的重要标识。如果在没有重大生活性事件发生的前提下，一个人的人格稳定性出现了问题，我们有理由相信他的心理活动出现了异常，也即可以把人格的相对稳定性作为区分心理活动正常与异常的标准之一。比如，一个吝啬的人突然挥金如土，或者一个热心的人突然变得很冷漠，却找不到足以促使他发生如此改变的原因，我们就可以判断他的精神活动已经偏离了常态。

2. 郭念锋的心理健康十标准。郭念锋先生认为上述三项原则单从外显行为表现是否异常来评估个体的心理健康与否是不够的，因为人与人之间的心理健康尚有水平上的差异，为此他根据区分心理健康及其水平的实际需要提出了十条标准：

（1）周期节律性。人的心理活动在形式和效率上都有着自己内在的规律性，比如某个时段思维清晰，注意力高，适于工作；某个时段适于睡眠，以便养精蓄锐。如果一个人固有节律处在紊乱状态，可能提示他的心理健康需要关注。

（2）意识水平。意识水平的高低，往往以注意力水平为客观指标。如果一个人经常不能专注于某项工作，经常开小差或者因注意力分散而出现工作上的差错，导致学习和工作效率低下，就有可能存在心理健康方面的问题。

（3）暗示性。易受暗示的人，往往容易被周围环境影响，引起情绪波动和思维的动摇，有时表现为意志力薄弱。他们的情绪和思维很容易随环境产生变化，导致精神不太稳定，引起心理健康方面的问题。

（4）心理活动强度。这是指对于精神刺激的抵抗能力。当一种强烈的精神打击出现在面前，抵抗力低的人往往容易留下后患，可能因为一次精神刺激而导致反应性精神病或癔症，而抵抗力强的人虽有反应但不致病。

（5）心理活动耐受力。这是指人的心理对于现实生活中长期反复出现的精神刺激的抵抗能力。这种慢性刺激虽不是一次性的、强大剧烈的，但久久不会消失，几乎每日每时都要缠绕着人的心灵。

（6）心理康复能力。由于人们各自的认识能力不同，各自的经验不同，从打击中恢复过来所需要的时间也会有所不同，恢复的程度也有差别。这种从创伤刺激中恢复到往常水平的能力，称为心理康复能力。

（7）心理自控力。情绪的强度、情感的表达、思维的方向和过程都是在人的自觉控制下实现的。当一个人身心十分健康时，他的心理活动会十分自如，情感的表达恰如其分，辞令通畅、仪态大方，既不拘谨也不放肆。

（8）自信心。一个人是否有恰当的自信心是精神健康的一种标准。自信心实质上是一种自我认知和思维的分析综合能力，这种能力可以在生活实践中逐步提升。

（9）社会交往。一个人与社会中其他人的交往，也往往标志着一个人的精神健康水平。当一个人毫无理由地与亲友断绝来往，或者变得十分冷漠时，这就构成了精神病症状，称为接触不良。如果过分地进行社会交往，也可能处于一种躁狂状态。

（10）环境适应能力。环境就是人的生存环境，包括工作环境、生活环境、工作性质、人际关系等。人不仅能适应环境，而且可以通过实践和认识去改造环境。

3. 许又新的心理健康三标准。我国知名心理学家许又新先生提出衡量心理健康的

三个标准:

(1) 体验标准。其以个人的主观体验和内心世界为准,主要包括良好的心情和恰当的自我评价。

(2) 操作标准。其通过观察、实验和测验等方法考察心理活动的过程和效应,核心是效率,主要包括个人心理活动的效率和个人的社会效率或社会功能(如工作及学习效率高,人际关系和谐等)。

(3) 发展标准。其着重对人的心理状况进行时间纵向(过去、现在与未来)考察分析(而前两种标准主要着眼于横向,考虑一个人的精神现状)。发展标准指有向较高水平发展的可能性,并且有使可能性变成现实的行动措施。

使用三标准判断心理健康与否,要联系起来综合地加以考察和衡量。

(三) 正确理解心理健康的标准

由于心理健康这一概念是相对的、发展的,那么心理健康的标准也应是动态的、发展变化的,并且受特定或偶然等多重因素的影响。准确理解心理健康标准需要把握以下几点:

1. 标准的相对性。对于个体而言,心理健康是一个连续变化的过程,健康与不健康之间并没有泾渭分明的界限,而应该存在一个过渡区域。首先,绝大多数人一生之中,都有可能会身处于这一区域内,因为在人生的每个阶段不同的生活历程中,每个人都可能会面临各种心理问题或挑战,我们大可不必惊慌失措,而应积极面对,提高自我心理保健意识,及时地进行自我调整,许多发展性问题是可以自行解决的。其次,心理健康的标准也会随时代的变迁和社会文化的差异而变动,每个人在现实中均被划分成不同的群体,不同群体间的心理健康标准也是有差异的。正是由于心理健康标准的相对性,在心理学上,经常以平均状况或理想状况,来说明个体的心理健康情况。

2. 整体协调统一性。把握心理健康的标准,应以心理活动为本考察其内外关系的整体协调性。从身心关系来看,心理健康的个体生理和心理是协调统一的。从心理和环境的关系来看,心理健康的个体行为与环境是相适应的,并能形成稳定的个性心理,与环境协调统一。从心理过程来看,心理健康的个体认知、情绪情感和意识行为是协调统一的整体,彼此之间互为因果。

3. 心理健康标准的多元性。对于心理健康的标准问题已有许多研究,观点并不一致。例如,有统计标准、社会标准、生活适应标准、主观感受标准、成熟标准等。

(1) 统计常模判断方法:假定人的各项心理特质如智力、乐群性、支配性等的测量值接近总体平均数时,即当一个人的某项心理特质的测量值接近总体平均数时,他在这一方面就是正常的、健康的;另一个人的同一项心理特质的测量值若偏离总体均值较远,他在这一方面就是异常的、不健康的。统计常模判断方法的依据意味着:与多数人一致的行为是健康的行为,偏离大多数人的行为则是不健康的行为。这一判断依据并不总是合理的,因为按此项判断,极聪明的人、极快乐的人由于在人群中属于极少数,因而均属于心理异常的人,这种看法显然是不适当的。

(2) 社会常模判断方法:一个人的行为如果符合社会规范、得到多数人的认可,就被判断为正常的、健康的行为，而偏离社会规范的行为就被判断为异常的、不健康的行为。由于符合社会规范的行为通常也是多数人的行为，社会常模与统计常模有相当程度的一致性。从社会的顺从性来判断健康与否会带来一些麻烦，因为被一个社会视为正常的行为，可能被另一个社会视为异常的行为；在同一社会内，社会规范也会随时间推移而发生改变。另外，如果依此标准，不但个人可能是不健康的，而且有时整个社会及其主导价值、规范也可能是病态的、不健康的。

（3）生活适应判断方法：如果一个人生活适应良好，则被判断为心理健康的；若适应生活困难、干扰了个人或社会生活就是不健康的。由于"生活适应"的理解具有较大主观性，因而除非对"生活适应"有具体的、量化的解释，否则这种判断方法极不可靠。例如，一个满足现状、不思进取、"逢人说人话，逢鬼说鬼话"，既不损害个人安逸，也不干扰社会生活的人能算是一个心理健康的人吗？

（4）心理成熟判断方法：这是从发展的角度对心理健康作出判断，即个人心理发展与生理成熟程度相当，则被判断为心理健康，而心理成熟落后于生理成熟，落后于同龄人平均水平则是不健康的。这种判断的前提假设是心理发展是与生理发展同步的，但实际上这两种发展并不总是同步的，而且由于个体差异的存在，有时这两种发展的差距较大。

（5）主观感受判断方法：这是判断心理健康的辅助性的依据，即按照来访者主观体验到的是满意感、幸福感，还是痛苦与不适，来判断健康与否。这一判断不能单独使用，因为某些有轻微心理障碍，如神经症的人常有强烈不适感，并伴随有失眠、食欲减退等躯体症状，而某些严重的精神病人如狂躁-抑郁症者在其躁狂发作期间却精力充沛、热情高涨、充满自信，并未自感痛苦。

【小贴士】

新时代加强心理健康和精神卫生服务，要以"十四五"规划和《"健康中国2030"规划纲要》为依据，《"健康中国2030"规划纲要》指出健康是促进人的全面发展的必然要求，是经济社会发展的基础条件。关注社区矫正对象心理健康，针对性地实施心理辅导，帮助其克服个性缺陷和建立和谐的人际关系，最终达到维护其心理健康和人格健全的目的，对预防社区矫正对象重新犯罪有积极的作用，对维护社会稳定和长治久安有重要的意义。

（四）社区矫正对象心理健康的评估标准

参照上述国内专家对心理健康一般标准的研究，结合我国社区矫正对象的具体情况，我们认为，衡量社区矫正对象的心理是否健康，并能在实践中便于应用，社区矫正对象心理健康标准可参考以下几个方面：

1. 能较好适应入矫后环境的变化，尤其是能积极配合社区矫正机构的教育和管理。
2. 能正确地看待社区矫正，并对自身的犯罪行为及原因有恰当的评价和认识。
3. 具有良好的自我意识，能相对客观地看待自己和接纳自己。
4. 能保持和谐的人际关系，并能获取正常的社会支持，尤其是家人支持。
5. 能保持情绪稳定，具有一定的情绪调节控制的知识和能力。

6. 具有较好的挫折应对方式和能力，尤其是因身份改变给自身带来的问题和困扰。

7. 对未来生活保持信心，具有积极乐观的心态，有相对具体的矫正和生活规划。

如前文所述，社区矫正对象的心理健康的标准并不是唯一的，心理健康的状态也不是静态的，而是持续发展变化的。实际工作中，我们应该具体结合每个社区矫正对象特定的生理、心理和行为反应，并依据主客观数据来评估其心理健康状况。社区矫正对象心理健康标准不仅为我们提供了衡量心理是否健康的尺度，而且为我们指明了开展社区矫正对象心理健康教育和提高社区矫正对象心理健康水平的努力方向。每一个矫正对象在原有的基础上，通过不同程度的努力，都可以追求心理发展的更高层次，不断发挥自身的潜能。

二、社区矫正对象心理健康教育的概念

社区矫正对象心理健康教育是社区矫正教育帮扶工作中一项至关重要的内容。《社区矫正法》第五章第40条第1款明确规定，社区矫正机构可以通过公开择优购买社区矫正社会工作服务或者其他社会服务，为社区矫正对象在教育、心理辅导、职业技能培训、社会关系改善等方面提供必要的帮扶。《社区矫正法实施办法》第43条第3款进一步明确规定，社区矫正机构、司法所需要根据社区矫正对象的心理健康状况，对其开展心理健康教育、实施心理辅导。

所谓社区矫正对象心理健康教育，是指社区矫正机构根据社区矫正对象心理活动的规律和特点，运用心理学的技术和方法，为社区矫正对象提供的专业教育帮扶，其目的在于维护其健康的心理状态，并促使其形成良好的心理素质，预防心理疾病的产生。具体来讲，就是帮助社区矫正对象了解心理健康的相关知识，建立心理健康的意识，积极主动关注自身的心理健康状况；帮助其学会正确客观地看待自己、认清自己、评价自己；帮助其有效适应社区矫正和社会生活，更好地应对各种压力和挫折；帮助其逐步学会如何去控制自己的冲动和欲望，如何调节好自己的情绪；帮助其学会积极面对自己、克服自卑、树立自信、鼓足重新做人的勇气、面对未来的人生挑战；帮助其克服个性缺陷，学会与他人相处的方法，建立和谐的人际关系；最终达到维护其心理健康和人格健全的目的，并促使其形成积极向上的心理，消除其犯罪心理和不良行为，顺利回归社会。

三、社区矫正对象心理健康教育的原则

社区矫正对象心理健康教育应遵循一些科学的原则，而不要凭主观想象来随意确定。这些原则主要包括：

1. 教育性原则。教育性原则是指在进行心理健康教育的过程中，结合社区矫正对象的具体情况，综合运用心理学的技术和方法，适时给出积极中肯的忠告和建议，始终注意引导和培养其树立起正确的人生观和价值观，扭转其消极的人生观和价值观。

2. 全体性原则。全体性原则是指心理健康教育要面向所有矫正对象，全体矫正对象都是心理健康教育的对象和参与者，心理健康教育的设施、计划、组织活动，都要着眼于全体矫正对象，解决其普遍存在的心理问题。

3. 差异性原则。差异性原则是指心理健康教育要关注和重视矫正对象的个别差异，根据不同矫正对象的不同需要，开展形式多样、针对性强的心理健康教育活动，以提高矫正对象的心理健康水平。

4. 整体性原则。整体性原则是指在心理健康教育过程中，教育者要运用系统论的观点指导心理健康教育工作，注意社区矫正各项工作的有机联系和整体性，防止和克服心理健康教育工作中的片面性。

5. 发展性原则。发展性原则是指在心理健康教育过程中，必须以发展的观点来对待矫正对象，要顺应矫正对象心理发展的特点和规律，以矫正对象心理转化为重点，消除偏见与不良习惯，促进其形成良好的社会适应性。

四、社区矫正对象心理健康教育的作用

（一）预防作用

尽管对于犯罪的原因一直没有定论，然而相关研究表明：犯罪是个体遗传因素、个体心理因素，以及社会环境相互作用的结果。而且很多犯罪学理论认为，心理因素在个体犯罪中起到了关键的作用。因此加强心理教育对于预防社区矫正对象重新犯罪有积极的意义和作用。

（二）维持作用

心理健康教育能够使得社区矫正对象以积极心态接受教育和帮扶，学会保持平和的心态，较好地处理日常学习和生活中的问题，积极关注和维系自身心理健康状态，为其顺利回归社会奠定良好的心理基础。

（三）促进作用

通过开展心理健康教育，使社区矫正对象掌握心理健康相关常识，让社区矫正对象明白人的生理、认知、情绪情感与心理健康之间的关联，了解自身中常见的各种不良认知模式、消极情绪和情感表现，学会并掌握一些基本的消除不良情绪、情感体验的技术与方法，建立积极向上的情绪、情感特征。充分了解意志对心理行为的调节作用，懂得意志品质对心理健康产生的影响，了解自身在意志品质缺陷方面的具体表现及其克服的方法，增强心理承受能力，培养优良的意志品质，实现自我人格的完善，从而达到回归社会的目的。

【小贴士】

以习近平新时代中国特色社会主义思想为指导，全面贯彻落实党的二十大精神，深入学习贯彻习近平法治思想，坚持党对社区矫正工作的绝对领导，紧紧围绕党的中心任务履职尽责，奋力推进社区矫正工作高质量发展，谱写新时代新征程社区矫正工作新篇章。要坚持党对司法行政工作的绝对领导，把党的绝对领导作为最大优势和根本保证，贯彻落实到社区矫正工作各方面、全过程。开展心理健康教育，将社区矫正对象心理健康教育融入全国心理服务体系建设，提高心理健康工作水平。加强对社区矫正对象的帮扶救助，促使其顺利融入社会。

第二节 社区矫正心理健康教育内容

社区矫正对象心理健康的内容，应该把握两点：一是严格遵循心理健康教育本身的规律；二是要充分认识到社区矫正对象这个群体的独特性。作为一个特殊社会群体，社区矫正对象既有一般社会群体的共性特征，也有其群体自身的个性特征。因此，针对这一特定群体的心理健康教育，既要兼顾好一般心理健康教育的共性，又要突出其特有的群体个性。

一、心理学基础知识教育

心理学基础知识的学习既是认识心理健康这一概念的需要，又是理解心理健康与各影响因素之间关系的基础。社区矫正对象心理健康教育就是要让社区矫正对象了解认知、情绪情感、意志等心理过程和动机、需要、能力、气质、性格等个性心理特征以及自我意识方面的基础知识，并深入了解它们和心理健康之间的关系，树立关于心理健康的科学观念，并意识到心理健康的重要性。通过学习教育使社区矫正对象懂得心理健康的表现与判断标准，能对自己的心理健康状况有一定的认识，并使其能获得一定的心理健康知识和调节技能，预防心理问题的出现。即使出现心理问题，也可以及时察觉并有的放矢，进行自我调节或寻求专业帮助。

二、认知教育

认知教育是让社区矫正对象对人的认识过程有一个全面的了解，并深刻理解人的认识活动对心理健康的影响，了解常见的各种不良认知模式的表现及其危害，理解并掌握基本的认知调节方法，培养正确的认知模式和思维方法。

（一）认知的概念

认知也可以称为认识，是指人认识外界事物的过程，或者说是对作用于人的感觉器官的外界事物进行信息加工的过程。它包括感觉、知觉、记忆、思维、言语、想象，它是人们认识事物的过程，即个体对感觉信号接收、检测、转换、简约、合成、编码、储存、提取、重建、概念形成、判断和问题解决的信息加工处理过程。

（二）认知对心理健康的影响

人的认知模式，即人对客观事实的看法，既可以促进人的心理健康，使人愉快地生活，也可以使人轻者陷入情绪困扰之中、重者导致各种心理疾病甚至自杀。下面列举几个例子以说明认知的重要性。

梵高是世界级的画家，是公认的绘画天才，他的一幅画现在可以卖到上亿美元。然而，他在生前对自己、对生活都缺少正确的认知。他因为失恋，以及自己的画作在当时得不到恰当的评价，就认为前途暗淡无光，陷入悲观绝望之中，以致于发展成精神错乱。他吞食颜料、松节油、煤油、割自己耳朵，直至对自己开了一枪。当时，他才 37 岁，一个才华横溢的生命就这样陨落了。

俄国诗人叶赛宁，写诗很有天赋，22 岁就已成名，但最后自杀。原因就在于他对生活的认知存在着严重的偏差，他对自己的评价是："走过的路是这样的短，犯下的错误却是这样的多。"

人们为什么会自寻烦恼呢？美国有位心理学家叫艾里斯（Albert Ellis），他是合理情绪疗法（Rational-Emotive Therapy，简称 RET）的创始人。艾里斯认为，每个人都既有理性的一面，又有非理性的一面；人生来都具有以理性信念对抗非理性信念的潜能，但又常为非理性信念所干扰。也就是说，每个人都拥有不同程度的不合理信念，只不过有心理障碍的人所持有的不合理信念更多、更严重而已。情绪是伴随人的思维而产生的，不合理的、不合逻辑的思维导致了心理上的困扰。人的思维是借助于语言进行的，内化语言的重复具有固化不合理认知的作用。

（三）合理与不合理认知的区别

怎样区别哪些属于合理的认知和哪些属于不合理的认知是很有实际意义的。默兹比（Maultsby，1975）曾提出了 5 条区分合理与不合理信念的标准：

1. 合理的信念大都是基于一些已知的客观事实；而不合理的信念则包含更多的主观臆测的成分。

2. 合理的信念能使人们保护自己，努力使自己愉快地生活；不合理的信念则会产生情绪困扰。

3. 合理的信念使人更快地达到自己的目标；不合理的信念则相反。

4. 合理的信念可使人不介入他人的麻烦，不合理的信念则难于做到这一点。

5. 合理的信念使人阻止或很快消除情绪冲突；不合理的信念则会使情绪困扰持续相当长的时间而造成不适当的反应。

此外，在确认不合理信念时，应注意区分表面看法。例如：一位母亲，常因儿子不愿学习、调皮等行为而生气。表面上看，"儿子不听话"是导致生气、愤怒的信念，实际上，真正的不合理信念是"儿子就应该好好学习，必须听我的话"这种绝对化的要求。

（四）不合理认知的特征

许多学者对上述不合理信念加以归纳和简化，指出绝对化的要求（demandingness）、过分概括化（overgeneralization）以及糟糕至极（awfulizing）是这些非理性观念的三个主要特征。

1. 绝对化的要求。绝对化的要求是指个体以自己的意愿为出发点，认为某一事物必定会发生或不会发生的信念。这种特征通常是与"必须"和"应该"这类词语联系在一起，如"我必须得成功"、"别人必须友好地对待我"，等等。这种绝对化的要求是不可能实现的，因客观事物的发展有其自身规律，不可能依个人意志而转移。人不可能在每一件事上都获得成功，他周围的人和事物的表现和发展也不会依他的意愿来改变。因此，当某些事物的发生与其对事物的绝对化要求相悖时，他就会感到难以接受和适应，从而极易陷入情绪困扰之中。

2. 过分概括化。过分概括化是一种以偏概全的不合理的思维方式，就像是以一本书的封面来判定它的好坏一样。它是个体对自己或别人不合理的评价，其典型特征是以某一件或某几件事来评价自身或他人的整体价值。例如，一些人面对失败的结果常常认为自己"一无是处"或"毫无价值"。这种片面的自我否定往往会导致自责自罪、自卑自弃的心理以及焦虑和抑郁等情绪，而一旦将这种评价转向于他人，就会一味地责备别人，并产生愤怒和敌意的情绪。针对这类不合理信念，合理情绪疗法强调世上没有一个人能达到十全十美的境地，每一个人都应接受人是有可能犯错误的（Ellis, 1984）。因此，应以评价一个人的具体行为和表现来代替对整个人的评价，也就是说"评价一个人的行为而不是去评价一个人"。

3. 糟糕至极。糟糕至极是一种对事物的可能后果非常可怕、非常糟糕、甚至是一种灾难性的预期的非理性观念。对任何一件事情来说都有比之更坏的情况发生，因此没有一种事情可以被定义为百分之百的糟糕透顶。如果人坚持这样的观念，那么当他认为遇到了糟糕透顶的事情发生时，就会陷入极度的负性情绪体验中。针对这种信念，合理情绪疗法理论认为虽然非常不好的事情确实可能发生，我们也有很多原因不希望它发生，但我们却没有理由说它不该发生。因此，面对这些不好的事情，我们应该努力接受现实，在可能的情况下去改变这种状态，而在不能改变时去学会如何在这种状态下生活下去。

（五）学会积极认知

通过上面的分析，我们完全可以清楚地看到，人若想拥有愉快健康的生活，有必要尽早建立合乎理性的认知模式和认知系统。只要经过努力，每个人都有可能具有合乎理性的认知。从心理保健的角度看，积极的认知方式更是一种值得学习和应用的认知方式。

积极的认知就是在看到事物不利的方面的同时，更能看到有利的方面。这种看待问题的方式，容易使人看到希望、增强信心、始终保持积极的情绪多于消极的情绪。

这种积极的认知方式可以广泛地应用于生活之中。曾听说这样一个故事：在美国有一间鞋子制造厂。为了扩大市场，工厂老板便派一名市场经理到非洲A区调查市场。那名市场经理一抵达机场，发现当地的人民都没有穿鞋子的习惯，回到旅馆，他马上打长途电话告诉老板："这里的人都没有穿鞋子的习惯，我们的鞋子没有市场，不必到此销售了。"老板接过电话后，还是半信半疑，便吩咐另一名市场经理去实地调查。当这名市场经理见到当地人民赤足，没穿任何鞋子的时候，心中兴奋万分。他一回到旅馆，立刻电传告诉老板："这里的人都还没有穿鞋子的习惯，市场潜力非常大，快寄100万双鞋子过来！"

显然，后来的那位市场经理所用的就是积极的认知方式。假如有两个人同样要走100里路，一个人已经走完90里，他抬起头看看前面，沮丧地叹了一口气说："怎么还有10里路要走啊！"另一个人只走了10里，他回头看看，愉快地说："没想到不知不觉已走了这么远。"按理说，第一个人更应该感到高兴，因为他所完成的路程是第二个人的9倍，可实际上第二个人比第一个人愉快，原因就在于认知方式的不同。对事物的看法没有绝对的对或者错之分，但有积极和消极之分，积极的认知必然带来积极的情绪和行为；反之，消极的认知必然带来消极的情绪和行为。

三、学会正确认识自我

（一）自我认识的概念

自我认识（self-cognition），也称之为自我意识，是对自己的洞察和理解，包括自我认知，以及在此基础上产生的自我体验及自我调控。

如果一个人不能正确地认识自我，看不到自我的优点，觉得处处不如别人，就会自卑、丧失信心、做事畏缩不前……相反，如果一个人过高地估计自己，也会骄傲自大、盲目乐观、导致工作失误。因此，让社区矫正对象恰当地认识自我，实事求是地评价自己，是调节自我和完善人格的重要前提。

（二）自我意识的内容

自我意识包含三个的心理成分：

1. 自我认知。自我认知是主观自我对客观自我的认识与评价。

自我认识在自我意识系统中处于基础地位，属于自我意识中"知"的范畴，其内容广泛，涉及自身的方方面面。我们进行自我认识训练，重点要放在三个方面：①认识到自己的身体特征和生理状况，即生理自我，如对自身外貌、身高、肤色等的认识和评价；②认识到自己在集体和社会中的地位及作用，即社会自我，如自己是贫穷还是富裕、别人对自己是亲近还是疏远等；③认识到内心的心理活动及其特征，即心理自我，如记忆力、理解力、自制力、情绪的稳定性、行动的自觉性、做事的果断性等。

2. 自我体验。自我体验是主体对自身的认识而引发的内心情感体验，是主观的我对客观的我所持有的一种态度，如自信、自卑、自尊、自满、内疚、羞耻等。自我体验往往与自我认知、自我评价有关，也和自己对社会的规范、价值标准的认识有关，良好的自我体验有助于自我调控。我们进行自我体验训练，就是让自己有自尊感、自信感和自豪感，不自卑、不自傲、不自满，因做错事感到内疚，做坏事感到羞耻。

3. 自我调控。自我调控是自己对自身心理与行为的调节与控制。进行自我认知、自我体验的训练目的是进行自我调控。当个体在实际生活中，形成了较低的自我评价，必然伴随消极的自我情感，减少自我接纳度，埋下心理健康的隐患，这时候就需要个体具备一定的自我调控能力，通过不断调节自己的行为，使行为符合群体规范，符合社会道德要求，最终提升自我评价，改善自我体验。提高自我调控能力，重点应放在一个转变上，即由外控制向内控制的转变。如果自我约束能力较低，就会常常在外界压力和要求下被动地从事实践活动，如只有教师要求做完作业后检查，学生才会进行检查。针对这种现象，应学会如何借助于外部压力，提高自我调控能力，以获得更好的自我评价和自我体验。

（三）认识自我的途径

1. 同别人比较：比较是人认识事物的重要方法。有比较才能有鉴别，才能分清真、善、美和假、恶、丑，才能分清强与弱、高与低、先进与落后，等等。同样，人也是通过和别人比较来认识自己的。在比较中应注意以下几个问题：

（1）相比较的人之间，必须存在着共同的、可比的因素，也就是必须有一个共同的标准。

（2）注意比较的条件。要考虑实际情况如身体状况、家庭经济情况、个人能力等。

（3）比较中要着重本质的、重要的特征。如比较遵纪守法、品德和智慧，与比较金钱和容貌，前者具有更大的认识价值。

（4）比较中既要注意数量，又要注意质量。

（5）既要注意横向比较，又要注意纵向比较。例如，既要和做得好的社区矫正对象比较，又要和自己的过去比较。

2. 分析别人对自己的态度和评价。别人对自己的态度和评价是认识自己的重要依据之一。一个人总是需要和别人交往，也不可避免地和别人交往。在交往过程中，人会经常地感觉到别人对自己的态度和听到别人对自己的评价。于是，人就会把这些态度和评价当作一面镜子，看清楚自己到底是一个怎样的人。比如自己为父母所钟爱，为周围的人所重视、喜爱，别人对自己表示亲近，经常推举自己担任某项工作，那就表示自己具有某方面的才能。反之，如果自己不为周围的人所重视、喜爱，别人对自己表示厌恶或疏远或公开地批评自己的，那就表明自己有什么不好的品质。应该怎样去对待别人对自己的态度和评价呢？

（1）要特别重视与自己关系比较亲密的人对自己的评价。如父母、社区矫正工作人员、交往和接触较多的朋友，他们对自己比较了解，又无利害冲突，他们的评价较少偏见。

（2）要特别重视那些人数众多、异口同声的评价。由于每个人的情况不同，对同一事物、同一个人不可能有完全一致的看法。如果在某一方面看法一致，则这种看法具有较大的真实性和客观性。但这也不是绝对的，因为真理有时也会掌握在少数人手里。哥白尼提出太阳中心说，起初也只有少数人支持。

（3）既要重视与自己观点一致的意见，又要重视与自己观点不一致的意见。人都喜欢听好话，那些赞扬自己的话，以及支持、符合自己观点的评价，都容易被自己接受，并以之巩固和加强自我意象。但忠言虽然逆耳，却可以帮助人们更全面、更正确地认识自己。

（4）多和别人交往，让别人更多地了解自己，他们的态度和评价对认识自己就会具有更大的价值。

3. 分析自己的学习和活动成果。任何活动的成果，都是人的智慧和思想的结晶，它是人的内部世界的客观表现。因此，通过分析自己在某一方面、某一领域的成就，以及取得这些成就所花费的时间和精力等，可以知道自己在这一方面、这一领域的能力水平。

（四）自我意识问题上的困扰及其辅导

在自我认识中，要克服自卑、妄自尊大、沉湎于自我分析和极度自我中心等方面的困扰。

1. 自卑。也称自我菲薄，对自己的能力、性格、体格、容貌等深感不足。有这种思想情绪的人，常常对自己多有不满，觉得一切都烦人，做什么事都不顺心，周围充满暗淡、沉闷的气氛。如果由于自卑，使得社区矫正对象心烦意乱、缺乏生活的勇气，社区矫正工作者就应给予必要的指导，避免产生更大的危害。克服自卑感的主要方法，首先是帮助社区矫正对象正确地分析自我、认识自我，并且接受自我；其次要多给他们创造成功的机会，树立起自信心；最后还要帮助他们树立正确的世界观、人生观和价值观，把时间和精力用在有利于社会的活动中去。

2. 妄自尊大。与自我菲薄相反的是自我陶醉，是过高地评估自己的长处和优点的结果。这些人妄自尊大、自以为是、孤芳自赏、不求进取。他们也许确实存在某些长处或优点，但由于沾沾自喜，不愿作进一步的努力，长处和优点就会向相反的方面转化。因此，同样要帮助他们正确地评估自己。

3. 沉湎于自我分析。自我分析或自我反省是自我意识的一个方面，是正确认识自己必不可少的一部分。这也是人的认识对象从外部世界转向内部世界的具体表现。但是，一个人如果对自己过分的关注，即沉湎于自我分析，就有使自己脱离现实、自我孤立的危险。比如，一个人在镜子面前消磨很多时间，或者对自己的装束、自己在别人心目中的地位、别人对自己的看法等等过分注意，想得太多，就会由于过于敏感而使他多疑、患得患失、疑神疑鬼，引起失眠，形成孤僻、古怪的性格，严重的还可能导致精神疾病。应引导他们多与他人接触，多参加集体活动，使他们从狭小的自我中摆脱出来。

4. 极度的自我中心。自我中心是指人在观察事物或考虑问题时，以个人主观图式去对待有关事物，不能设想他人观点、他人内心世界的一种心理状态。儿童在发展过程中，通过与外部世界的多次接触，逐步形成了自己的观点和看法。这些观点和看法，也就是瑞士著名心理学家皮亚杰称之为的"图式"，图式就是人已经形成的认知结构。对任何人来说，在观察事物或考虑问题的时候，要完全摆脱头脑中已经形成的观点是不可能的，这也不一定是消极的。在一定的程度上，原有的观点、看问题的方法等有助于人更迅速、更正确、更深入地认识事物。但是，如果一切从自己的观点、看法出发，完全不考虑事情的客观性，只要求客观事物同化到主观图式中来，这就是自我中心主义。自我中心主义或极度自我中心的个体，自以为自己具有无穷的力量，自己是完全正确的、无所不能的，完全有能力按照自己的设想来改造社会和世界，使之达到理想的境界。这种想要使别人乃至整个社会适应于自己的观点、理想，而不考虑他人的意见、观点、态度、利益等的自我中心状态，其认识的根源是过高地评价自己，把个人的观点、利益等摆在不适当的地位。显然，这是自我意识与客观实际发生偏离的一种表现。克服自我中心主义的方法，是引导社区矫正对象回到现实中去，通过社会交往和集体活动，来检验自己的理论、观点，发现其缺陷，并正确认识个人力量和集体力量的关系。

四、意志力优化教育

意志力是个体克服困难、忍受挫折的能力。意志力教育旨在使罪犯了解意志的心理特点，了解挫折的心理规律，使他们能够正确面对挫折，自觉运用挫折的原理，理智地采用积极的挫折应对方式。

（一）什么是良好的意志力

目前，人们普遍认为，在智力商数以外，只存在一个生命科学参照元素：情绪商数（即情商 EQ）。而情绪商数往往比智力商数更为重要，它决定着一个人的婚姻、事业及人际关系的成败。事实上，除了"智商"和"情商"外，还存在第三个相对独立的生命科学参照元素，这就是"意商"，它既不同于智商，也不同于情商。人的全部心理活动可分解为知、情、意三种相对独立的心理活动，人的综合心理素质也相应地分解为三种相对独立的心理素质：认知素质（或智力素质）、情感素质和意志素质，它们分别反映人对于事实关系、价值关系和实践关系的认识能力。

意志素质的高低取决于人对于实践关系的主观反映（设想、计划、方案、措施、毅力等）与实际情况相吻合的程度，它包括意志的果断性、自觉性、自制性、坚韧性等，具体体现为形成创造性设想、准确性判断、果断性决策、周密性计划、灵活性方案、有效性措施、坚定性行为等方面的能力。

（二）如何培养挫折的耐受力

1. 挫折的含义。挫折是指个体的意志行为受到无法克服的干扰或阻碍，预定目标不能实现时所产生的一种紧张状态和情绪反应。挫折具体包含三层含义，即挫折情景、挫折认知、挫折行为。

2. 挫折情景的形成。挫折情景就是使目标不能实现的各种阻碍和干扰的因素，概括起来分为主观因素和客观因素两类：主观因素是个体的生理和心理因素；客观因素主要包括自然和社会环境因素。

3. 挫折的反应。个体对挫折的反应表现在三方面，即情绪性反应、理智性反应和个性的变化。

（1）情绪性反应：表现为强烈的内心体验或特定的行为反应，如冷漠、退化、固执等。

（2）理智性反应：意志行动的表现，如审时度势、积极进取、勇往直前、坚定不移地朝向目标等。

（3）个性的变化：持续或重大的挫折甚至能使挫折反应固定下来，形成习惯和个性特点，影响个性的形成发展。

4. 挫折的承受力。能否经受得起挫折不仅取决于个体经受挫折时的心态，对挫折的认识、评价和理解，还取决于个体对待挫折的态度以及应对挫折的行为方法，其中重要的增强挫折承受力因素如下：

（1）正确对待挫折。挫折是普遍存在的，它是生活的一部分。

（2）改善挫折情境。用智谋预防、改变、消除或逃避挫折情境。

（3）总结经验教训。善于总结自己和别人在挫折中的教训。

（4）调节抱负水平。要使个体生活中产生成就感又不受挫折，就要提出适合自己能力的有挑战的标准。

五、积极情绪情感教育

积极情绪情感教育是心理教育的关键。因为人的行为与其当时的情绪和情感有着很直接的关系,要控制社区服刑人员的行为,必须首先能够控制他们的情绪。情绪教育就是指培养社区服刑人员体验他人情绪、控制和表达自身情绪的能力,这样才有利于其更好地保护自己。

(一) 对自己和他人情绪的觉察

戈尔曼把对自己和他人情绪的觉察称之为"情绪智力",他系统地阐述了情绪智力的概念及其表现,并把它概括为五种能力,即情绪的自我觉察能力、情绪的自我调控能力、情绪的自我激励能力、对他人情绪的识别能力和处理人际关系的能力。

1. 人的情绪自我觉察特点有以下几种类型:

(1) 自我觉知型。这种情绪风格的人一般表现为,当自己的情绪一出现时,不管是积极的还是消极的情绪,都能够马上察觉到,并能够有效地控制与管理自己的情绪,是一个身心健康的人。这种情绪风格的人,一般都拥有积极的人生观和价值观,心理健康。如果遇到不顺心的事情或是情绪低落时,会努力调适,很快恢复。

(2) 自我沉溺(受控)型。这种情绪风格的人一般表现为,情绪多变并且反复无常,常常把自己卷入情绪的狂风暴雨中,无力摆脱,听凭情绪的发作,常常处于情绪的失控状态,自感被压倒与击溃。

(3) 自我认可(放任)型。这种情绪风格的人一般表现为,对自己的感受了解得一清二楚,然而尽管能够接受并认可自己的情绪,但其并不打算去改变某些负面情绪。

2. 对他人情绪的识别能力。对他人情绪的识别能力是指具有觉察他人的感情与需求,以及关心周围事情的能力。对他人情绪的识别能力是在对情绪的自我觉知的基础上发展起来的另一种能力,也是个人最基本的人际交往与建立人际关系的一种能力。这使个人有能力分享他人情感,对他人感同身受,并且能够客观地理解、分析他人的情绪。这种能力从婴儿期就开始发展起来。1岁左右的孩子,在看到别人跌倒而哭泣时,他会像自己跌倒一样哭起来;见到别人的手指割破出血时,他会把自己的手指放在嘴里吸吮,或者马上躲在妈妈的怀里寻求安慰。随着孩子的成长,他会逐渐理解自己的情绪感受,而且也能够认识到他人在某种环境下情绪感受与情绪表达,从而进行有效的人际交往。一个人能够识别他人的情绪感受,就能够通过一些细微的人际信息,敏锐地感受到他人的需要与愿望,并与他人进行和谐的交往,使自己快乐而不忧虑、热情而不呆板,使自己的人格更加完善。

3. 对他人情绪情感的分析能力。能够对他人的情绪准确地识别和探测,洞察他人的情感、动机和忧虑。具有这种能力的人,都是已经掌握了比较娴熟的社交技能,人际关系很好,人们都喜欢与其在一起,同时其也能够监控好自己的情绪,随机应变地对他人的情绪做出共鸣,是调动他人情绪的激励者。这样的人既能够鼓励和引导他人从事某种工作和学习,又能控制事情的发展方向,同样能够很好地和众人沟通解决种种问题和分歧,培养建立起和谐的人际关系和与他人合作协调的关系,很好地发挥群体效应，实现群体目标。

总之，对自我及他人情绪的识别与辨别，以及对人际关系的协调与处理技能，决定了一个人是否能够更好地去建立良好、和谐的人际关系。

(二) 情绪情感的管理和调节

情绪直接关系到身心健康，所有的心理活动都在一定的情绪体验基础上进行，因而情绪是身心联系的纽带。积极的情绪可对人体的生理功能起到良好作用，充实体力和精力、发挥潜能、提高工作效率、提高生活质量。反之，会伤害人的身心健康。

情绪情感积极调控的方法如下：

1. 自我激励法。给自己勇气，自我鼓励，或者在希望渺茫时，用"我应该……""我能……"进行自我激励。

2. 外物调控法。如借助语言（语言是一个人情绪体验强有力的表现工具）引起或抑制情绪反应，即使不出声的内部语言也能起到调节作用。林则徐在墙上挂有"制怒"二字的条幅，就是用语言来控制调节情绪的好办法。

3. 转移注意法。把注意从自己消极的情绪上转移到有意义的方向上。人们在苦闷、烦恼的时候，看看调节情绪的影视作品，读读回忆录等都能收到良好的效果。

4. 活动发泄法。克服某些不良情绪，可以用新的工作、新的行动去转移负面情绪。贝多芬曾以从军来克服失恋的痛苦，就是一种好的选择。较为剧烈的劳动或体育运动，能在一定程度上起到发泄愤怒的作用。还可以把导致不良情绪的人和事写在纸上，想怎么写就怎么写，毫不掩饰地写，写完后一撕了之。在这个过程中，情绪就得到了宣泄。

5. 他助疏泄法。每个人都应该建立自己的社会支持系统。所谓社会支持系统就是能对自己的许多方面，尤其是精神方面，给予支持和帮助的人际关系网络，主要由亲人、朋友以及其他能够提供帮助的人员（如心理咨询医生）所组成。

当一个人遇到高兴的事情时，通常希望有人来分享；当一个人遇到痛苦的事情时，就通常更需要得到别人的理解、同情、安慰、鼓励、信任和支持。许多人都会有这样的体验：在遇到痛苦和烦恼时，如果有一个值得自己信任的人能在身边认真倾听自己的诉说，尽管他没有提供很有价值的建议，但诉说之后总会感到痛快。这是一种很奇妙的心理作用，我们应该学会利用它。如果心中的烦恼自己无法排解，就应去寻找可以信赖的人将烦恼倾诉出来。在人生的道路上，一个人若能有2~3个人可以信赖、可以倾诉心里话，那就应视作人生的幸事。

建立有力而稳定的社会支持系统几乎是每个人的共同愿望，能否如愿，在很大程度上取决于自己。一个平时很愿意诚心关心别人、帮助别人的人，在他遇到困难时，自然就容易得到别人的关心和帮助。

6. 采用放松技术。放松技术有很多种，利用放松技术可以使人从紧张、抑郁、焦虑等不良情绪中解脱出来。它们都是比较有效的方法，关键是要掌握要领，勤加练习。

(1) 冥想放松法。当你感觉紧张或遇到烦恼时，适当使用想象放松法会使你得到一定的帮助。效果的大小因人而异，主要取决于是否真能掌握要领。要领主要有两个：

一是在整个放松过程中要始终保持深慢而均匀的呼吸；二是随着想象，体验有股暖流在身体内运动。显然，要想掌握好这两条要领必须要经过多次的练习和反复认真的体会。在放松时，最好是在安静的环境中，仰卧在床上，将四肢伸展放平，使自己有舒适的感觉，同时闭上眼睛并配合深慢而均匀的呼吸。

【指导语】

——我仰卧在水清沙白的海滩上，沙子细而柔软。我躺在温暖的沙滩上，感到非常的舒服。我能感受到阳光的温暖，耳边能听到海浪拍岸的声音，我感到温暖而舒适。微风徐来，使我有说不出来的舒畅感受。微风带走了我的所有思想，只剩下那一片金黄的阳光。海浪不停地拍打着海岸，思绪也随着它的节奏而飘荡，涌上来又退下去。温暖的海风轻轻吹来，又悄然离去，它带走了我心中的思绪。我只感到细沙的柔软，阳光的温暖，海风的轻缓，只有蓝色的天空和蓝色的大海笼罩着我的心。温暖的阳光照着我的全身，我的全身都感到暖洋洋。阳光正照着我的头，我的头可感到温暖和沉重。

——轻松的暖流，流进了我的右肩，我的右肩感到温暖和沉重。我的呼吸越来越慢，越来越深。轻松的暖流，流进了我的右手，我的右手感到温暖和沉重。我的呼吸越来越慢，越来越深。轻松的暖流，又流回到我的右臂，我的右臂感到温暖和沉重。暖流流进了我的整个后背，我的后背感到温暖和沉重。轻松的暖流从后背又转到了我的脖子，我的脖子感到温暖和沉重。

——我的呼吸越来越慢，越来越深。轻松的暖流，流进了我的左肩，我的左肩感到温暖和沉重。我的呼吸越来越慢，越来越深。轻松的暖流，流进了我的左手，我的左手感到温暖和沉重。我的呼吸越来越慢，越来越深。轻松的暖流，又流回到我的左臂，我的左臂感到温暖和沉重。

——我的呼吸越来越慢，越来越轻松。我的心跳也越来越慢，越来越有力。轻松的暖流，流进了我的右腿，我的右腿感到温暖和沉重。我的呼吸越来越慢，越来越深。轻松的暖流，流进了我的右脚，我的右脚感到温暖和沉重。我的呼吸越来越慢，越来越深。轻松的暖流，又流回到我的右腿，我的右腿感到温暖和沉重。

——我的呼吸越来越慢，越来越轻松。我的心跳也越来越慢，越来越有力。轻松的暖流，流进了我的左腿，我的左腿感到温暖和沉重。我的呼吸越来越慢，越来越深。轻松的暖流、流进了我的左脚，我的左脚感到温暖和沉重。我的呼吸越来越慢，越来越深。轻松的暖流，又流回到我的左腿，我的左腿感到温暖和沉重。

——我的呼吸越来越深，越来越轻松。轻松的暖流流到了我的腹部，我的腹部感到温暖而轻松。轻松的暖流又流到了我的胃部，我的胃部感到温暖而轻松。轻松的暖流最后流到了我的心脏，我的心脏感到温暖而轻松。心脏又把暖流送到了全身，我的全身感到温暖而放松。我的呼吸越来越深，越来越轻松。我的整个身体都已经变得非常平静。我的心里安静极了，已经感觉不到周围的一切。周围好像没有任何的东西，我安然地躺卧在大自然的怀抱中，非常放松，十分自在（静默几分钟后结束）。

（2）肌肉放松法。找到一个舒服的姿势，使自己处于轻松、不紧张的状态，可以靠在沙发上，也可以躺在床上。环境要保持安静，光线不要太亮，尽量减少其他无关的刺激。放松的顺序：手臂部→头部→躯干部→腿部。

①手臂部的放松。伸出右手，握紧拳，紧张右前臂；伸出左手，握紧拳，紧张左前臂；双臂伸直，两手同时握紧拳，紧张手和臂部。

②头部放松。皱起前额部肌肉，像老人的额部那样皱起；皱起眉头；皱起鼻子和脸颊（可咬紧牙关，使嘴角尽量向两边咧，鼓起两腮，仿佛在极痛苦状态下使劲一样）。

③躯干部位的放松。耸起双肩，紧张肩部肌肉；挺起胸部，紧张胸部肌肉；拱起背部，紧张背部肌肉；屏住呼吸，紧张腹部肌肉。

④腿部的放松。伸出右腿，右脚向前用力像在蹬一堵墙，紧张右腿；伸出左腿，左脚向前用力像在蹬一堵墙，紧张左腿。

放松的方法：国外有研究者把每一部分肌肉放松的训练过程总结为如下5个步骤：集中注意→肌肉紧张→保持紧张→解除紧张→肌肉松弛。

（3）深呼吸放松法。这是最简单的放松方法，可用于使人感到紧张的各种场合。具体做法是：人站定以后，双肩自然下垂，两眼微闭，然后做缓慢的深呼吸。深深地吸气，慢慢地呼气。一般持续数分钟便可达到放松的目的。

六、人格教育

对人格的大量研究中，艾森克的研究非常突出，他认为人格与犯罪行为有一定的关系。而国内许多研究也发现罪犯的人格与常人有显著差异；国外的许多调查研究也发现犯罪活动与某些人格有着非常密切的关系，如反社会性人格。因此，针对社区矫正对象的人格进行教育十分有必要。

（一）人格及健康人格

人格是一个有着颇多歧义、颇多解说的概念。不同的研究者对人格的理解不同，对人格所下的定义也很不同。著名心理学家黄希庭认为，人格是个体在行为上的内部倾向，它表现为个体适应环境时在能力、情绪、需要、动机、兴趣、态度、价值观、气质、性格和体质等方面的整合，是具有动力一致性和连续性的自我，是个体在社会化过程中形成的给人以特色的身心组织。在这个定义中，强调了人格的四个主要方面：整体的人、稳定的自我、独特性的个人、具有心身组织的社会化的对象。

那么，什么是健康的人格？具有健康人格的人的特点是什么？心理学家从各方面描述健康人格的特征，我们来看看他们的描述：

1. 奥尔波特：具有健康人格的人是成熟的人。而成熟的人有7条标准：①专注于某些活动，在这些活动中是一个真正的参与者；②对父母、朋友等具有显示爱的能力；③有安全感；④能够客观地看待世界；⑤能够胜任自己所承担的工作；⑥能够客观地认识自己；⑦有坚定的价值观和道德心。

2. 罗杰斯：具有健康人格的人是充分起作用的人。而充分起作用的人有5个具体的特征：①情感和态度上是无拘无束的、开放性的，没有任何东西需要防备；②对新的经验有很强的适应性，能够自由地分享这些经验；③信任自己的感觉；④有自由感；⑤具有极高的创造力。

3. 弗洛姆：具有健康人格的人是创造性的人。除了生理需要，每个人都有各种各样的心理需要，这正是人与动物的重要区别。具有健康人格的人将以创造性的、生产性的方式来满足自我。

4. 弗兰克：具有健康人格的人是超越自我的人。而超越自我的人可以被概括为：在选择自己行动方向上是自由的；自己负责处理自己的生活；不受自己之外的力量支配；缔造适合自己的有意义的生活；有意识地控制自己的生活；能够表现出创造的、体验的态度；超越了对自我的关心。

（二）人格障碍概述

1. 人格障碍的概念。人格障碍亦称病态人格、变态人格和人格异常等，表现为明显偏离正常且根深蒂固的行为模式，对环境适应不良。人格障碍影响了社区矫正对象的情感和意志活动，破坏了其行为的目的性和统一性，同时，由于其人格内在发展不协调，其自身遭受痛苦的同时还会给他人及社会带来不良影响，给人一种"古怪的感觉"。他们难以对周围环境刺激作出恰如其分的反应，难以正确评定自己的行为反应方式，难以正确处理复杂的人际关系。因此，他们常与朋友、邻居乃至亲人发生冲突。例如，有的人过分倔强，嗜好成癖等，大都有病态人格的因素在起作用。

人格障碍没有明确的发病时间，通常开始于童年，青少年或成年早期，并一直持续到成年乃至终生，人格障碍主要的评判标准来自社会、心理的一般标准。

2. 人格障碍的特征。

（1）人格障碍的表现很复杂，人格障碍者的内心体验与正常人常相背离，其外显行为违反社会准则，这种偏离常态的内心体验和行为模式，用教育、医疗或惩罚措施都很难从根本上得以改变。心理特点表现为紊乱、不定，并在人际关系方面与人相处很差，表现出一定的怀疑、偏执等。

（2）表现出明显的自知和自制的缺陷，把社会和外界对自己的不利及所遇到的困难都作外在归因，这样的思维不仅不能认识自己存在的问题，更无法吸取教训、改正行为偏差；有时虽有自知力，但缺少自控力也不能用正确的认识指导其行为。

（3）没有责任感，情绪情感表现出不成熟性。人格障碍者在没有意识障碍，智力活动无明显缺损的情况下，情绪表现极不稳定，对包括亲人在内的人都没有责任感，对伤害别人的行为既不后悔也无罪恶感。

（4）行为活动受本能驱使，自制力差，缺乏目的性、计划性和完整性。

（5）人格障碍一般从幼年开始显露，但迹象不明显，到青春期出现较明显的人格缺陷，一旦形成即具有相对稳定性，较难矫正，有的人到了中年以后，由于体力、精力下降会有所缓和，有的则会持续终生。

此外，人格障碍与人格的改变不能混淆。人格改变是获得性的，指那些原来人格发展正常，到成年由社会心理因素造成的人格异常，而由脑部器质性疾病损害造成的人格异常，即器质性人格综合征或类病态人格，它们都不属于人格障碍。

（三）人格障碍的常见类型

人格变态的表现比较复杂，目前，其分类方法并不一致，根据中国精神障碍分类与诊断标准（CCMD-3），罪犯常见的人格类型和表现如下：

1. 反社会型人格障碍。反社会型人格障碍在心理学上又称为悖德型人格障碍、无情型人格障碍、违纪型人格障碍、非社会型人格障碍、社交不良型人格障碍等，具有这类人格的人普遍缺乏理性、自私、情感淡漠，总是想控制别人，妄图为所欲为。这类人有时被称为社会病者或者心理病者。反社会人格障碍是一种以行为不符合社会规范为主要特点的人格障碍，主要表现为：

（1）在心理上，他们反社会心理突出，缺乏同情心、责任感和愧疚感。

（2）在行为上，其行为与整个社会规范相背离，忽视社会道德规范、行为准则和义务，对自己的行为不负责任，对他人的感受漠不关心，表现为不认罪、不伏法、仇视干警和社会等特点。

（3）在生活中，往往出现欺压他人等情况。

（4）在气质上，精力旺盛，兴奋性很高，心境变化剧烈，脾气暴躁，容易激动，难以自我克制。

（5）在性格上，思想独立，性格外向，不易受监管环境的影响，适应性强。

（6）在社交能力方面，社会交往能力较强，能拉拢身边其他社区服刑人员并相互学习和总结犯罪经验教训。

（7）在需要、动机、兴趣、理想等个性倾向性，以及自我价值观念等方面均与常人不同，他们往往缺乏正常的友情、亲情，缺乏罪恶感和焦虑感，极少内疚和自责，经常有冲动性行为，而且不吸取教训，行为放荡，无法无天。

2. 冲动型人格障碍。冲动型人格障碍亦称爆发型人格障碍或攻击型人格障碍，对事物产生常做出爆发性反应，稍不如意就爆发愤怒情绪和冲动行为，且行为有不可预测和不计后果的特点。这类人一旦发作起来对社会的危害性很大，容易发生激情犯罪，而暴怒时犯罪易造成灾难性后果。从司法实践来看，他们容易实施多种冲动性犯罪行为。例如，性暴力犯罪、伤害与杀人犯罪、交通犯罪等。在某些情况下，冲动型人格障碍者会实施严重、残忍的凶杀犯罪活动，具有很高的社会危险性。其主要表现为：

（1）情绪不稳，易与他人发生争执，冲动后对自己的行为虽很懊悔，但不能防范，情感暴发时对他人可能有攻击行为，也可能有自杀、自伤行为。

（2）人际关系稳定性较差，并且时好时坏，没有长久的朋友。

（3）做事虎头蛇尾，缺乏目的性和计划性，难以完成需要长时间努力的工作。

此类人格障碍者易怒，不发作时一切正常，但微小的刺激即可使他陷入狂怒和冲动之中，故极易发生激情犯罪。

3. 抑郁型人格障碍。抑郁型人格障碍是指以心境低落、思维迟缓、行为减少，即"三低症"为主要特点的人格障碍。形成该种人格的主要原因在于其存在痛苦、失落和抵触刑罚的心理，以及长期同社会隔离，各种欲望无法满足或者环境压抑等。这类人情绪低落、多疑多虑、过分敏感，内心体验极为深刻，忍耐性低、容易激动和发脾气，防御意识和防御反应明显。这类人平时安静、胆小、沉默，激动时则暴躁、烦躁甚至会歇斯底里地采取自杀、自残行为，或者进行犯罪行为。

4. 多重人格型人格障碍。多重人格主要是指一个个体存在多种人格，他们会随着场景的不同而不断改变自己的人格面具。对于社区服刑人员，主要表现为对管理者和强者卑微、屈从，对弱者则盛气凌人。这种人善于伪装自己、投机取巧，以迎合监管人员和其他强者。他们在矫正期间中善于交往和表现自己，在矫正过程中容易交叉感染。多重人格易使自我价值发生偏离，往往以获得其他社区服刑人员对自己恶习、犯罪行为的称赞而满足。他们虽然不安分守己，但一般不会故意触犯监管法规，不会在矫正期间故意进行犯罪。

5. 偏执型人格障碍。偏执型人格障碍以猜疑和偏执为特点，主要表现为：

（1）对周围的人或事物敏感多疑，心胸狭窄，自尊心过强，人际关系往往反应过度，有时产生牵连观念，常无端怀疑别人欺骗自己，易与他人发生争辩、对抗。

（2）自负、自我评价过高，固执地追求不合理的权益；忽视或不相信与自己想法不符合的客观证据，所以很难改变自身的想法和观念；容易记仇，自认为受到轻视，为此耿耿于怀，易引起敌意和报复心。

（3）遭到挫折和失败时常归于客观原因，不找自身的主观原因，常有病理性的嫉妒观念，怀疑配偶和情侣的忠诚。

偏执型人格障碍者在嫉妒报复心理的支配下，易实施杀人、纵火、投毒等犯罪行为。

6. 分裂型人格障碍。分裂型人格障碍以情绪情感冷漠、无亲切感，观念、行为外貌装饰奇特，人际关系明显有缺陷为特点，主要表现为：

（1）冷漠、缺乏情感体验。既不能表达对他人的体贴、温暖和愤怒，又对批评和表扬无动于衷。

（2）性格明显内向（孤独、被动、退缩），回避社交，离群索居，我行我素。

（3）行为荒诞、怪僻。常不修边幅、服饰奇特，行为不合时宜、不合风俗民情。

（4）爱幻想，会有奇异的信念，脱离现实，如思考一些正常人看来毫无意义的事情。可有一些牵连、猜疑、偏执的观念。

有的分裂型人格障碍者情感冷淡、猜疑，可能会无事生非，寻衅滋事。

7. 表演型人格障碍。表演型人格障碍（癔症型人格障碍）有感情用事，过分夸张地自我表现及追求刺激和自我中心的特点，主要表现有：

（1）爱表现自己，行为做作，在外貌和行为上表现夸张，以期望引起别人的注意；自我中心，爱强求别人满足自己的私愿；暗示性强，容易受他人诱惑。

（2）情感体验肤浅、强烈，并且容易变化。心胸狭窄，经不起批评，不如意时常以情感相要挟，如扬言自杀或威胁性自杀，达到目的才肯罢休，设法操纵他人为自己服务。

（3）爱编造谎言，凭猜测或预感作出判断，有时用幻想与想象补充事实，言语内容不完全可信。喜欢寻求刺激，甚至于卖弄风情，喜爱挑逗，好炫耀自己，给人以轻浮的感觉。

此类人格障碍者有些易参与诈骗、卖淫活动。

8. 强迫型人格障碍。强迫型人格障碍以刻板固执，墨守成规，缺乏应变能力为特点，主要表现为：

(1) 常有不安全感，过分多虑，反复核对实施的计划，过分注重细节，唯恐出现差错。

(2) 对任何事情要求过高过严，追求十全十美；按部就班、拘泥细节，犹犹豫豫，常常避免做出决定，否则会感到焦虑。

(3) 主观、固执，事必躬亲，对别人做事不放心。

(4) 好洁成癖；过分节俭，甚至吝啬；过分沉溺于职责义务与道德规范，过分投入工作，但工作缺乏愉悦感，没有创新精神和冒险精神。

9. 焦虑型人格障碍。焦虑型人格障碍以一贯感到紧张，易惊恐，懦弱胆怯为特点，主要表现为：

(1) 有广泛性的持续紧张和忧虑的感觉，因有自卑感和人际交往有限，缺乏与别人建立关系的勇气。

(2) 胆小，有不安全感，总是需要被人接纳和喜爱，对拒绝和批评过分敏感，习惯性地夸大日常生活中的潜在危险，有回避某种活动的倾向。

人格障碍犯罪并非都是单一型人格犯罪，有的属于混合型人格障碍犯罪。犯罪的原因是极其复杂的，不能说具有人格障碍的人就一定会犯罪。

(四) 人格教育的措施

1. 宣传教育。通过社区内的电视、网络、报纸、板报等途径，向罪犯宣传人格方面的知识。

2. 知识讲座。社区从事心理健康教育的专业人员通过组织人格教育知识讲座让社区服刑人员掌握健全人格和不健全人格的概念，认识到不健全人格对个体心理健康的消极影响，了解服刑人员常见的人格缺陷表现，掌握消除不健全人格和培养健全人格的方法。

3. 注重社区文化建设。通过开展体育竞赛、歌咏、绘画、书法、演讲比赛等健康积极的文体活动，丰富社区服刑人员的生活，让他们通过适当的途径宣泄不良情绪和压力。同时淡化社区矫正带来的心理压力，培养其积极的兴趣爱好，帮助其形成良好的人际关系。及时引导社区服刑人员正确认识、处理改造过程中的挫折和矛盾，激励他们悔过自新，改恶从善。

4. 心理训练。心理训练是指通过有目的的心理练习，对被训练者进行有意识的影响，使其心理状态发生变化，以达到适宜的心理程度，提高心理健康水平，增强身心健康需要的教育手段。心理训练能使被训练者以良好的心理素质经受困难和挫折的考验。搞好心理训练不仅可以预防心理疾病的产生，同时还可以激发各种心理潜能，提高心理素质，塑造健全人格。

七、能力拓展训练

(一) 训练项目一：愤怒情绪自控训练

实训的地点：治疗室。

实训的操作步骤：

1. 用快速控制呼吸技巧控制愤怒的躯体反应。对受训练的社区矫正对象提出要求：①在你觉得自己开始生气时，注意你的呼吸。它是否变得更急促更迅速，你能否深呼吸5次把速度降下来。②尽你所能将空气完全呼出，然后吸气保持1秒钟，慢慢地从口腔中呼出气体。接着仍是吸气，保持1秒钟，慢慢地从口腔中呼出气体，并默默地从5倒数到1。③请记住要彻底地把空气呼出，就像深深地叹息，然后再吸气，屏气，慢慢呼气，倒数5、4、3、2、1。④再进行3次呼吸，到最后一次时轻轻地对自己说"平静下来，控制自己"。⑤当你这么练习时，你应该发现你的愤怒情绪略有降低。这将帮助你更加清楚地进行思考，从而能够选择如何做出反应。请经常练习这一技巧。

2. 应付愤怒的"中场休息"技巧。"中场休息"技巧是最为成功的技巧，也是使用最广泛的一种自我控制的方法。它使得个体能够掌握自己的愤怒，并在丧失控制之前及时进行"中场休息"。"中场休息"意思就是离开当时的情景，避免愤怒进一步升级。使用呼吸技巧或其他技巧帮助自己平静下来，不以失控的方式来处理问题，而等到平静时再回来应对。

(二) 训练项目二：自信心训练

实训的地点：治疗室。

实训的操作步骤：

1. 收集、分析和归纳社区矫正对象在日常生活中最容易遇到的、难以表达自己感情和坚持自己观点的情境。例如，受到不良朋友引诱甚至胁迫的情境，想做好事但是又顾虑重重的场合等。

2. 每次选择和设定一种情境，讨论在这种情境中的权利、义务和责任。

3. 分析社区矫正对象在这种情境中采取不同的行为可能产生的短期和长期后果。

4. 鼓励社区矫正对象进行他们认为正确的行为，这种行为既包括实际的行动，即在模拟的情境中，进行角色扮演行为，如拒绝接受别人的意见，或者劝说别人放弃违法犯罪的行为或打算，也包括言语表达，即让社区服刑人员在别人面前大声讲出自己想说的话，如大声向别人道歉、大声称赞别人的良好举动、大声说自己不喜欢什么事情等。

5. 在社区矫正对象进行了上述活动之后，引导他们讨论在以后的实际生活中，是否能够像在这里一样采取行动，巩固和强化其已经学会的人际互动方式，促使他们在以后的生活中能够应用这些人际互动方式，避免发生人际冲突行为和违法犯罪行为。

【小贴士】

党的二十大报告指出，中国式现代化是物质文明和精神文明相协调的现代化。在推进中国式现代化进程中，人是现代化的主体，是现代化活动的实际承担者。实现人的现代化是关键，要加强生理素质、社会素质、心理素质等方面的建设，促进社会成员的心理健康和精神卫生，改善公众心理健康水平、促进社会心态稳定和人际和谐，提高社会心理健康指数，提升公众幸福感，维护社会稳定和社会长治久安，把"以人民为中心"的发展思想落到实处。

第三节　社区矫正对象心理健康教育的方法

一、心理健康教育的方法

所谓心理健康教育的方法，是指为了完成对社区矫正对象进行心理教育的任务所应采用的方式和手段。在教育目标和教育任务既定的情况下，选择什么样的方法，直接关系到目标的实现和任务的完成。方法得当，社区矫正对象心理健康教育的要求可以有效落实；方法不当，预期的教育效果不但难以实现，还可能抵消其他教育的作用，甚至干扰以后的教育工作。因此，开展心理教育工作要慎重选用教育方法，切忌主观随意，必须要遵循一定的心理健康教育的规律。方法的运用要和心理健康教育的目标、内容、原则相一致，要根据具体的教育任务和客观的条件合理地选用。具体的方法主要有：

（一）知识的传授和技能的训练

作为教育形式的一种，心理教育可以采用常规的教育形式。一般分为知识的传授和技能的训练。知识的传授可以通过课堂教学、专题讲座、专家报告、阅读相关书籍、收看教学节目、收听相关内容的广播、观看板报等形式进行；技能的训练是在心理学专业人员的引导下，有针对性地对社区矫正对象进行系统的心理实训，使他们获得改善和调适自身心理状态的能力，可以通过教授、模仿、练习、巩固等环节达到目的。

（二）集体心理教育与分类心理教育

集体心理教育是针对矫正对象共同性的心理问题而采用的心理教育方式，分类心理教育则是针对部分社区矫正对象的心理问题而采用的方式。例如，集体心理讲座可以通过对全体社区矫正对象进行心理知识的普及和传授，使他们明白心理健康的重要性，重视自身的身心健康，完善自我。针对一些不同心理问题应该采用分类教育，例如，对社区矫正对象的焦虑、抑郁情绪的专门教育和治疗，帮助他们改善情绪，重塑自我。

（三）个别心理教育与自我心理教育

个别心理教育是分类心理教育的补充，是注重个体特征的教育，因而更具有针对性。当集体心理教育和分类心理教育无法解决个体问题，或者个体问题较为特殊时，就应该进行个别心理教育和辅导。自我心理教育是一种社区交互对象自我完善的过程。

综上所述，在具体的社区矫正对象的心理教育工作中，我们可以采用以下常用心理教育方法和途径来对社区矫正人员进行心理教育。

1. 利用传播媒介开展宣传教育活动。在日常改造中，可利用报纸、墙报、宣传栏、广播、杂志等媒介宣传心理卫生、心理健康知识，录制电台、电视台有关心理健康的节目，组织社区矫正人员收听、收看。在此基础上，各个矫正单位还可创造条件，寻求社会公益组织、志愿者等的协助。

2. 举办有关心理健康的专题讲座。针对不同类型及不同矫正时期的社区矫正对象，开展心理健康的专题讲座。这样能大大增强心理健康教育的针对性和有效性。如对暴力型犯罪的社区矫正对象讲关于攻击性行为产生与控制方面的知识；对盗窃犯罪的社区矫正对象讲盗窃心理、偷窃癖产生的原因及防治方法；对初入矫的社区矫正对象讲应激与适应、挫折心理与调适；对服刑中期的社区矫正对象讲有关人际关系、自我意识等方面的知识；对服刑后期的社区矫正对象讲理想与现实、自我规划，如何适应社会生活等有关知识。这类讲座，在条件允许的情况下，可邀请社会上的有关心理学专家。专家以其知识性、权威性的讲解，往往能够取得更好的效果。

3. 分组讨论法。这是心理健康教育常用的方法。传统的注入式的授课方式很难保证教育效果，而让社区矫正对象积极参与讨论则有利于社区服刑人员的感受与体验。为了达到教育效果，采取分组进行讨论的教育方法。讨论要有目的、有计划、有组织地进行；论题要集中，应是社区矫正对象关心的，并且是在社区矫正对象中普遍存在的问题或某种倾向；气氛要热烈，要让社区矫正对象充分地表达自己的看法、抒发自己的感受；组织要有序，教师要作积极的正面引导以体现教师的主导作用，保证社区矫正对象通过讨论能有所得。

4. 角色扮演法。创设某种模拟情境，让社区矫正对象扮演一定角色去体验感受。例如，为了帮助社区矫正对象正确处理家庭关系，可以创设一个模拟家庭，并设置一些家庭生活的矛盾与冲突，让其分别扮演不同的家庭角色，在矛盾与冲突中去感受与体验，从而获得正确认识。社区矫正对象参与角色活动的积极性一般都比较高，活动气氛也很热烈，但要防止形式热闹而无效果的现象，因此活动后的总结提高很有必要。总结提高的具体方式可以多样，或由专业人员通过归纳而作进一步指导，或组织社区矫正对象讨论叙述自己的感受（即分享）。

5. 社区矫正对象自我教育。大量的理论研究证明，社区矫正对象不是改造的消极客体，而是能动的主体。所以在社区矫正对象心理健康教育方法上，社区矫正对象应注重社区矫正对象的主体地位，努力探索以社区矫正为学习活动主体的教育方法。例如，鼓励社区矫正对象写日记，在日记中，社区矫正对象作为主体的我对客体的我进行感受、体验和认识，在写日记的过程中进行自我理性构建。社区矫正工作人员所要做的，是指导社区矫正对象如何将写日记的过程转化成为一种思考过程，而不是单纯地记录日常琐事。对于社区矫正对象的不健康心理，在外部力量介入的同时，应注重传授社区矫正对象自我调节的方法。例如，有人提出并尝试运用的精神超越法、以情胜境法、性情陶冶法、自我控制法、以理节欲法、自我激励法、静态安神法、转移目标法、释疑纠偏法、角色互换法、厌恶刺激法等，都可以向社区矫正对象传授，并给予正确的引导。

在开发社区矫正对象自身潜力的同时，还要注重利用社区矫正对象群体的力量，造就一种积极的心理互动的环境。例如，编排心理游戏、心理剧、组织心理矫治典型进行现身说法等。与此同时，为社区服刑人员创造一个相对宽松的心理互动环境，以便他们相互之间施加有益的影响，彼此之间建立和谐的人际关系。例如，设立"情感疏导室"，让社区矫正对象担任疏导员，利用社区矫正对象心理疏导员与其他社区矫正对象便于接触、善于沟通的特点，让社区矫正对象主动走进"情感疏导室"，接受心理咨询和情感疏导，把"情感疏导室"当成自己的"知心朋友"，把心中的烦闷一泄而出，调整好心情，积极投入到矫治教育中去。"情感疏导室"开辟了社区矫正对象心理健康教育的新天地，对于全体社区矫治对象消除情感障碍，合理宣泄情绪压力，强化心理素质，促进思想稳定，提高矫正质量，都会发挥积极的作用。

6. 充分利用训练宣泄室、静醒室的作用，让社区矫正对象在宣泄室里发泄情绪、释放压力；让其在静醒室的气氛、色调感染下，放松训练，使他们在多种不同音乐的提示下，将超常的、反复性发作的不良行为驱力不断弱化，从而树立和增强改造信心，培养健康的心理。

第四章 社区矫正心理行为训练

【本章导图】

- 第四章 社区矫正心理行为训练
  - 导入阅读
  - 第一节 社区矫正心理行为训练概述
    - 心理行为训练概述
  - 第二节 社区矫正心理行为训练方法
    - 心理行为训练的机制
    - 心理行为训练的核心理念
    - 心理行为训练的特点
    - 社区矫正心理行为训练的具体方法
  - 第三节 社区矫正心理行为训练内容
    - 心理行为训练的基本原则
    - 心理行为训练的步骤
    - 心理行为训练的主要内容

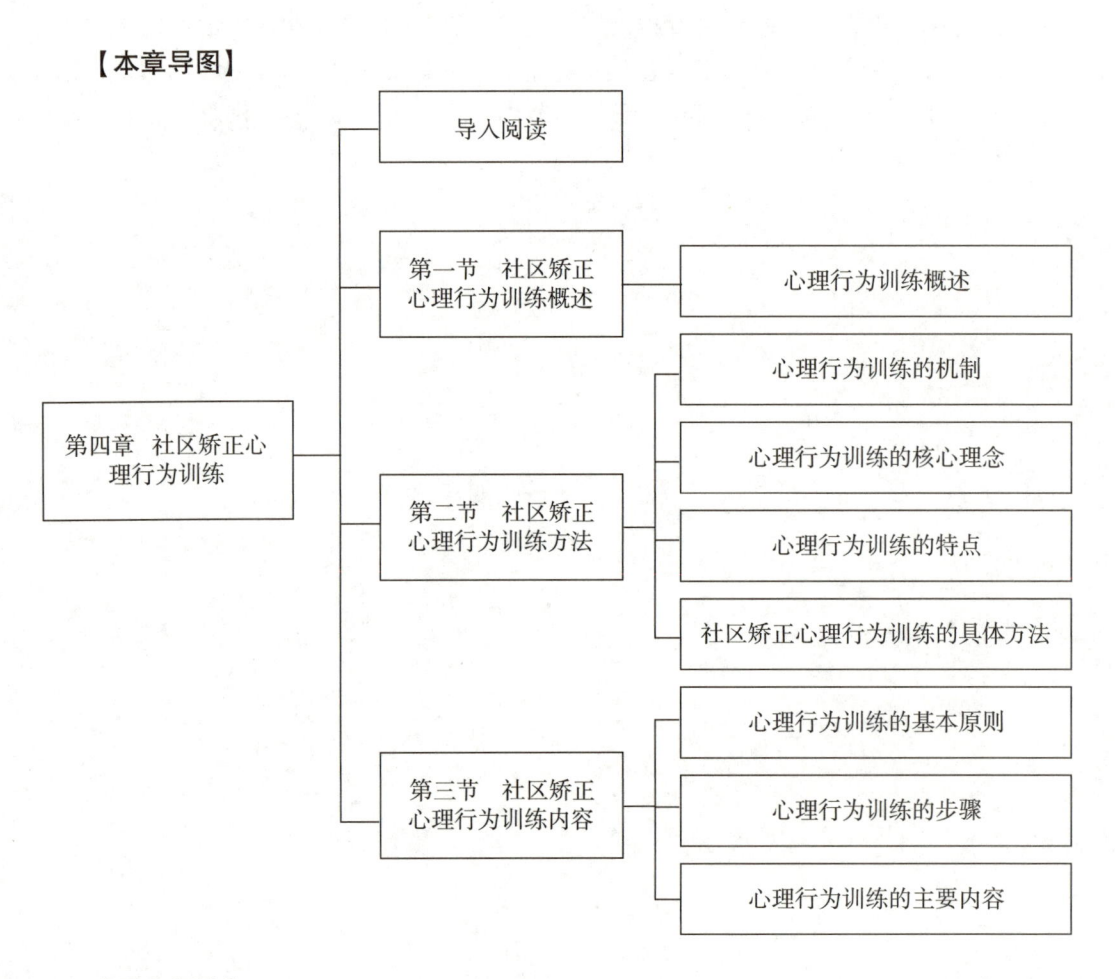

【导入阅读】

社区矫正心理行为训练是提高社区矫正对象基础心理品质和心理健康水平的一项重要训练方法。党的二十大报告指出,要坚持不懈用新时代中国特色社会主义思想凝心铸魂。坚持用新时代中国特色社会主义思想统一思想、统一意志、统一行动,加强理想信念教育,解决好世界观、人生观、价值观这个总开关问题。在社区矫正工作中同样也要坚持思政引领,在社区矫正心理行为训练中进一步加强社区矫正对象的政治意识、法律意识,提高社区矫正对象的心理健康水平,帮助社区矫正对象以全新的面貌、健康的心态融入社会。实践证明,社区矫正心理行为训练能够显著提升社区矫正对象对心理健康的认知,帮助其调整改善不良认知,消除心理障碍,减少负面情绪,调整心理状态,增强其适应社会的能力。

第一节　社区矫正心理行为训练概述

一、心理行为训练概述

(一) 心理行为训练的概念

心理行为训练的理论基础是行为心理学、团体咨询心理学和认知心理学,这是一种利用行为训练作为媒介手段,从而提高社区矫正对象的基础心理品质和心理健康水平的训练方法。

心理行为训练来源于体验式培训,它更强调"以社区矫正对象为中心",重视受训者的感受,让他们通过亲身体验来领悟道理,促使他们更好地适应环境,完善人格,提高心理素质。这是一种突破传统培训模式和思维要求的全新训练方式。与传统式培训相比,受训学员在体验式培训过程中能更快更好地学到知识并且应用到生活中。

心理行为训练采用精心设计的活动和项目,在解决问题、应对挑战的过程中达到"磨炼意志、完善人格、陶冶情操、熔炼团队"的目的。心理行为训练以行为训练作为手段,先通过模拟呈现各种复杂艰难的情境,让学习者应对挑战,努力解决问题,在培训中使学员完成一系列的任务强化内心体验,然后在训练员的指导下,分享和交流参与者的体验,从中导入成熟的理论来指导下一次的行动。心理行为训练主要是改变不合理的认知方式,校正不良的行为习惯,提高社区矫正对象的基础心理品质和心理健康水平,其训练过程循序渐进、训练效果水到渠成、训练目标明确的特点正被普遍接受。

(二) 心理行为训练的起源和发展

心理行为训练最早可以追溯到二战时期,当时的英国战火飘摇,从大西洋运送货物的船只遇到了德军的猛烈袭击,大量的船只被击沉,大量的水手落水。海水冰冷加上远离大陆,很多船员葬身大海。尽管环境如此危急恶劣,却总有一小部分人能活下来,所以后来就有人对这部分幸存船员进行了研究,发现这部分船员都是年轻力壮、有强烈的求生欲望的人,这些人都是三五成群活下来的。这个重大发现和科特·哈恩的观点完全吻合。科特·哈恩是一位常年居住在英国的德国人,他年轻时曾患过一场大病,经过坚持不懈的努力,终于战胜病魔。后来他不断地思考教育哲学方面的问题。在自己战胜病魔之后,他总在想怎么样使没有这种病的人也具备这种能力?怎样使正常健康的人也具备同样的能力?怎样才能在正规的教育体系之外加强个人的意志训练?他把自己的思考总结成两个核心内容:①Your disability is your opportunity(你的挫折就是你的机会）；②There is more in you than you think（你有很多意想不到的能力）。哈恩认为培养学生面对挫折的能力和信心与培养学生的智力同样重要，问题是怎样去培养。1934年，科特·哈恩与其他人合作在英国成立了 Gordon stoun 学校，主要是训练年轻的海员在海上的生存能力和荒岛的求生技巧，这便是拓展训练的雏形。德国教育家汉斯等人受他的启发在1942年也创立了一所"阿伯德威海上学校"，这所学校通过模拟海上遇难情境，旨在"训练年轻的英国海员在海上的生存能力和生存技巧，训练他们的求生意识"。

二战后，当时的人们发现在工业化的社会里，社会竞争空前激烈，很多人精神压抑、情绪焦躁，于是训练对象由海员扩大到军人、学生、工商人员等，这成为体验式教学法的先导。西方的心理行为训练的作用也随着社会的需求发生了变化，不仅仅运用于体验和培养健康的心理品质，还运用于辅导行为偏差和残疾人心理修复，逐步发展得非常科学化、系统化，训练所用的器具、培训用具、相关教材、项目书和磁带光盘等都有专卖，其逐渐从教育培训中独立出来成为一种新型的培训体系。

心理行为训练这种新型培训方式于1988年引进我国，当时联合国开发计划署在我国建立了一个管理培训中心，专门培养中国的管理培训师。随后，刘力在1995年成立了人众人有限公司并在中国建立了第一个体验式培训品牌——"拓展训练"，现在人众人已经成为中国最大的体验式培训机构，并分别在北京、北戴河、上海、广东、浙江、山东等地开设了训练基地。

由于心理行为训练最初就是从培训海员的海上求生能力发展来的，所以它率先在军队选拔人才、训练新兵适应能力上发挥了巨大的作用。近年来，部分地区通过实践证明，在社区矫正工作中对新入矫人员积极开展心理行为训练可以有效增强矫正的效果。

（三）心理行为训练的理论基础

1. 以人为中心疗法。以人为中心的团体治疗理论，是罗杰斯在1940年发展并完善的。最初名为非指示咨询（Nondirective Counseling），后来改称为来访者中心疗法（Client-Centered Therapy）。该理论认为，人类的行为总是趋向完满和自我实现，每一个团体成员，在无需团体指导者过多帮助的情况下，就可以找到自己的方向。以人为中心疗法更强调团体指导者的人格特质，对指导者来说重要的是营造温馨的团体气氛，而不是其指导技术。该理论更应被视为人生的引领，而不是行为的指导。

团体指导者如果想在团体中营造对治疗有积极作用的氛围，就必须要与团体成员建立良好的关系。这要以下面几种态度作为基础：真诚、无条件的积极关注、共情。如果指导者能表现出这些态度，那么一种接纳、关注的氛围就会自然呈现出来。一旦这种氛围被确定下来，团体成员就会解除心理防御，慢慢地接近自己的内部资源，并朝着自己的目标前进，而这又会促使个体发生重要改变。为了在团体中发挥自己的作用，指导者必须相信团体成员能够向着更有利的方向发展。如果做不到这一点，团体指导者就容易干预团体咨询过程，而这样做是不能为团体成员提供帮助的。

2. 精神分析理论。精神分析理论由弗洛伊德创立，主要是探讨个体在发展的过程中如何适应各种冲突的历程,从潜意识层面分析造成现在行为的原因。虽然弗洛伊德更注重个体动力学,以及病人与治疗师一对一的关系,但其理论观点对分析取向的团体治疗有许多启发。首先在团体治疗中运用心理分析原理和技术的人是 A. Wolf,他是一位精神病学家,同时也是一位精神分析学家。他不想将一些需要治疗的患者拒之门外,但又无法向他们提供一对一的个体治疗,于是他在 1938 年开始尝试团体治疗,随后逐渐形成了自己的治疗模式。他强调在团体中的心理分析并不治疗整个团体,而将着眼点放在与其他个体相互交往的每一个成员。心理分析团体提供给来访者一种帮助其重新体验早年家庭关系的气氛,在这种气氛里,来访者能探索出与那些与现在行为的事件相伴随、被埋藏的情感,以此促进来访者对不适应的心理发展根源的觉察,激发成员矫治性的情绪体验。

3. 行为理论。行为治疗理论是在行为主义心理学基础上发展而来的一个心理咨询与治疗派别,起始于 20 世纪 50 年代至 60 年代初期,也称行为矫正。行为疗法并不是由一位心理学家创立的,而是由许多人建立在行为主义理论之上开发的若干种治疗方法集合而成。行为学派的基本观点是认为不适应的行为都是经由学习获得的,因此其也可经由新的学习历程而被矫正。Hilton·Rose 的《青少年问题的团体治疗:一种认知和行为互动的观念》一书中,介绍了青春期和青春期前期的团体可以从认知和行为的角度来解决几种通常的干预目标,例如人际关系技巧、问题解决技巧、认知应对技巧、自我管理技巧等。他认为团体成员之间的互动和他们与指导者之间的互动同等重要,这种建立在广泛基础之上的治疗为青少年提供了最大的好处。他的理论模型包括团体治疗规划、促进成员参加活动过程体验、提高凝聚力、测量成员的问题水平、选择和实施促进改变的干预、处理团体中发生的事、将改变的行为或者认知转化到实践中、活动的结束等。Rose 描述的各种团体疗法和团体活动的发展阶段理论都可运用到青少年及大学生的团体辅导中去。

(1)经典性条件反射理论。巴甫洛夫提出的是经典性条件反射理论。其中一个刺激是无条件刺激(UCS),它在条件反射之前就能引起预期的反应,对于无条件反射的刺激的反应叫做无条件反应(UCR),是在形成条件反射之前就会发生的反应;另一个刺激是中性刺激,它在条件反射形成之前,并不会引起预期的、需要学习的反应,即条件刺激(CS);由于条件反射的结果而开始发生的反应叫作条件反应(CR)。当两个刺激在空间和时间上相近,配对反复地出现,就形成条件反射。无条件刺激紧跟着条件刺激出现。条件刺激和无条件刺激相随出现数次后,条件刺激就逐渐引起条件反射。通过条件刺激与无条件刺激在时空上结合产生了替代作用,使条件刺激与原来只能由无条件刺激才能引起的反射建立了联系,这个过程就是经典性条件反射的形成过程。动物和人类有许多行为反应都是通过经典性条件反射获得的。但是,当条件刺激不被无条件刺激所强化时,就会出现条件反射的抑制,主要有消退抑制和分化。消退是因为原先在皮质中可以产生兴奋过程的条件刺激,现在变成了引起抑制过程的刺激,是兴奋向抑制的转化,这种抑制称为消退抑制。条件反射愈巩固,消退速度就愈慢,条件反射愈不巩固,就愈容易消退。

基于此原理,在心理行为训练中常将同一主题的训练项目集中进行训练,就是为了给社区矫正对象更多形似的刺激，从而巩固社区矫正对象的条件反射，而不至于因条件反射不稳固而容易消退。在条件反射开始建立时，除条件刺激本身外，那些与该刺激相似的刺激也具有条件刺激的效应。这种现象被称为条件反射的泛化，若之后只对条件刺激强化，则泛化反应会逐渐消失，而对其他近似的刺激则产生抑制效应，这种现象称为条件反射的分化。

在心理行为训练中就是利用条件反射的泛化原理来培养社区矫正对象的心理素质。例如，为了培养社区矫正对象的勇敢精神、自信心，在心理行为训练中，给他们提供机会进行演讲，从中获得成功的经历，让他们体验到成功的愉悦，提高自信心。"当众进行演讲"赢得心理训练员和其他人员的鼓励，从而引起了愉悦感，社区矫正对象形成了对"当众进行演讲"很愉悦的条件反射，可能泛化他们在日常生活中的当着更多人发表自己的意见、进行演讲的愉悦感，从而将勇于进行演讲的行为反应方式应用到现实中。

（2）刺激—反应理论。桑代克认为学习的实质在于形成刺激—反应联结，他提出了著名的学习三大定律：①准备律：指学习者在学习开始时的预备定势。学习者有准备而有给以活动就感到满意，有准备而不活动则感到烦恼，学习者无准备而强制活动的也感到烦恼。在心理行为训练中，进行大项目之前，指导者需安排热身项目让社区矫正对象在体力、脑力上有个预热，为接下来的活动做准备，目的就是使他们能够在重要的活动中集中精力，最终将潜能发挥出来。②练习律：一个建立起来的反应不断的重复将增加刺激—反应之间的联结。桑代克认为联结只有通过有奖励的练习才能增强。基于这个与原理，在心理行为训练中，为了培养社区矫正对象的某种心理素质，会安排多个重复的项目进行训练并且在训练中安排"交流回顾"环节，对学员正确的行为反应进行肯定，从而增加刺激—反应之间的联结，增加正确的行为反应方式。③效果律：如果一个习得的反应跟随着情境中一个满意的结果，那么在之后类似的情境中这个动作反复的可能性将增加，但是如果跟随的是一个不满意的结果，那么这个行为的重复可能性将减少。在心理行为训练中，当社区矫正对象出现了一个正确的行为反应时，一定要及时给予奖励，如肯定、赞赏的微笑、鼓励、支持等。

（3）操作性条件反射理论。斯金纳认为有机体的某种自发行为由于得到强化而提高了该行为在这种情境下发生的概率，即形成了反应与刺激情境的联系，这个过程就是操作性条件反射的形成过程。操作性条件反射的形成过程就是反应不断受到强化的过程。他认为几乎人类的各种情境中，学习都可以看作是操作。要改变行为，只要奖励你所需要改变的行为，当你预期的行为出现后立即强化，一旦出现，就给予强化。这样，你所希望的这种行为再出现的概率就提高了。斯金纳还总结了强化过程应该遵循的原则：①布置新任务时，要进行即时强化，不要进行延迟强化。在行为主义学习理论中有一条重要的规律就是，结果紧跟行为比结果延缓要有效得多。即时反馈可以使行为和结果之间的联系更为明确，而且会增加反馈的信息价值。②在新的行为建立的早期过程中，强化每一个正确的反应，随着学习的发生，对比较正确反应优先强化，逐渐地转到间隔式强化。③强化要保证做到朝正确方向促进或引导，逐步建立最终的反应。不要坚持一开始就做到完美。并且一定不要强化非预期行为。

在心理行为训练的整个过程中，最初几个活动，社区矫正对象会出现各种反应，但指导者要有所选择地、对他们的积极、正确的反应给予肯定，慢慢地，学员的积极、正确的行为反应将越来越多。在心理行为训练中每个活动都结束后，要进行即时点评，与社区矫正对象进行交流回顾，对于其在活动中出现的积极行为进行及时点评。

（4）社会学习理论。社会学习理论着重阐明人是如何在社会环境中学习的。最早是 C. H. Miler 和 J. Dollard 提出的。社会学习理论的研究成果为团体心理咨询中改变成员的不适应行为提供了方法。这个理论的代表人物班杜拉的主要著作有《社会学习与人格发展》《社会学习理论》等。社会学习理论认为人的大部分社会行为是通过观察他人、模仿他人而学会的。班杜拉曾做过一项著名的关于儿童的攻击行为的实验研究。研究得出，许多社会行为通过观察、模仿即可习得，而观察习得的是某种行为的行为方式，当环境条件允许时，就会呈现出相关的行为表现。社会学习理论认为人通常是通过对他人的行为进行观察和模仿来学习和形成一种新的行为方式，尤其是对人们在社会生活中的各类行为进行观察学习。攻击行为如此，适应行为亦是如此。

所以，在心理行为训练中，指导者可以创设了一个特殊的情境，即充满理解、关爱、信任，这种环境的变化必将引起个体行为的改变。在这个情境中，有多个可模仿的榜样的正确行为能够影响到社区矫正对象，让他们在不知不觉的情况下通过注意、保持、复制等过程习得的正确行为。

4. 认知理论。该理论认为，人类的行为是以认知为基础，以情绪为核心动力的，行为是认知、情绪的具体表现。当人的认知、情绪等发生改变，就会导致行为的改变。认知又会对情绪、行为产生影响。沙赫特和辛格的两因素情绪理论认为，对于特定的情绪来说，有两个因素是必不可少的，即认知标记与生理唤起。个体必须体验到高度的生理唤醒，如手心出汗、心率加快、呼吸急促、胃收缩等。另外，个体必须对生理变化进行认知性的唤醒。将上述理论转化为一个工作系统，统称为情绪唤醒模型，即情绪是认知过程（期望）、生理状态与环境因素在大脑皮层中整合的结果。20 世纪 50 年代，美国心理学家阿诺德提出的情绪评定—兴奋学说也强调情绪的来源是对情境的评估，而这种评估是在大脑皮层产生的。阿诺德举例说，在森林里看到熊会产生恐惧，而在动物园看到关在笼子里的熊却不产生恐惧。情绪产生取决于人对刺激情境的认知和评估，通过评估来确定刺激情境对人的意义。因此，该理论认为同一个刺激情境，由于主体对于它的评估不同，就会产生不同的情绪反应。如果评估为"有利"则会引起肯定的情绪体验，并企图接近刺激物；如果评估为"有害"，就会引起否定的情绪体验，企图躲避刺激物；如果评估为"无关"，就会予以忽视。

由此得知，认知不仅对情绪有着很大的影响，对行为的影响也非常大。认知可以从以下几个不同的角度对行为产生影响。

第一，认知评价对行为的影响：认知评价指人们对自己行为的评价和看法。人们根据自己的认知来评估、调整和规范自己的行为，使行为不断地朝着既定目标前进。认知评价对行为的影响体现在行为开始前的确定目标和制定计划，行为过程中的规范调整，以及行为后的反馈评价。

在心理行为训练中，每个活动开始前，所有社区矫正对象都会确定目标，制定计划,并且在行动中根据具体情况来调整行动计划,这都反映了认知评价对行为的影响。

第二,认知不协调对行为的影响:"认知失调"是由美国社会心理学家费斯廷格提出的一种态度改变理论,是指个体认识到自己的态度之间,或者态度与行为之间存在着矛盾。他认为一般情况下,个体对于事物的态度以及态度与行为之间是相互协调的;当出现不一致时,就会产生认知不和谐的状态,即认知失调,并会导致心理紧张。个体为了解除紧张会使用改变认知、增加新的认知、改变认知的相对重要性、改变行为等方法来力图重新恢复平衡。

心理行为训练要通过创设新的情境,引起社区矫正对象的好奇。当新的情境与社区矫正对象已有经验不一致时,观念会出现冲突,引起他们紧张、焦虑、不安等情绪。大部分任务都需要以团队任务的形式来完成,在团队中,社区矫正对象会感知其他成员不同观点和想法,而其他成员的新观点与成员已有的观点相矛盾或不一致,则会让学员感到不适,引发思考,从而可能改变个体原有的认知观念,促使其行为的改变。

第三,心理期望对行为的影响:皮格马利翁效应,又称罗森塔尔效应。赞美、信任和期望具有一种能量,它能改变人的行为,当一个人获得另一个人的信任、赞美时,他会觉得获得了社会支持,从而增强自我价值,变得自信、自尊,获得一种积极向上的动力,并尽力达到对方的期待,以避免对方失望,从而维持这种支持的连续性。心理期望能够对人们的心理产生一定程度的暗示,继而影响人们的自信心和行为的效率。

在心理行为训练中,指导者对社区矫正对象的期待并不是有意的过程,这就要求指导者要不断地反省自身的行为和态度,要根据每一个社区矫正对象的具体情况,建立起不同的积极的期待,不要因为自己的不公正而延误了社区矫正对象的学习和成长,另外要注意培养他们对自己的行为建立较高且合理的期待。

第四,自我效能感对行为的影响:自我效能感指个体对自己是否有能力完成某一行为的推断和判断。自我效能感的高低直接决定着个体进行某种活动的动机水平。影响自我效能感的因素包括个人自身行为的成败经验、替代经验、言语劝说、情绪唤醒和情境条件。

在心理行为训练中,社区矫正对象在某个活动中的成功经验可以增强他在其他活动中的信心,但失败的经验对他们的信心也会造成影响。替代经验是指如果看到其他社区矫正对象成功地完成了比较难的项目,那么个体的自信心也会增强。另外,其他成员的鼓励,指导者的激励、解释等都会对社区矫正对象的行为产生影响。在交流回顾环节,强化正情绪,适当地弱化负情绪也可以增强学员自我效能感。

第五,归因方式对行为的影响:归因是指人们对他人或自己的所作所为进行分析,推论出这些行为的原因的过程。归因方式影响到以后的行为方式和动机的强弱。了解原因之后就可以对行为加以预测,从而对人们的环境和行为进行控制。

在心理行为训练中,规定的任务没有完成,若社区矫正对象将失败归于自己努力不够,那么在以后的训练中,他可能会更加努力,找出自身存在的不足,争取完成任务。若归因于团体中他人的能力不足,则会在以后的训练中,他可能不会从自身中找原因,仍旧不会努力,不会改正自己的错误。因此,指导者要注意引导社区矫正对象正确的归因,有助于训练效果的达成,也有利于他们的发展和提高。

第六，态度对行为的影响：态度是个体的一种心理倾向，是行为的心理准备状态，行为是态度的外显，是在个体态度的影响下表现出来的对对象的具体反应。在一般情况下态度和行为是一致的。

在心理行为训练中，指导者要帮助社区矫正对象建立积极正确的态度，只有积极向上的态度才能引导他们产生积极、健康的行为，更加有助于提高训练效果。

5. 理性情绪治疗理论。认知不仅会对行为、情绪起作用，同时也对情绪和行为反应起着调节作用。理性情绪治疗理论（Rational Emotive Therapy，简称 RET）是由艾利斯在 20 世纪 50 年代中后期提出的一种心理治疗理论和方法。理性情绪治疗的基本假设是，个体的情绪主要是由信念、评价、解释，以及对生活事件的反应而产生的。艾利斯认为影响人们情绪和行为的，不是发生的事件本身，而是人们对事件的看法。通过理性情绪治疗，来访者可以学会一些技巧去找寻和驳斥非理性信念，取而代之的是理性的认知，这会使由事件而引起的情绪反应发生改变。该疗法强调人的价值观在治疗中的作用，主张采用理性的方法帮助来访者解决问题，其也是一种认知行为疗法，所以也被称为理性情绪行为疗法（Rational Emotive Behavior Therapy，简称 REBT）。

REBT 理论和实践的核心是 ABC 理论。ABC 理论是指当刺激事件发生后，人们对事件 A 产生的情绪反应后果 C 并不取决于事件 A 本身（尽管事件本身可能是一方面的原因），而主要取决于人的认知系统 B，或者说是人们对事件的看法。理性情绪治疗理论认为，个体有能力转变自己的认知、情绪和行为。在艾利斯看来，只要避免在事件 A 中自我迷失，承认但不是沉溺于情绪后果 C，选择反省、调整和根除认知系统 B 对刺激事件的不合理信念，就完全可以实现自我转变的目标。由于 REBT 采用对来访者再教育的方法，所以可以直接用于对团体辅导。REBT 的原理和技术可以适用于任何年龄的团体。团体是学习无条件自我接纳和不断去接纳他人的理想场所，而这些对于团体成员来说是非常重要的。团体的目标一般都是教给来访者处理日常生活的技术，支持参与者们对某些认知、情绪和行为进行调整。在这些团体中参与者很快就会懂得转变是在团体辅导外的练习和努力的结果。

REBT 的主要思想不仅对社区矫正对象处理矫治中发生的问题是有用的，对他们应对人际交往和家庭问题也是有益的。

6. 情绪理论。人们对自己的亲身经历的事件，常常能够产生深刻的情绪体验，这种体验能增强人的记忆，使人们产生更深刻的感悟和启发，人的情绪状态时常变化，不同的情绪状态对人的认知、行为有不同的影响。心理行为训练中的情绪理论主要体现在情绪对认知、行为的动机作用和组织功能上。

伊扎德认为，人格是由体内平衡系统、内驱力系统、情绪系统、知觉系统、认知系统和动作系统六个子系统组成。其中情绪是人格系统的组成部分，也是人格系统的核心动力。他进一步指出，情绪的主观成分——体验正是起动机作用的心理机构，各种情绪体验是驱使有机体采取行动的动机力量。情绪能够适度地唤起，并在我们没有意识到的情况下控制着我们的行为，情绪能够为行为指引方向，使得我们能够在不同的选项之中做出选择。而且适度的情绪兴奋还能使我们处于活动的最佳状态，进而推动任务有效完成。情绪的动机作用还表现在对认识活动的驱动上。虽然认识活动的对象不具有驱动的性质，但是，兴趣却可以为认识活动的动机，起着驱动人的认识和探究活动的作用。另外，情绪对认知、行为还具有组织功能，这主要表现为在积极情绪的协调作用和消极情绪的破坏、瓦解作用两方面。当人们处在积极、乐观的情绪状态时，易注意事物美好的一方面，其行为比较开放，愿意接纳外界的事物。而当人们处在消极的情绪状态时，容易失望、悲观，放弃自己的愿望，有时甚至产生攻击性行为。

因此，在开展心理行为训练时，要注意社区矫正对象的情绪体验的程度，不是体验的时间越长越好，也不是仅仅停留在某种体验的表面，关键是要引导，使其真正有所认识和受到启发。对于社区矫正对象在训练中的消极情绪，不是让他们过多的发泄，而是加以指导，使其达到一种更深层次的认识和感悟，从而指导其以后的行为。

7. 团体动力学理论。团体动力学（Group Dynamics）是指某社会团体之所以形成及维系团体功能的一种力量或方式，团体动力是一种团体内互动的过程。"团体动力学"目的在于探索团体发展的规律，它研究团体的形成与发展，团体内部人际关系及对其他团体的反映，团体与个体的关系、团体的内在动力、团体间的冲突、领导作用、团体行为等。该理论是由勒温于1933~1935年在他进行团体行为研究中提出并创立的。他强调团体是一个整体，应把它作为一个整体来研究。团体动力学的理论基础是勒温的场论。他提出应该把团体想象成一个空间，团体就如同一个心理场，这一心理场是由人的心理和行为组成的，是人与环境的函数，可用公式表示：$B=f(PE)$。其中，B是行为，P是个人，E是心理环境。也就是说，行为是随着人与环境这两个因素的变化而变化。1937~1938年，勒温与利皮特和怀特一起做了著名的关于"领导方式"的实验，验证了团体气氛、团体目标和团体内聚力等团体性质的心理学意义，肯定了民主领导方式等的优越性。社会心理学家费斯廷格认为，团体凝聚力是为使团体成员留在团体内而施加影响的全部力量的总和。团体凝聚力是团体巩固与稳定的社会心理特征，对团体的存在、活动、效率有重要作用。

在心理行为训练中，不仅仅是团体凝聚力重要，人际关系，团体中成员的协作精神、人际沟通等都是训练的主要目的。艾里克·柏恩所创立的人际交互作用分析（Transactional Analysis）为心理行为训练中的人际关系提供了理论基础。柏恩是一名弗洛伊德式的精神分析者和心理医生。相互作用分析治疗的目的是协助人们了解他们与别人互动的本质，使来访者改变生活态度，能在人际交往中获得深刻的领悟力，从而建立自尊的、成熟的人际关系。交互作用分析的团体治疗是一种非常理想的疗法。柏恩认为，团体咨询对个人生活方面的帮助要比个体咨询大得多。当代交互作用分析师根据各自不同的目的对柏恩的基本理论进行了一定的修订，其中以古尔丁夫妇所创立的再决定学派贡献较为突出。这种疗法能够帮助团体成员体验自己的僵局和"卡住"的地方，使他们用有效的新决定来代替过去无效的决定。目的在于帮助个体挑战自我，帮助他们探索自己的受害者角色，并通过决定如何进行改变对自己的生活负起责任。

在心理行为训练中，通过团体疗法，指导者可以为社区矫正对象创造一种生动的经历，以帮助社区矫正对象更好地与家人、朋友或社团组织进行交往。

8. 发展心理学理论。埃里克森的人格发展阶段理论认为，人格的发展是逐渐形成自我的过程，自我在个人及其周围环境的交互作用中起着主导的和整合的作用。每个人在生长过程中，都普遍体验着生物的、生理的、社会的事件的发展顺序，按一定的成熟程度分阶段地向前发展。每个阶段都有一个普遍的发展任务，个体面临成熟与社会文化环境、社会期望间不断产生的冲突与矛盾。如果解决了冲突和矛盾，完成了每个阶段的发展任务，就形成了积极的个性品质，完成得不好就形成了消极的个性品质。

所以，心理行为训练中的活动设计一定要根据社区矫正对象的心理年龄特征及发展状况进行。

（四）在社区矫正中引入心理行为训练，并实现两者契合的必要性

1. 有利于培养社区矫正对象积极进取、奋发向上的思想品德。社区矫正对象意志相对薄弱，一旦经受挫折，意志往往消沉，甚至一蹶不振，社区矫正要求挖掘这些对象的自身潜能，相信自己，增强自信心，改善自身不足。而开展心理行为训练，能克服他们心理上的浮躁和恐惧，使他们意识到竞争无处不在，无时不有，优胜劣汰，不进取就无法生存，从而迸发出积极进取、顽强拼搏的强大力量。注重体验情境的创立，假设情境要有真实性，情绪是由体验者引起的真情实感，而且要保证情境设定的创新性，才能吸引体验者全身心地投入。如心理行为训练中的"搭建绳房"项目，这个项目要求所有的团队成员都要在蒙住双眼、没有外物借助的情况下用几根绳子搭建出合适的绳房。这个平时看来是不可能完成的任务，要求社区矫正对象克服惰性，付出努力，与同伴合作，共同完成任务。特别是对于最后一名成员，因为已经没有同伴在下面帮助他，因此更加要求他能发挥出超常的潜能，磨炼自己的意志，迎难而上并最终战胜困难。

2. 心理行为训练有助于促进社区矫正对象的人际交往与认知能力。人际交往是人与人之间发生相互联系的最基本的形式。人际交往是影响个人社会生活质量的最重要因素。建立好社区矫正中的人际关系，是实现社区矫正工作顺利开展的关键环节。社区矫正对象来自不同的地方，因此有着不同的地域文化，不同的生活习惯以及不同的脾气秉性，一旦交往的期望得不到满足，就容易采取消极的态度，也就会产生挫折感。心理行为训练为社区矫正对象提供了一个良好的交往平台，每一个成员在这里都是真诚、真实地表达自己的情感和态度；成员彼此都无条件地接纳他人，关注他人的感情，不作任何评价，使每个人都能自由充分地表达自己，使每个人都体验到被重视的感觉。指导者借助角色扮演、交流分享、行为改变等方法协助每个成员学会表达自我，改变认知，掌握有效的人际沟通方式，提高他们的人际交往能力进而解决由此带来的一系列心理问题。通过社区矫正对象在团体内部的反应增加他们对团体外的互动关系的审视，鼓励其尝试新的行为和想法，促进他们的自我觉察，通过心理行为训练，使参加者的人际交往能力得到提高。

3. 心理行为训练有助于培养社区矫正对象的协作意识和团队精神，使他们在潜移默化中接受集体主义教育。社区矫正对象中大部分家庭条件较好，争强好胜心理较重，集体意识淡薄。合作意识和团队精神是现代社会对每一个成员的基本要求。心理行为训练通过开展系列团队活动项目，使每个社区矫正对象全身心地投入，更加融洽地与别人合作，甘做人梯，为别人创造一切便利的条件，共同成就事业，使他们在不知不

觉中经受了团队精神的洗礼。如训练中的"穿越电网"项目就是要培养社区矫正对象的团队合作精神,这一项目以信任他人、投入团队、信赖团队,增进对集体的参与意识与责任心为前提,可以在分享中引入"木桶原理",对塑造团队活力,推动组织成长,凝练团队精神具有无可替代的作用。

【小贴士】

习近平总书记在党的二十大报告中强调:"全党同志务必不忘初心、牢记使命,务必谦虚谨慎、艰苦奋斗,务必敢于斗争、善于斗争,坚定历史自信,增强历史主动,谱写新时代中国特色社会主义更加绚丽的华章。"新时代新征程,我们必须把握伟大斗争新的历史特点,发扬斗争精神,坚定斗争意志,掌握斗争规律,增强斗争本领,不断夺取新时代伟大斗争的新胜利。为促进社区矫正刑事执行标准化、规范化,加强社区矫正对象行为意识和纪律意识,通过开展社区矫正心理行为训练,增强社区矫正对象遵规守纪意识,改变不合理的认知方式,校正不良的行为习惯,提高社区矫正对象的基础心理品质和心理健康水平,达到教育和引导社区矫正对象规范行为的目的。

第二节 社区矫正心理行为训练方法

一、心理行为训练的机制

通过提高应激源(刺激物)的强度,引发应激状态,产生过度的生理、心理应激反应,而后采用一定的手段和方法,调动生理、心理潜在力量并加以调节,达到适宜的生理、心理状态,并通过一定情境下的反复主观体验、经验的积累,建立起动力模型,借以提高生理技能和心理功能,并最终达到提高心理素质的目的。

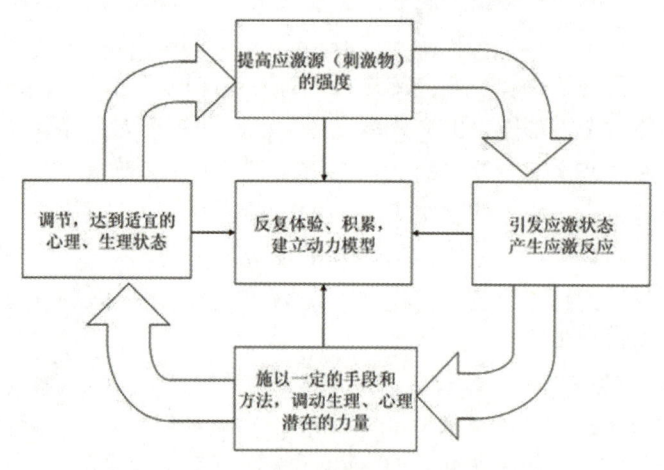

图 4.1 心理行为训练的作用机制

二、心理行为训练的核心理念

心理品质的形成是一个由认知、情感、意志到行为、习惯不断积淀的过程。心理行为训练依据这一认知改变和习惯养成的基本规律,将训练凝练为三大核心理念——体验激发情绪、行为改变认知、习惯积淀品质。

(一) 体验激发情绪

情绪是在一定的情境中发生的。因此,心理行为训练一是要创设情绪激发情境,创设情境要真实可信。只有真实的情境,才能使人产生参与的认同感,才能获得真实的感受,有效激发积极的情绪。一般而言,新颖的情境可以激发人的兴趣和参与的欲望,强烈反复的刺激,能够给人以深刻的感受。但是过度的刺激会超过人的生理极限和心理承受能力,引发人的拒绝心理和逃避心理。二是注重自我体验。体验激发情绪是以社区矫正对象为主体的活动过程。在训练过程中,主要是通过社区矫正对象对一定情境的体验,让他们去感悟、判断和选择。同时,心理行为训练与一般的体育锻炼不同点在于,它不是注重动作技能的熟练程度,而是注重是否获得了体验。在心理行为训练中,社区矫正对象情绪的调动取决于其体验的深刻程度,只有刻骨铭心的深刻体验,才能达到调动情绪的目的。

(二) 行为改变认知

行为是有机体在各种内外部刺激影响下产生的活动。行为可分为两大类:一类是以先天遗传为主的本能行为,另一类是后天习得的行为。对于心理行为训练来说,主要是指后一类的行为。认知是指个体认识和理解事物的心理过程。认知和行为是相互联系、互相影响的。认知是行为的起点,行为是认知的结果,正确的认知能够形成良好的行为,错误的认知则会产生不良的行为。要改变不良行为,首先必须改变决定这种行为的认知及认知结构。同时,行为对认知又具有调节作用,通过对行为的体验,可以改变原有的认知,建立新的认知结构。因此,心理行为训练促使社区矫正对象完成规定的训练项目,通过不断地实践活动,主动进行体验,使其的感受与原有的认知进行比较,并作出判断和选择,从而改变原有的认知,建立起新的认知结构。

(三) 习惯积淀品质

习惯是指个体在一定情境下自动化地完成某些动作或某种固定模式的需要和倾向,是刺激和反应之间的固定联结。习惯可以是多次无意识重复的结果,也可以是有意练习的结果。心理行为训练,就是通过反复训练持续强化和巩固训练效果,使社区矫正对象养成良好的行为应对模式和认知模式,形成习惯。随着这种习惯的养成,逐步积淀内化为稳定的心理品质。在心理行为训练过程中,由于体验深刻,使得这种行为转化(选择)得到某种程度的强化,进而积淀成个体内在的心理品质,促进了心理素质全面提高。

心理行为训练是通过以下三种途径使社区矫正对象养成良好的习惯,并积淀为优秀的心理品质的:

第一,反复训练,养成良好的行为习惯。在心理行为训练中,有些项目是可以进行反复操作、反复体验的，社区矫正对象每一次体验都会引起相同或类似的情绪，从先前的操作中汲取经验教训，并不断激发他们的新体验、促使其进行深入的思考，从而达到逐步提升心理素质的目的。

第二，利用不同的项目，采取多种形式提升同一心理素质。在心理行为训练中，有些项目的设计是针对提升同一心理素质的。这类项目通常任务比较简单，但趣味性较强。

第三，强调项目与实际生活的联系。心理行为训练利用学习的迁移，在点评环节中要注意联系实际，使得社区矫正对象在项目中养成习惯并积淀为良好的心理品质，并将之运用到生活中，从而达到真正提高心理素质的目的。

三、心理行为训练的特点

（一）体验式培训

心理行为训练采用体验式培训的方式，通过真实体验，激发社区矫正对象的积极情绪，模拟真实情境，利用情绪改变其认知，通过认知改变行为。体验式培训对于改变社区矫正对象的认知、控制社区矫正对象的行为来说是一种极佳的方式。它改变了被动的灌输、说教的方式，通过社区矫正对象自己从活动中的体会和感受接受新的积极的认知，从而指导自身行为。

（二）参与性的方式

心理行为训练采用了一种全新的参与式的方式与社区矫正对象进行交流，促进社区矫正对象之间进行深度的交往和相互影响。由此，让社区矫正对象积极参与到集体生活中来，也是解决他们孤立性格的一个全新方式。

（三）各种潜能训练

心理行为训练可以改变社区矫正对象的应变能力和工作效率。例如，智力训练可以提高学习能力；意志力训练可以提高毅力；态度训练可以提高动力。

（四）自信心培养

很多研究已经发现，心理行为训练对一些自卑、低自我效能感、经常自我贬低的人非常有效。他们的负性感受可能来源于家庭环境因素和早期挫折体验等，而心理行为训练就是创造一种情境，让社区矫正对象在获得成功体验中得到自信的心理升华，以提高他们的心理活动水平。

（五）体验成功

在心理行为训练中，各种各样的项目和活动都尽可能发挥每个社区矫正对象的特长，采取一种合作的方式去解决面临的问题，社区矫正对象能够在训练中找到自己的闪光点。此外指导者应关注每个社区矫正对象的积极表现，给予充分的鼓励，使他们得到在以前在生活中得不到的"成功体验"，激发其积极的情绪，使情绪作用于认知，从而改变其不良行为。

(六) 团体内的人际交互作用

在心理行为训练中，通过团体内的人际交互作用，促进社区矫正对象在互动过程中通过观察、学习、体验，从而相互学习、相互影响、相互促进，以发展良好的心理素质和适应能力，为社区矫正对象提供一种促进自身人格成长的学习机会和学习环境。

四、社区矫正心理行为训练的具体方法

(一) 极限训练法

极限训练法是指通过一定手段提升人的生理、心理极限的训练方法。人的心理以生理为物质基础，心理的极限状态是通过生理极限引发的。人的心理潜能具有有限和无限的相对性和统一性。具体到每一个个体，从现有水平看，它是有限的，但是用发展的眼光和它具备的潜在能力看，它又是无限的。这种有限性和无限性具有辩证的动态发展性，而这种动态发展性只有当个人的生理、心理极限升至最大阈值，并受到一定冲击时，潜能才能得以延伸和增长。心理行为训练的高空训练项目部分就利用高空项目的冲击性帮助受训人员开发自身潜能，并经过多次强化训练后，使这一潜能固化。所以，极限训练法不失为开发心理潜能的最基本的训练方法。

(二) 认知训练法

认知训练法是指改变人的认知结构及其认知态度的训练方法。心理潜能的增长和释放，和人的心理状态、心向紧密相连，特别是以人的积极性、主动性为支撑。而人的心向的调整和积极主动性的发挥，又以人对客观事物的认知态度为前提。由此也决定了心理潜能认知训练方法的科学性。

(三) 情境训练法

情境训练法是指创设能引起人的某种主观体验的环境和情况，并借以提高相应能力的训练方法。从根本上说，心理活动是由客观环境的刺激引起的，能力是在实践中形成和提高的。要提高人的某一方面的应对能力，就必须创设足以引起需要这方面能力的主观体验的相应情境，尤其是紧张和恐惧的情境。所以，情境训练法是必不可少的重要手段和方法。

(四) 暗示训练法

暗示是指用含蓄、间接的方式对别人的心理和行为产生影响。顾名思义，自我暗示训练法是指自己学会对自己采取暗示的方式来调整心理和行为，以凝聚心理潜能，增强应激力量。人的心理潜能，可以说聚集在两个层面里，一是意识，二是潜意识。明示可以直接调动意识层次中的能量。暗示不仅能调动意识层次的能量，还可以调动潜意识层次中的能量。人的潜意识能量在某种情况下对人的心理和行为的影响是不可忽视的重要力量。如果能学会调动自己潜意识中的能量，那么，应对外界情况，特别是危急的情况，就更有胜利的把握。所以，自我暗示训练法在开发心理潜能的行为训练中还是特别需要的。

以上列出的四种训练法是最基本的，也是不可或缺的，都有着各自的特别功用。

但在实际心理行为训练中，往往是综合运用的，以产生相辅相成的效应。

需要特别指出的是以上方法并不能涵盖所有具体方法，一切能达成开发社区矫正对象心理潜能的心理行为训练方法，都应在提倡之列。

第三节　社区矫正心理行为训练内容

心理行为训练的内容是为了解决参与者的各种心理需求和问题而特别设置的各种练习项目。从训练场地上划分，包括室内项目如人际风格测试，室外项目如生死电网、孤岛求生等；从参与环境上分，包括场地训练项目、水上项目、山地项目等；从项目作用上可以分为角色转换、相互信任、抗挫折能力、团队协作、资源有效分配等。

一、心理行为训练的基本原则

（一）促进身心健康发展原则

心理训练是对个体的心理施加积极影响的过程，也是直接转化人的"内心世界"的特殊教育过程。任何心理训练方法的使用，必须有利于人身心健康发展的需要，坚持完全自愿的原则。心理训练的主要任务是培养社区矫正对象对心理状态的自我调节能力。心理训练采用的主要手段，要由社区矫正对象自己掌握，因此社区矫正对象能否自愿配合是影响心理训练效果的主要因素。

（二）整体性与个体性相结合原则

心理训练过程中，心理训练者要有整体观念。必须对社区矫正对象的心理做全面系统的分析和考察，既要重视心理训练各要素之间的内在联系，又要考虑心理因素与生理因素之间的相互影响和作用。绝不能"头痛医头、脚痛医脚"，而应从个体心理的完整性和矫正集体统一性来全面考察和分析社区矫正对象的状况，确定训练的对策和措施。同时，心理行为训练的实施还要充分考虑到社区矫正对象之间的差异性，因为即使是同一种心理问题，由于个性、经历和处境等不尽相同，所采用的训练策略、手段和方法也要有所区别。

【小贴士】

党的二十大报告提出，必须坚持系统观念。万事万物是相互联系、相互依存的。只有用普遍联系的、全面系统的、发展变化的观点观察事物，才能把握事物发展规律。在新时代推进社区矫正心理工作高质量发展，既要整体总结社区矫正对象存在的共性问题，又要结合个体实际，量身定制，开展个别化矫正，个性化帮扶。运用个性化监督管理和疏导方法矫正违法犯罪行为和不良心态，提升社区矫正监管水平，使社区矫正对象平稳度过矫正期，回归社会。

（三）主动性原则

心理是对客观现实的能动反应，也就是说人对客观环境的认识和对自身行为的决定是由人的需要和动机所决定的。人没有主动性，就会以消极防御的反应方式来应对外来的困难,也就难以激活、调动每个人内心深处的潜在能量,训练就难以达到理想的效果。

(四) 坚持性原则

心理行为训练要求从根本上改变个人的心理状态和个性特征,因此心理行为训导员和社区矫正对象都应该清醒地认识到,不论是培养良好的心理品质,还是解决一些心理问题,都不是轻而易举、一蹴而就的事情,而必须持之以恒,克服急躁、动摇和厌烦情绪,保持坚定自信的心态,随时调整训练策略,讲究训练技巧,使社区矫正对象充满毅力和信心。在此基础上,社区矫正工作者还应当通过解释和鼓励不断强化社区矫正对象的恒心,使其不断进步,有目标的训练,逐步学会控制自己的心理状态。

二、心理行为训练的步骤

社区矫正工作中,一次成功的心理行为训练主要包括周密细致的前期准备、训练的进行、认真的总结三大步骤:

1. 前期准备。其一,了解社区矫正对象的背景、结构、文化,期望达到什么效果以及需要解决的问题。其二,训练者根据这些材料设置符合社区矫正对象矫治需求的项目,确定训练项目、时间、地点等细节。其三,设想可能出现的意外情况,做好准备,检查器械等。

2. 训练的进行。这是心理行为训练成功的关键。具体包括四个环节:①体验:参与者成功"破冰"后,充分体验训练项目。这一环节要求训练者要积极引导,充分调动社区矫正对象的积极性、参与性。②分享:让参与者认真体验过之后分享自己的感受和想法。要求训练者鼓励每个社区矫正对象都发言,说出自己的感受。③交流:综合所有参与者的感受,共同探讨。要求训练者细心聆听,仔细观察,总结社区矫正对象的观点。④提炼:共同讨论过后,从实践中升华出成熟的理论,帮助社区矫正对象认清实质,方便以后应对类似情境。点评要做到一针见血。

3. 结束后的总结。针对训练中出现的问题的环节要认真反思,总结经验,预测后期效果,如社区矫正对象这次的收获对其以后的影响有多深,这次心理行为训练对他们的干预是否有效果,是否需要追加训练,是否对其中一部分对象进行效果追踪等一些问题。

三、心理行为训练的主要内容

1. 团队建设训练。团队建设训练以提高社区矫正对象的合作意识和团队精神为目标,通过精心设计的活动项目,促进社区矫正对象之间的相互信任、理解、默契和配合。团队建设类心理行为训练把培养团队信任感和打造团队凝聚力作为项目任务完成的重中之重。训练中,力图让每一名成员置身于团队之中,使社区矫正对象在训练项目完成过程中适应团队,并最终融入团队;同时,要求所有成员必须共同面对困难、迎接挑战、攻克难关。团队建设训练以破冰活动为切入点,充分展示社区矫正对象的创意与激情,浓缩集体智慧,展示团队风采,迅速形成一支拥有共同使命感的团队。

【案例1】

齐心协力，步调一致

一、训练目的

本课目旨在让社区矫正对象模拟连环马，充分发挥团队与组织在团队合作中的重大作用，训练团队协调能力，培养团队合作精神。

二、训练要求

1. 分小组进行训练，每组人数不少于8人。
2. 一片开阔的空地。
3. 若干个足球。
4. 时间约5分钟。

三、操作步骤

1. 所有参与的社区矫正对象站成一排，每两个人之间放一个足球。
2. 让大家一起列队向前走，走的时候，任何人之间的足球都不能掉下来。
3. 如果有球掉了下来就要重新开始，直到大家的球都不会掉为止。
4. 讨论：为什么在刚开始的时候，总是有球不断地掉下来？经过几次失败之后，你们有没有总结出什么经验，可以一直向前走并且球不会掉下来？本游戏对我们有什么启示？

四、注意事项

1. 在刚开始的时候总是会有球掉下来，但等过了几次之后，大家就会摸索出一些道理，比如大家可以一边喊号子，一边向前进，避免因步调不一而出现失误，这样成功率就加大了很多。
2. 成功率提高后，可适当增加人数。
3. 可组织小组与小组之间的对抗。

五、点评回顾

从本训练中我们可以体会到协作在完成团队任务中的重要性，如果每个人都各自行事，按照自己的步调出发，必然会导致整个团队的效率低下。同时个人也不会得到任何好处。但是如果每个人都从大局出发，保持彼此之间的步调一致，就可以达到集体和个人的利益双丰收，达成大家利益的一致性。

在一个团队中，如能设定一个既定目标，大家都朝同一个目标努力就比较容易完成任务。在不同的人之间达成共识，有助于彼此之间的沟通与合作。

【案例2】

共撑一片天

一、训练目的

本训练目的在于帮助社区矫正对象了解团队协作的重要性，增强团队成员的归属感，增强彼此之间的友谊和互助精神。

二、训练要求

1. 集体参与。

2. 空地一块。

3. 时间约 5 分钟。

三、操作步骤

1. 让两个社区矫正对象背靠背地坐在地上，然后两个人双手相互交叉，合力使双方一同起立。

2. 依此类推，可以多人一起参加这个游戏，最后达到全体社区矫正对象一起游戏，全体一起起立的效果。

3. 讨论：你能仅靠一个人的力量就完成起立的动作吗？如果社区矫正对象双方能够保持动作的一致性，是不是完成就容易得多了？为什么？

四、注意事项

1. 训练期间，可以组织短期讨论，分析失败的原因。

2. 对于动作迟缓的成员大家不能埋怨，要多加鼓励。

3. 可以以小组为单位组织竞赛，看最多有多少人可以同时起立。

五、点评回顾

大家都有这样的体会，小的团队比大的团队要好管理得多。人一多起来，利益点就会变得多起来，想要满足每个人的需要也就变得更加困难。

在团队合作中，虽然每个人的初衷都是好的，但由于用力方向和工作重点的不同，很可能会导致团体效率的低下，反而没有达到团队合作的目的，所以在工作中就需要大家不断磨合，适应彼此，提高效率。

2. 人际沟通训练。人际沟通训练旨在提高社区矫正对象在矫正过程中对良好沟通积极作用的认识，形成良好的沟通习惯，进一步具备人际沟通的能力。训练中，给社区矫正对象设置了一些特定的场景，使其在非常规条件下努力发掘自身的语言表达能力和协调能力，例如，"盲人方阵""数字传递"等项目，就是训练社区矫正对象怎样在看不见或听不见的条件下保持顺畅的沟通，使队友更快地理解并接受你的建议，最终达成行动上的一致。在进行语言沟通项目"见仁见智"时，使社区矫正对象在热烈的讨论中进一步体会到沟通中主副语言的合理运用、非语言沟通技巧的有意识配合，对提高沟通效率的重要作用。

【案例3】

说说心里话

一、训练目的

本训练的目的在于帮助社区矫正对象思考当你有了更多机会或能力的时候，你会选择做的事情，增强学员之间的沟通与交流，激励社区矫正对象工作的积极性、主动性、创造性。

二、训练要求

1. 以小组为单位组织。

2. 教室一间。

3. 纸笔若干。

4. 时间 5 至 10 分钟。

三、操作步骤

1. 训导员首先询问社区矫正对象第一个问题：如果你有更多的时间或者有更多的精力、能力去做你认会对社会有利但是你现在还没有办法做的事情，你会选择什么？

2. 让大家认真思考这个问题，并将问题的答案写在一张纸上。

3. 训导员再问第二个问题：有没有什么事情，是你认为你根本没有必要做，是在浪费你的精力和时间，并且根本无法发挥你的聪明才智，但是你却非做不可的。

4. 给大家一分钟时间，让他们把答案写在纸上。

5. 讨论一下，什么才是对社会和自己的生活真正有利的想法？是不是每个人都像他本人说的那样不重要。

6. 讨论：你认为你可以做哪些有意义的事情？有没有一些事情是你想都不敢去想的？有没有什么事是你认为应该推荐某些人去做的？

四、注意事项

1. 时间允许的话，可以选择一些人发言，其他人针对他的发言进行讨论。

2. 可以将本项训练同社区矫正工作的目的结合起来。

3. 注意调动那些比较内向、羞怯的社区矫正对象。

五、点评回顾

什么样的社区矫正对象才是一个好学员？能够随时完成上级交给自己的任务就是吗？这只是构成好学员的一个重要方面。一个好学员还应该有自己的思想，他会去想他能够为团队做些什么，创造出什么样的价值，将自己和团队连为一体。

【案例 4】

学会交流

一、训练目的

本训练目的在于让社区矫正对象体会单方面交流和被迫接受信息的困难，提醒他们要采用互动的方式进行交流。

二、训练要求

1. 全体社区矫正对象。

2. 场地教室。

3. 时间约 20 分钟。

三、操作步骤

1. 请一位社区矫正对象协助做这个游戏，给他看事先准备好的一张图。

2. 告诉其他社区矫正对象，这个社区矫正对象将为他们描述这张图的内容，请他们按照这个社区矫正对象的描述把内容画出来。

3. 请他背向大家站立，避免与别人进行眼神和表情交流。他只能做口头描述，不能有任何手势或动作。

4. 其他社区矫正对象也不能提问，一切听从训练员的指挥。

5. 训练完毕后将图展示给大家看，让大家核对自己的图画得是否正确。

6. 再请另一位社区矫正对象上台做这个游戏，这次允许大家双向交流，看看结果怎样。

四、注意事项

1. 训练要点：

（1）单向交流常常使人得不到及时、准确的信息。有问题不能问，出了错也不能及时知道，会让人无所适从从而错误丛生。

（2）单向交流表达的只是表达一方的想法和意见，严格来说并不能算是交流，有点像老师讲课"满堂灌"的味道。你完全不知道对方面临的实际困难是什么，无从下手解决对方的困惑以及解答他提出的问题，也就无法提供有用的信息。

（3）在一个团队当中，只有彼此之间随时保持双向的交流，才能使大家的意见都得到重视，使每个人都能获得起码的权益，不至于使上下级之间产生隔阂、同事之间钩心斗角，由此这个团队才能正常地向前走。

2. 向某学员提出问题：

（1）当我们只能靠听觉交流时，是否感到不顺畅、焦急和困难？为什么？

（2）为什么单向交流如此困难？即使是双向交流也会有人出错，分析一下这是为什么？

五、点评回顾

社区矫正对象采用互动的方式进行交流，所获得的信息资源就会更多。启发社区矫正对象只有在和其他成员的不断交流沟通中，才能解决问题，在这个过程中，提高自己的交流技巧。

【案例5】

生命的价值

一、训练目的

本训练的目的在于通过活跃现场气氛，锻炼表达能力，提高幽默感。从中使社区矫正对象体会生命的意义，减少思想中不必要的压力。

二、训练要求

1. 全体参与，分组进行。

2. 宽敞的大房间。

3. 准备一些写有不同角色的纸。

4. 时间约30分钟。

三、操作步骤

1. 将全体社区矫正对象分组，每组7人。

2. 训导员介绍事件背景：一架波音飞机在飞行途中不幸坠落到一个没有人烟的荒

岛上，只有7个人幸运地活了下来，他们分别是宇航员、孕妇、发明家、生态学家、医生、流浪汉、运动员。逃生的工具只有一个，而且只能容纳一人。

针对谁先乘坐逃生工具离开荒岛，7个人决定各自陈述各自先走的理由，然后全体投票。为了确保公平性，特设一条投票的原则：每个人只能将自己的一票投给别人。如果有并列的情况，则从并列的人中再进行投票，最后决定一人。

3. 给每组发写有7个角色的名单，让大家决定自己的角色。

4. 每个人陈述的时间为一分钟。

5. 小组投票。

6. 各小组全部完成后，大家坐到一起，看看获准先走的人都是谁，然后请他们陈述一个自己的理由，也可以请他人说说为什么选他们。

四、注意事项

1. 训导员要鼓励创造性的思考（甚至可以是滑稽幽默的理由）。

2. 分组时，如有剩余人员，可以分配到各组中做聆听者，他们也拥有投票权。

五、点评回顾

我们每个人在为自己所扮演的角色竭尽全力思考优先逃生的理由时，其实是在思考该角色的生存价值。只许把票投给别人，其实是让你去用心感悟其他角色的生存价值。在你投票给某个人的时候，也表明了你的内在价值观的排列顺序。生活中，当你在生存的压力下不能自拔时，是否意识到，我们生活在这个世界上，自己对于亲人朋友和社会的价值。

3. 心理放松训练。放松训练又称松弛训练或自我调整训练，是通过有机体的主动放松来增强，达到降低唤醒水平，增强适应能力，调整因紧张反应所造成的心理生理功能紊乱的重要方法。通过音乐辅之以想象的放松训练、肌肉放松训练、心理暗示、宣泄放松等，可以帮助社区矫正对象缓解、释放心理压力，保持积极心态，改善心理健康状况，使社区矫正对象以良好状态参与到矫治过程。

【案例6】

舒缓身心

一、训练目的

本训练的目的在于使社区矫正对象掌握放松身心的基本技能，通过身心的放松来调节压力带来的不适感，掌握放松心身的动作要领和技巧。

二、训练要求

1. 训练场可取草坪、海滩、操场等宽松、舒适的氛围和情境。

2. 训练可以班或以小组为单位，人数以10人左右为宜。

3. 训练指导语可用录音播放，也可以训导员现场引导。

4. 环境要求不要有干扰，相对安静。

5. 时间约40分钟。

三、操作步骤

训导员用语言引导学员进行如下动作:

1. 准备工作:请慢慢解开领口,放松裤带,取坐姿(或者平仰卧),两腿、两手自然伸直、放松。

2. 指导语:以下放松练习动作包括3个内容:深呼吸;转动头部(逆时针顺时针各8圈);想象定点转圈。

3. 分别练习:

(1) 深呼吸。吸气,然后慢慢地呼出,可以连续做3~5次。请社区矫正对象各自练习和体验。

(2) 转动头部。头连动颈部,先按逆时针方向转动8圈,再按顺时针方向转动8圈,做完后自己自动停止,身体保持放松状态。请各自练习体验。

(3) 想象定点转圈。微微闭上双眼,想象你头顶上的天空中,有一个直径大约4米的圆圈。盯住圆圈上一点,按顺时针方向推动此点围绕圆圈转8圈,再按逆时针方向转8圈。接着想象在你头顶上的天空中,有一个边长大约4米的正方形,盯住一点,按顺时针方向推动此点围绕正方形转8圈,再按逆时针方向推动此点围绕正方形转8圈。请你练习一下,现在开始。练习完成后,请你想象一下,你现在感觉特别放松了,特别的舒适。静候3分钟之后,自动起立。

四、注意事项

1. 训练过程一定要全身心地投入,以达到最大效果。

2. 重复练习数次学会每个基本动作后,再视情况根据需要进行综合练习。

3. 社区矫正对象在掌握好动作要领后,可在日常生活学习中及时进行放松调节。

五、点评回顾

我们生活在这个纷扰的社会,有很多的无奈和痛苦,要保持良好的心情,就应该学会在合适的时间进行自我调节和放松,让痛苦远离。如果大家能在条件合适的时候随时进行自我调节,将会起到更大的作用。

【案例7】

轻松减压

一、训练目的

本训练的目的在于使社区矫正对象学会心身松弛的基本技能,掌握放松心身的动作要领和技巧,使学员掌握一种快速、简便的即时方法,随机运用,迅速恢复常态。

二、训练要求

1. 训练场合和环境可随机,但应避免强烈干扰,最好选择宽松、舒适的环境。

2. 训练可以小组为单位,人数以10人左右为宜。

3. 训练指导语的传诵可用录好的录音磁带播放,也可以训导员现场口诵,或个体按规定的动作要求和程序自己实施。

4. 一般取坐姿,条件允许的时候也可取仰卧姿势;徒手,卸除装备、宽衣。

三、操作步骤

1. 练习动作准备：取站立姿势，两脚自然分开，与肩同宽，两手自然下垂。

2. 指导语：即时肌肉松弛方法训练包括两个内容：深呼吸并感觉吸入和呼出气体的温差；深呼吸并感觉双肩及身体其他部位的放松。

3. 分别练习：

（1）深呼吸并感觉吸入和呼出气体的温差。深呼吸的要领是：深吸一口气，然后用嘴呼出去。注意节奏要慢一些，身体保持自然状态，不要刻意用力。在深呼吸的过程中，体验吸进的气体和呼出的气体的温度差别。继续深呼吸，随时注意节律。按要求练习体验一下，内心体验平静放松时，自动停止。

（2）深呼吸并感觉双肩及身体其他部位的放松。先做一下放松训练。两手叉腰，按顺时针方向，慢慢地转动头部8圈。然后按逆时针方向，慢慢地转动头部8圈。上述动作完成后，摆动右腿，摆动左腿，摆动右胳膊，摆动左胳膊。接着做深呼吸，要领是：深吸一口气，然后用嘴呼出去。注意节奏要慢一些，身体保持自然放松状态，不要刻意用力。在深呼吸的过程中，感觉体验肩臂的放松和身体其他部位的放松（依次的顺序是：双臂、手、背部、腹部、腿部）。每次吸气时间比上一次更长时，在延长的时间里将感觉到肩臂的放松会更强。两三次呼气后，放松的感觉会扩散到身体的其他部位。随时注意节律。按要求练习体验一下，不得少于7次。内心体验平静放松时，自动停止。分步练习掌握动作要领后，根据情况进行综合练习。综合练习时，练习1和练习2的放松技巧取其一即可。

四、注意事项

对于场景设置的基本要求是：只要能创设严肃、紧张的氛围，引发焦虑、紧张心身状态的场景和情景，都可以充分借用。所有的心理行为训练中，都需要用自我减压基本技能调整焦虑、紧张的身心状态。实际上，能自觉地做到这一点，也正是我们所追求的最终目标。

五、点评回顾

掌握减压基本技能的目的是适时、适情的应用，以调整自己的焦虑、过度紧张的不正常身心状态，始终保持充沛的体能和精神。一切从效果出发，只要是能通过应用掌握减压基本技能，调整自己的焦虑、过度紧张的不正常心身状态，始终保持充沛的体能和精神，就应该认为是达到目的了。

【案例8】

万籁俱寂

一、训练目的

本科目旨在通过一种呼吸放松训练来放松身体、调节心情。

二、训练要求

1. 安静的环境。

2. 恰当的时间。例如考试紧张的同学在考试前30分钟、比赛演出前几十分钟。这样可以转移自己的注意，缓解紧张情绪，放松肌肉。

3. 时间约 30 分钟。

三、操作步骤

1. 呼吸放松有 3 种准备姿势：坐姿、卧姿、站姿，首先要选择适当的准备姿势。

坐姿：坐在凳子或椅子上，身体挺拔，腹部做微收缩，背部不靠椅背，双脚着地，并与肩同宽，排除杂念，双目微闭。

卧姿：平稳地躺在床上或沙发上，双脚伸直并拢，双手自然地伸直。

站姿：取立正姿势全身放松。

2. 20 项练习（注意：一个"……"代表 5 秒钟的停顿）。

社区矫正工作者用语言对大家的训练要领进行引导：

（1）请注意听以下暗示语，它们会有助于你提高放松能力。每次停顿时，继续做你刚才正在做的事。好，轻轻地闭上双眼并深呼吸 3 次……

（2）左手紧握拳，握紧，注意有什么感觉……现在放松……

（3）再次握紧你的左手，体会一下你感觉到的紧张状况……再来一次，然后放松并想象紧张从手指上消失……

（4）右手紧紧握拳，全力紧握，注意你的手指、手和前臂的紧张状况……好，现在放松……

（5）再一次握紧右拳……再来一次……请放松……

（6）左手紧紧握拳，左手臂弯曲使肱二头肌拉紧，紧紧坚持着……好，全部放松，感觉暖流沿肱二头肌流经前臂，流出手指……

（7）右手握紧拳头，右手臂弯曲使肱二头肌拉紧，紧紧坚持着，感觉这紧张状态……好，放松，集中注意这感觉流过你的手臂……

（8）请立即握紧双拳，双臂弯曲，使双臂全部处于紧张状态，保持这个姿势，想一下感觉到的紧张……好，放松，感觉整个暖流流过肌肉，所有的紧张流出手指……

（9）请皱眉头，并使双眼尽量闭小。要使劲眯眼睛，感觉到这种紧张通过额头和双眼。好，放松，注意放松的感觉流过双眼。好，继续放松……

（10）好了，上下颌紧合在一起，抬高下巴使颈部肌肉拉紧并闭紧嘴唇……好，放松……

（11）现在，各部位一起做。皱紧眉头，紧闭双眼，使劲咬上下颌，抬高下巴，拉紧颈肌，紧闭双唇。保持全身姿势，并且感觉到紧张贯穿前额、双眼、上下颌、颈和嘴唇。保持姿势……好，放松……

（12）现在，尽可能使劲地把双肩往前伸，一直感觉到后背肌肉被拉得很紧，特别是肩胛骨之间的地方。拉紧肌肉，保持姿势。好，放松……

（13）重复上述动作，同时把腹部尽可能往里收，拉紧腹部肌肉，感到整个腹部都被拉紧，保持姿势。好，放松……

（14）再一次把肩胛骨往前伸，腹部尽可能往里收，拉紧腹部肌肉，紧张的感觉贯穿全身。好，放松……

（15）现在，我们要重复曾做过的所有肌肉系统的练习。首先，深呼吸 3 次……准备好了吗？握紧双拳，双臂弯曲，把肱二头肌拉紧，紧皱眉头，紧闭双眼，咬紧上下颌。抬起下巴，紧闭双唇，双肩向前伸，收腹，并用腹肌顶住。保持姿势，感觉到强烈的紧张贯穿上述各部位。好，放松。深呼吸一次，感到紧张消失。想象下所有肌肉都放松……手臂、头部、肩部和腹部，放松……

（16）现在轮到腿部，把左脚跟紧紧靠向椅子，努力往下压，抬高脚趾，使小腿和大腿都绷得很紧。紧抬脚趾，使劲蹬紧后脚跟。好，放松……

（17）再一次，把左脚跟紧紧靠向椅子，努力往下压，抬高脚趾，使小腿和大腿都绷得很紧。紧抬脚趾，使劲蹬紧后脚跟。好，放松……

（18）接着，把右脚跟紧紧靠向椅子，努力往下压，抬高脚趾，使小腿和大腿都绷得很紧。紧抬脚趾，使劲蹬紧后脚跟。好，放松……

（19）双腿一起来，双脚后跟紧朝椅子压，压下双脚后跟，尽力使劲抬高双脚趾，保持姿势。好，放松……

（20）好，深呼吸3次……就像你所练习过的肌肉都拉紧，左拳和肱二头肌、右拳和肱二头肌、前额、眼睛、颈肌、嘴唇、肩膀、腹部、右腿、左腿，保持姿势……好，放松……深呼吸3次，然后从头到尾再做一次，接着全部放松。在你深呼吸以后，全部绷紧接着又放松的同时，注意体会全部放松后的感觉。好，拉紧……放松……接着，进行正常的呼吸，享受你身体和肌肉完全无紧张的惬意之感……

四、注意事项

1. 本训练也适用于个体的自我训练。训练时要选择一个安静和舒适的地方。自我放松前，可将灯光调暗，将衣扣解开。

2. 精神要专一、态度要顺其自然，要毫不费力地让紧张、烦恼飘到体外，并细心体会这种感觉。

五、点评回顾

投入的呼吸训练可以使人进入忘我的境界。同时，深入的呼吸训练也可以使身体内的不良感觉消失，达到放松情绪的效果。

4. 情绪管理训练。情绪像影子一样会伴随我们一生，并深深影响着我们的生活。很多证据显示，情绪成熟的人，在人生各个领域都占优势，对生活的满意度也较高。但是在生活中能做到情绪成熟并不容易，几乎每个人都曾受到不良情绪的困扰。人人都是自己最好的医生，能使自己痛苦，也能使自己快乐。生活的主宰者，就是自己。人应当成为情绪的主人，而不是任由情绪控制我们的思考、行为和感受。弗洛伊德曾说，学会掌握自己的情绪，是成为文明人的基础。

【案例9】

学会自制

一、训练目的

本训练的目的在于通过训练，帮助社区矫正对象培养良好自制力，从而能够自觉、灵活地控制自己的情绪，约束自己的言行，既能发动合乎目的的行动，又能抑制与行动目标不一致或相违背的行动。

二、训练要求

1. 个人独立完成。

2. 定期和周围的学员交流自己的经历和感受。

三、操作步骤

整个训练分两个方面：

1. 控制愤怒。愤怒在某些情况下是一种自然的反应，当一个人受到戏弄、打击、侮辱时，就会怒火中烧。发怒人人都会，关键在于如何控制愤怒，有格言说："不能怒的是愚人，而不发怒的才是聪明的人。"控制愤怒，就是要学会适当地表达自己的愤怒。

（1）你发出的言论是指向行为的，而不是指向某个人。换句话说，你可以批评他人的工作，但不要指责他人的才智。

（2）不要赘述过去的事，指责仅仅指向眼前的情境。

（3）永远不要涉及他人的家庭、种族、宗教、社会地位、外貌或说话方式。

（4）不要限制别人发火。当你向别人怒吼时，对方也有回敬的权利。

（5）如果你在其他人面前不公正地对一个人发了火，那么你必须当着其他人的面向他道歉。

（6）让别人明确地知道你为什么生气。

（7）不要将事情做绝，要给自己留有余地，在你冷静下来后，可以重新考虑。如果可能的话，给对方留一条后路。假如对方主动纠正过失或道歉，你就不要继续发火了。

2. 拒绝诱惑。在我们的生活周围有各种各样的诱惑，许多时候都需要我们痛下决心拒绝诱惑。比如你要用功，就得拒绝和朋友出去游玩；你要潜心学问，就得放逐名利；你要成就事业，就得忍受、反省自己。制定一个列表，展示出自己现在的缺陷，然后针对问题制定计划，拒绝诱惑，锻炼出自己的自制力。

四、注意事项

讨论分享：学员之间谈谈自己的体验、感受，将自己的经历相互交流，想想其中的原因，并从中得到收获。

五、点评回顾

有这样一首小诗："一帆风顺不曾有，不如意事十八九。人生贵在善控制，莫让年华付流水。"它虽然只有短短的4句、但却道出了一个重要的道理：人生不可能一帆风顺，万事如意，生活中经常会有困难、坎坷、失意。但是要冷静对待这一切，学会控制自己，必要的时候要学会放弃。要及时调整自己，要坚信一切都会好起来的。自制力的培养需要一个长期的过程，只有经过很长一段时间的训练和培养，才能够较好地控制自己的情绪和行为、养成良好的自制力。

【案例 10】

选择情绪

一、训练目的

本训练的目的在于通过训练，使社区矫正对象明白产生压抑情绪的原因之一就是对于某种情况的过度关注，而忽视了积极正面的情况。

二、训练要求

1. 具备投影仪的宽敞会议室。

2. 一张数字幻灯片。

3. 时间约 30 分钟。

三、操作步骤

1. 社区矫正工作者请大家观看幻灯片上的数字表，注意一下图上的"7"在哪里。告诉大家不要急于回答，过一会你会问大家问题。

2. 给大家 1 分钟的时间，然后将幻灯片关掉。

3. 问大家：谁能告诉我图中有几个"5"、几个"3"等类似问题。

4. 通常，这时会有许多抗议声，因为你刚才并没有让他们看"7"以外的数字。

5. 社区矫正工作者这时不要急于回答，请大家安静下来后，开始训练意义的引申。

四、注意事项

关键在于社区矫正工作者要做好点评。设计这个训练是想请大家来关注这样一个现象：在刚才的过程中，当我要求大家关注"7"以后，你们的头脑就被"7"全部占据了，尽管你们看到了"7"以外的全部数字，但大脑把那些信息全都过滤删除了。某件事情的发生，本身并不有任何意义，我们可以从积极的角度看问题，也可以从消极的角度看问题。从积极的角度看，会有无限的机会；从消极的角度看，则常叹自己的不幸与倒霉。其实选择的权利就在我们每个人手中。

五、点评回顾

1. 在我们的生活与工作中，有没有这样的时候：发生一件事，我们只关注其不好的面，使自己处于某种情绪低落的状态，而忽略了机会同样在我们面前。

2. 讨论：你有没有情绪失控的时候，在这个时候你注意的都是什么？

5. 思维创新类训练。思维创新类训练项目的选用一般都有一定的难度，需要社区矫正对象在规定时间内发挥创造性思维，共同研究探讨任务的解决方法。这不仅有利于提高社区矫正对象解决问题的能力，同时也有利于其学会更好地与他人进行沟通和协调。"智闯雷阵"就属于思维创新类团队合作训练项目。项目完成过程中，受训者要善于收集解决问题所需的信息，打破经验限制，发挥创意与行动力，既要依赖逻辑思维，同时也不能忽视直觉思维的重要作用。

【案例 11】

集思广益

一、训练目的

本训练的目的在于为社区矫正对象提供一个分享思维的机会，大家各抒己见、各显其能，期间迸发出的思想的火花将使所有参训学员有所感悟。当团队或个人遇到问题却没有办法解决时，熟悉并乐于运用这种方法，将使每个人受益终身。

二、训练要求

1. 以小组为单位组织参加。
2. 教室或会议室一间。
3. 打分牌若干。
4. 时间 5 至 10 分钟。

三、操作步骤

1. 规定一个题目，通知社区矫正对象围绕这个题目每人必须想好至少一个想法或者方法。
2. 请几个人充当评委，在每个人讲述自己的想法时，当场给他们打分。
3. 统计每个人的分数，评出获胜者。
4. 讨论：大家的收获怎样？有多少人得到不止一个有用信息？别人的发言是否在你的头脑中激发出了火花？你是否准备在自己的生活中也开始运用这个方法？如果可以，你准备怎样做？

四、注意事项

1. 所选题目最好和社区矫正对象的工作、生活相关。
2. 对于分数高的成员可给予奖励。
3. 讨论后，可组织部分社区矫正对象谈谈具体的收获，如"刚才听了某某同学的发言，很受启发，他提到的一点……"
4. 可以组织大家讨论如何改进这项任务。

五、点评回顾

个人的思维和想法虽然有限，却可以给他人起到示范作用，激励和启发同伴。有时你会发现，当一个有创意的想法出现后，其他人像被"传染"了一样，使好主意接连不断地产生。今后如果遇到自己无法解决、没有思路的问题，应当大胆向团队求助，别人的观点中有很多值得你参考和借鉴。

【案例 12】

破釜沉舟

一、训练目的

本训练的目的在于通过训练，使社区矫正对象适应不断变化的外在情况，多思考，做到与时俱进，增强随机应变的本领。

二、训练要求

1. 全体社区矫正对象。

2. 场地是室内。

3. 两个瓶子、气球。

4. 时间约30分钟。

三、操作步骤

1. 第一个游戏：社区矫正工作者首先拿出来一个吹好的气球，再拿出一个开口很小的瓶子，然后问大家有没有什么办法将这只气球装到这个瓶子里面。注意不能将气球弄破。大家可能会想出各种各样的方法将气球塞到瓶子里面去，比如可以将气球里面的气先放掉，然后将气球放到瓶子里面，随后将气球吹起来，使其充满整个瓶子就可以了。

2. 第二个游戏：社区矫正工作者请一名社区矫正对象上来用这只瓶子做出5个动作，什么动作都可以，但不能重复。请该社区矫正对象再做5个动作，但不要与刚才做过的重复。这样一直重复下去，你会发现用不了几次，做动作的社区矫正对象就会变得很恼火，狼狈不堪。

3. 第三个游戏：训导员从包里拿出另一只瓶子放到台上，指着那只装有球的瓶子说："谁能把它放到这只新瓶子里去？"（此时可以选择的办法就是打碎它，然后将碎片放到瓶子里面）

四、注意事项

1. 讨论分享：

（1）如果你没有解答出这个问题，想想是为什么？是什么阻碍了你思想的发展？

（2）这3个看似简单的游戏分别揭示了什么样的道理？

2. 训练要点：

第一个游戏：当遇到一个难题，解决它很困难，我们应该寻求思想的改变，只有思想真正改变了，才可能发现以前根本不可能想到的办法，才可能有所创造地解决问题。

第二个游戏：我们看到了，"变"有多难，连续不断地"变"几乎可以使人发疯。

第三个游戏：一项改变最大的极限是什么？完全改变旧有状态，彻底打碎它。彻底地改变需要很大的决心，如果有一点点留恋，就不能真正地打碎。你们知道，打碎了它就是毁了它，再没有什么力量能把它恢复得和从前一模一样。所以当你下决心要打碎某个事物时，你应当再一次问自己："我是不是真的不会后悔？"

五、点评回顾

1. 点评要点：哲学上认为，变化是世间万物的常态，静止只是相对的，流水不腐，户枢不蠹。完成此训练，可以做到适应不断变化的外在情况，做到与时俱进。

2. 点评示例：游戏的过程，对社区矫正对象的心理反应，起着不小的作用。外部环境的变化，使得社区矫正对象的心理随之而变。

6. 心理挑战训练。心理挑战训练是旨在开发个人心理潜能的一种心理行为训练方法。潜能是什么？所谓人的心理潜能，顾名思义就是指人的心理的潜在能量。人的头脑的能力，从功能运用的角度看有两个状态：意识和潜意识。意识状态是指当人感知外界客观事物和思考时，能知道自己在干什么。相对于潜意识来说，意识状态下显现的功能和能力少一些。主要包括两点：一是运用五官和四肢与客观世界沟通，接收和发出信息；二是头脑中进行认知和思考。人的潜意识所控制的功能和能力有一部分可以提升至意识的层次，这一部分也就是每一个人发挥的潜能或者成为增加的头脑能力的部分。也就是说潜意识与人的大脑功能有关。潜意识有多个层面，情绪是较浅的层面，深层次包含着高度的智慧和能力。

心理挑战训练是依据心理学原理，在特定情形下设置具有挑战性的训练项目，以挖掘社区矫正对象的自身潜力、挑战心理极限为训练目标，使社区矫正对象通过体验克服恐惧和逃避心理，在本能控制状态下认识自我、调节自我、挑战自我、超越自我。例如，"悬崖断壁""空中断桥""空中抓杠"等项目，都具有挑战性、冒险性、难度较高，完成这些项目都需要极大的勇气和决心。在完成"空中抓杠"这一项目时，当受训者爬上8米高的柱子，需要在柱子顶端只比双脚大出一点的圆盘上站立起来，不仅仅需要腿部的力量，更需要克服恐惧心理，心里越犹豫、腿就越抖、柱子就越晃动，登到圆盘上又要面对距离自己1米开外吊在空中的一根单杠并跃起抓杠，其需要更大的决心去战胜自我。高空挑战极限训练项目的完成，会使社区矫正对象内心深处充分体验自身潜能被发掘后的欣喜，从而提高战胜困难的自信心和承受挫折的能力。

【案例13】

信任背摔

一、训练目的

本训练的目的在于拓展团队信任和团队协作的心理素质。归属感和安全感不仅是形成团队凝聚力的黏合剂，而且也是团队成员身心健康的重要心理支柱。当一个人倒入其团队成员的怀抱里时，幸福的满意的愉悦会使其心灵跃升至一个新的层面。体验安全感、归属感，增强自信心和责任感，培养集体的协作精神。

二、训练要求

1. 充分做好身体准备训练。
2. 社区矫正工作者介绍信任背摔的目的、要领、注意事项等。
3. 注意安全措施，严防事故。
4. 训练使用专用高台（1.6米）设施。
5. 时间约20分钟。

三、操作步骤

1. 随机选一人，登台前大家围成一圈，手叠加在一起，高喊口号，如"好样的""加油"等。

2. 登台后，双手交叉用软绳绑好，放置于胸部前方，两脚并齐，站立台缘，背对队友。

3. 所有社区矫正对象面对面站立台下两侧，伸出手臂，手心向上，搭于对方肩上，彼此紧密排列，头向后仰。

4. 操作者背摔前，用响亮的声音询问："准备好了吗？我要摔倒了！"台下队友亦响亮回答："准备好了！我们支持你！"

5. 接着操作者头、颈、脊椎及腿紧张挺直，后仰摔倒在队友的怀抱中。

6. 全班依次做完。

7. 训练结束后，组长组织讨论，交流背摔者和保护者的感受。

四、注意事项

1. 配合人员的保护位置应当不断更换，避免长时间受力。

2. 可多次反复训练，帮助训练者克服恐惧心理，达到动作标准。

五、点评回顾

1. 点评要点：相互信任和责任是维系个团体的根本所在。我们都应该认识到人的一生中有太多的时候，必须把自己的命运交付在别人手中，只有这样才能了解团结合作的真谛。

2. 点评示例：通过这个训练，我们大家可能会对彼此信任的重要性有进一步的认识。作为一个团队，如果没有彼此的信任和相互协作的精神，团队将不复存在，其团队成员也就丧失了安全感，就会缺乏归属感。要维系团队精神就要加强责任心，不然作为一个集体就会缺乏精神和士气，丧失团队发展的动力。

【案例14】

生死关卡

一、训练目的

本训练的目的在于提高社区矫正对象判断的敏锐性和快速反应能力，培养团体协作的精神和缜密谋划、精心操作的品质。

二、训练要求

1. 以小组为单位组织训练。

2. 训练着作训服、胶鞋。

3. 可设置面临敌情的情境。

4. 训练前检查"模拟电网"及设置。

5. 时间约30分钟。

三、操作步骤

1. 介绍通过关卡的规则。每个关卡网只能用一次，身体的任何部分都不能碰网，否则就算触电，通过无效，这个关卡网孔也就作废不许再用。已通过网孔的人员，不许回到反侧帮忙。

2. 给每个小组10分钟时间，思考组织通过的顺序和方法。

3. 准备妥当后，按规则进行，并开始计时。

4. 可以组织不同组与组之间的竞赛。

5. 讨论：训练结束后，社区矫正工作者组织社区矫正对象谈感受、思考、总结小组能顺利通过的原因和经验。

四、注意事项

1. 可先由身体协调性好的训练者先通过，之后由其他训练者通过。

2. 通过时动作要轻盈，不要急于求成。

五、点评回顾

1. 点评要点：目标一致、缜密计划、团结合作是集体完成任务的法宝。

2. 点评示例：通过完成这个训练任务，大家都有了脱离危险的体验，同时也认识到团体的一致性、计划的周密性的重要性，深刻理解"一着不慎，满盘皆输"的道理。精心操作是良好品格的体现，也对我们今后的矫正、学习和生活，以及培养有条不紊的工作习惯产生重要影响。

【案例 15】

挑战挫折

一、训练目的

本训练的目的在于通过训练，培养学员不屈不挠、顽强拼搏的性格，让社区矫正对象时刻保持一颗平常心，跌倒后再爬起来，永争第一。

二、训练要求

1. 以小组为单位组织训练，人数不少于 8 人，统一着装。

2. 训练场地应为比较宽阔的操场。

3. 准备若干条封底麻袋。

三、操作步骤

1. 分成 8 人一组开始比赛。

2. 宣布比赛规则：每个人都要占据一条长的封底麻袋中一个狭小的格子，腰部以下进入格子，双手抓住麻袋两边，双脚略微分开，共同向前跳跃。

3. 以 20 米为赛段，开始比赛，按每组平均成绩排名。

4. 比赛结束后，由社区矫正工作者带领社区矫正对象讨论训练的感受和启示。

四、注意事项

1. 因为团队中每个人的身体条件、反应速度均有所差别。所以很难做到起跳一致，而只要有一个人稍有延迟，就会影响整个团队的行进速度。所以团队中每个人都全神贯注、全力以赴是成功的关键所在。

2. 游戏进行过程中，可能会面临多次失败最终才能到达终点，这就需要学员有足够的耐心和意志。

五、点评回顾

生活中会遇到许多的挫折和磨难，只有跌倒了爬起来，才能不断地接近成功。

【案例16】

克服懒惰

一、训练目的

本训练的目的在于通过针对做事懒惰的问题，制定计划，进行有目的的练习，将自身的缺点克服掉。

二、训练要求

1. 个人独立完成。

2. 持之以恒。

三、操作步骤

1. 正确认识。在归因问题上要有正确认识。归因，这一心理学术语，特指一个人对自己或他人行为的原因进行推论的过程。在人的归因过程中，常会出现归因偏见，例如，把主观努力不够造成的挫折、失败，归于"运气不好""环境不适合"。人的惰性心理的产生，往往与归因偏见有关。当人的归因偏见占据因果知觉的主导地位时，其认知判断就会失去客观真实性，从而对人的行为造成误导。因此，要告别惰性心理，就要在归因过程中努力排除归因偏见。特别是在成功时，不要把原因归于自己，在失败时不要把原因归于他人或环境，只有保持清醒的头脑，才能不给惰性心理以可乘之机。

2. 掌握确立目标的"逼近"策略。人的行为目标有大有小有远有近，其目的都是为了激发动机，引导行动。在确立目标时，"步步逼近"的操作性最能调动人的现实积极性。如果一个人的行为目标定得太空、太大、太远，超出个人的能力，又为实际情况所不允许，那么，这种目标的确立就会走向反面，为惰性心理的扩张提供条件。

3. 培养战胜困难的信心。加强意志力的锻炼。克服惰性心理最困难，也是最应注意的问题，这就要加强意志力的培养和锻炼。惰性心理这一"动机意志缺陷"，不是一朝一夕形成的。生活条件的优越、家长的溺爱、教育及其他社会领域对青年心理素质的培养重视不够，导致了惰性心理的蔓延。坚持体育锻炼，投身公益训练，勇敢地参与竞争，不懈地迎接挑战。这些既是锻炼意志的途径，也是战胜惰性心理的良药。

四、注意事项

社区矫正对象之间要定期互相谈谈自己的体验、感受，将自己的惰性心理进行分析，互相交流，并从中得到收获。

五、点评回顾

制定详细的计划，付出勤奋的汗水，达到成功的彼岸。

【小贴士】

习近平总书记对政法工作作出重要指示，要求坚持改革创新，发扬斗争精神，奋力推进政法工作现代化,为做好新时代政法工作提供了根本遵循。中央政法工作会议对推进政法工作现代化作出了全面部署。全国司法行政系统要以习近平新时代中国特色社会主义思想为指导,全面贯彻落实党的二十大精神,深入学习贯彻习近平法治思想,坚持党对社区矫正工作的绝对领导,紧紧围绕党的中心任务履职尽责,奋力推进社区矫正工作高质量发展,谱写新时代新征程社区矫正工作新篇章。

第五章 社区矫正心理咨询

【本章导图】

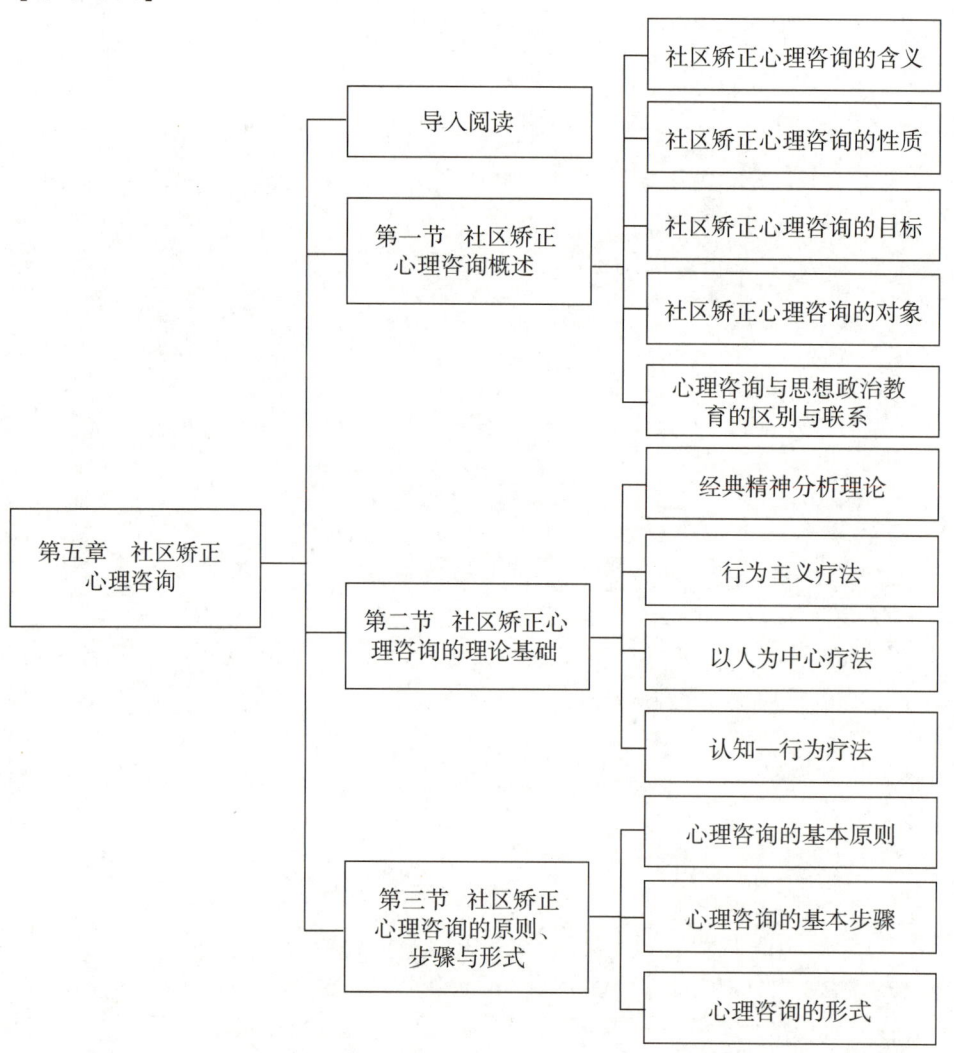

```
第五章 社区矫正心理咨询
├── 导入阅读
├── 第一节 社区矫正心理咨询概述
│   ├── 社区矫正心理咨询的含义
│   ├── 社区矫正心理咨询的性质
│   ├── 社区矫正心理咨询的目标
│   ├── 社区矫正心理咨询的对象
│   └── 心理咨询与思想政治教育的区别与联系
├── 第二节 社区矫正心理咨询的理论基础
│   ├── 经典精神分析理论
│   ├── 行为主义疗法
│   ├── 以人为中心疗法
│   └── 认知—行为疗法
└── 第三节 社区矫正心理咨询的原则、步骤与形式
    ├── 心理咨询的基本原则
    ├── 心理咨询的基本步骤
    └── 心理咨询的形式
```

【导入阅读】

党的二十大报告指出，全面推进健康中国建设是中国式现代化的必然要求。2021

年3月23日，习近平总书记在福建考察时指出，"现代化最重要的指标还是人民健康，这是人民幸福生活的基础。把这件事抓牢，人民至上、生命至上应该是全党全社会必须牢牢树立的一个理念。"实现人民健康必然要求持续推进健康中国建设，总书记强调要"重视心理健康和精神卫生"，心理健康和精神卫生是公共卫生的重要组成部分，也是重大的民生问题和突出的社会问题。新时代的十年中，一系列标志性成就，反映了社会心理健康服务体系的稳步推进，在加快推进健康中国建设和增进民生福祉中发挥了重要作用。将心理咨询融入社区矫正心理工作中，是健全社会心理健康服务体系，坚持以人民健康为中心的根本立场的重要体现。心理咨询能够及时发现社区矫正对象群体中的消极因素和个别社区矫正对象存在的心理危机，预防突发事件，也能帮助社区矫正对象发现自己的问题及其根源，解决其在生活、工作等方面出现的问题，促进矫正效果，是改善和提高人民心理健康状况和幸福水平服务的重要一环。

第一节　社区矫正心理咨询概述

一、社区矫正心理咨询的含义

（一）心理咨询

心理咨询（Psychological Counseling）作为一门科学，自20世纪80年代以来，在高等院校、医疗部门、社会团体中广泛开展起来。在社区矫正工作中，心理咨询是一个崭新的领域，却有着重大的现实意义。

心理咨询的发展历史虽有百余年，但至今有关心理咨询的内涵与外延仍旧众说纷纭。美国约翰·麦克里奥德在畅销书《心理咨询导论》中提到，"心理咨询指的是一个受过专业培训的心理咨询师和来访者之间的职业关系。这种关系通常采用一对一的形式，尽管有时也可能多于两个人。它的目的在于帮助来访者能够理解和分辨他们对生活的看法，并且通过为他们提供有意义的、成熟的选择建议，或者通过帮助他们解决情感和人际关系问题，从而使他们学着实现自己设定的人生目标。"美国著名心理学家罗杰斯认为，心理咨询是一个过程，心理咨询师与来访者之间的关系能给予后者一种安全感，使他可以从容地放开自己，甚至可以正视自己曾否定的经验，然后把那些经验融合于已经转变的自己。在罗杰斯的界定中，提示心理咨询是一种良好人际关系的建立，从而让来访者感受到尊重、理解，并愿意敞开心门，主动交流，发生改变的过程。

我国心理学家朱智贤在《心理学大词典》中将心理咨询定义为："对心理失常的人通过心理商谈的程序和方法使其对自己与环境有一个正确的认识以改变其态度与行为并对社会生活有良好的适应。"著名学者钱铭怡认为："心理咨询是专业人员运用心理科学及相关学科的知识，通过人际关系，对求助者的心理问题提供专业帮助，促进心理健康和个性充分发展的过程。"他重点强调心理咨询是以心理学的有关理论为指导，以良好的人际关系为前提，对来访者进行帮助的活动过程，咨询的根本目的是帮助来访者自立自强。一般认为，心理咨询是受过专业训练、具备专业技术的咨询人员，采取一定的咨询方法，对心理上存在困惑、问题或疾病的来访者进行心理疏导，帮助来访者解决心理问题，促进其成长和发展的活动。因此，传统的心理咨询是指一种以助人为目的的专业性人际互动过程，是由专业人员运用心理学的理论、方法和技术，通过言语和非言语的方式影响来访者，引起其心理、行为和躯体功能的积极变化，促进其人格的成长和发展，充分发挥来访者潜能，使其面对现实，达到治疗疾病、消除烦恼、促进康复和更好地适应环境的目的。

心理咨询应强调以下几个基本要素：

第一，心理咨询需要解决的是来访者存在的心理或精神问题，而非他们生活中存在的具体问题。比如一个失恋的女性，希望咨询师帮她挽回男友；一个与儿子关系恶劣的母亲要求咨询员让儿子听她的话；一个受社区管制的犯人要求咨询员为他回避管理等，这些问题都不属于咨询师要处理的问题。咨询师应引导来访者明确咨询中聚集于自己的心理问题，通过咨询，调整消极情绪，以积极的态度面对生活中的实际问题。

第二，心理咨询是有目的有意识的职业行为。与日常交往中的助人行为不同，心理咨询是一种专业的助人行为。心理咨询的过程中，是咨询师依据特定的目的和任务，运用心理学的专业知识、理论和方法为来访者提供心理方面的帮助行为。咨询师必须是经过专业训练的职业人员。

第三，心理咨询强调良好的人际关系。来访者和咨询师之间必须有一定程度的相互理解和信任，来访者才会愿意坦陈自己的问题，接受咨询师的帮助。这种良好的关系能否建立，取决于咨询师的态度和技巧。咨询师对来访者的理解和帮助是真诚的，态度是诚恳的，但咨询师与来访者之间的关系仅限于咨询关系，且不谋求咨询以外的关系。比如一位男士在咨询中获得了帮助，进而对咨询师产生好感，咨询师绝对不能为此而与之发展咨询以外的其他关系。

第四，心理咨询是一个助人自助的过程。一方面，来访者在咨询师的帮助下，重新审视自己存在的问题，调整或改变不合理的思维、情绪和行为反应方式，找到面对和处理问题的方法和技巧，主动实践，尝试通过自己的努力，解决自身的问题，是一个自助的过程。另一方面，咨询师在帮助来访者面对和处理问题的过程中，也在不断提高自身助人技能，增加和积累助人经验，最终实现自我成长，也是一个助人并自助的过程。

第五，寻求心理咨询是基于来访者心理需要的自愿行为。当来访者心理不适，产生寻求咨询的需求时，咨询才有意义。

对以上共同点加以概括，一般认为心理咨询是由经过专业训练、具备专业技术的咨询人员，采取一定的咨询方法，通过良好的咨访关系，对心理上存在困惑、问题或疾病的来访者进行心理疏导，帮助来访者解决心理问题，促进其成长和发展的活动。

(二) 社区矫正心理咨询

社区矫正心理咨询，就是心理咨询师运用一定的心理咨询方法，帮助来访社区矫正对象发现自己的问题及其根源，从而挖掘其自身潜在的能力，改变原有的认知结构、情感、态度和行为模式，解决其在生活、学习、工作、等方面出现的问题，以提高对改造生活的适应性和应对各种事件的能力，保持和增进身心健康，起到促进矫正的作用。

社区矫正心理咨询的内容十分广泛，涉及社区矫正对象在改造过程中的各种问题引起的心理困惑，如学习问题、交往问题、劳动问题、家庭问题、职业问题、适应问题、心理健康问题和回归社会问题等。社区矫正心理咨询在形式上与社会一般意义的心理咨询相比，既有相同之处，又有自身的特殊性，其必须考虑社区矫正特殊的环境条件、社区矫正对象特殊的心理特点和心理需要，以及社区矫正的基本目的。社区矫正心理咨询虽然是社区矫正心理矫治工作的组成部分，但它对社区矫正对象教育尤其是对社区矫正对象思想教育工作具有极大的促进作用，通过社区矫正心理咨询，还可以及时发现社区矫正对象群体中的消极因素和个别社区矫正对象存在的心理危机，起到预防突发事件的作用。

【小贴士】

党的二十大报告强调，"国家安全是民族复兴的根基，社会稳定是国家强盛的前提"，并作出"以新安全格局保障新发展格局"的战略部署，为做好新时代国家安全工作指明了前进方向、提供了根本遵循。坚守安全底线是做好社区矫正工作的前提和基础，在工作中发现可能存在心理危机的社区矫正对象，为其及时开展心理咨询、疏导和矫治诊疗服务，积极与矫正对象及其家人沟通，跟进内心变化情况，巩固社会矫治支持系统，逐步引导矫正对象自我调节矫正，预防和减少突发事件，增强维护社会稳定和国家安全能力。

二、社区矫正心理咨询的性质

心理咨询是介于医疗与思想教育之间的一种职业性帮助和顾问行为。社区矫正心理咨询是心理咨询技术在社区矫正对象群体中的具体运用，是运用心理咨询的专业知识和技术，针对社区矫正对象开展的一种职业性帮助和顾问行为。

三、社区矫正心理咨询的目标

在社区矫正心理咨询过程中，明确的咨询目标可以让咨询工作更加明确，也更容易取得成效，从而真正帮助到来访者。社区矫正心理咨询的目标，就是由咨询师与主动来访的社区矫正对象协商，共同接受的、期望通过咨询工作达到的结果。

一个有效的咨询目标，应该具有以下要素：

1. 具体。目标越具体，越容易操作和判断，也就越容易见到效果。比如，消除面试时的焦虑，能正常入睡等。有时，来访者提出的目标可能比较模糊或抽象，比如，希望更有能力。这时，需要咨询师和来访者共同讨论希望更有能力的标准是什么，现在哪些方面不足，有哪些因素阻碍，需要发展哪些能力等。经过分析，使来访者模糊的目标逐渐清晰起来，通过一个个具体的步骤来实施。

2. 可行。目标的可行性影响着目标的具体实施过程。影响目标可行性的因素有：

①目标是否超出来访者可能的水平（如没有音乐才能的人想成为音乐家），或现有的可能水平（如不及格的人想一下子达到优秀水平）；②是否超出咨询师所能提供的条件；③客观因素如来访者现有的经济条件等也会成为影响目标的可行性。对于不可行的目标，需要咨询师帮助来访者重新修订以符合实际，比如调整目标或将目标分解为一个个可行的具体目标。如果是由于咨询师的原因而难以达到目标，也要同来访者讲清，重新制定目标或中止咨询或转介给合适的咨询师。

3. 积极。目标的有效性，取决于目标是否积极，是否符合来访者本身发展需求。如果目标虽能解决来访者的问题，但却是消极的，那也是不可取的。

4. 双方均可接受。咨询目标一般来说，应该由咨访双方共同商定。无论是来访者提出或咨询师确定的咨询目标，最好是双方都可接受的。若双方的目标有差异，则应通过进一步沟通交流来修正。若无法协调，应以来访者的要求为主。若咨询师无法认可，也可中止咨询关系或转介给别的咨询师。

5. 心理学范畴。如果不涉及心理问题的来访，一般不属于心理咨询范围。心理咨询主要涉及心理障碍问题、心理适应问题、心理发展问题。

对于有躯体疾病又有心理问题的社区矫正对象，心理咨询的目标并不是解决躯体疾病，而是针对躯体疾病引起的心理不适，或者针对引起躯体疾病的心理因素。此时心理学的目标和医学的目标会有联系，但两者仍有明显差异。在医疗部门，虽然也会涉及心理咨询的思想和方法，但本质上是医学模式的。而心理咨询中，虽然有时也需要药物或其他医疗手段的辅助，但主要的和首要的是心理学的方法。那些以药物治疗为主的心理咨询服务，比如，给失眠者服安眠药，给焦虑者服抗焦虑药，而不是针对引起失眠、焦虑的原因予以解决，严格讲不属于心理咨询。

6. 可评估。目标的进度如何、是否达成，需要具体的评估过程。目标无法评估，则不称其为目标。在咨询过程中，适时评估有助于看到来访者的变化。如发生进步，可鼓舞双方信心，如发现不足，则需要及时调整目标或措施。对于咨询目标的评估方式，可以通过观察，发现来访者的行为变化、思想观念的转变和情绪情感的调节变化，也可以使用心理测验量表来进行评定。

7. 多层次统一。咨询目标是多层次的，既有远期目标、中期目标，又有短期目标；既有特殊目标，又有一般目标；既有局部目标，又有整体目标。有效的目标应该是多层次目标的协调统一。只重视眼前的局部的目标，虽可促进来访者的变化，但其改变可能是个别的、局部的、表面的、甚至是暂时的。只有把这些变化纳入到一个更庞大的发展系统中去，才能促进来访者发生本质的变化。

四、社区矫正心理咨询的对象

社区矫正心理咨询的主要对象可分为三大类：①精神正常，但遇到了与心理有关的现实问题并请求帮助的社区矫正人员；②精神正常，但心理健康出现问题并请求帮助的社区矫正人员；③特殊对象，即临床治愈的精神病患者。

精神正常的社区矫正对象，在现实生活中会面对许多问题，如婚姻家庭问题，择业求学问题，社会适应问题，等等。他们面对上述自我发展问题时，需要做出理想的选择，以便顺利地度过人生的各个阶段。这时，心理咨询师可以从心理学的角度，向他们提供心理学帮助，这类咨询叫发展性咨询。

心理健康出现问题、主动寻求帮助的社区矫正对象，可能长期处在困惑、内心冲突之中，或者遭到比较严重的心理创伤而失去心理平衡，心理健康遭到不同程度的破坏，尽管他们的精神仍然是正常的，但心理健康水平却下降许多，出现了不同严重程度的心理问题，甚至达到"可疑神经症"的状态。这时，心理咨询师所提供的帮助，叫心理健康咨询。

必须明确的一点是，社区矫正心理咨询的对象不包括精神不正常的社区矫正人员（患有精神疾病的社区矫正人员）。只有在患有精神疾病的社区矫正人员经过临床治愈之后，心理活动已经基本恢复正常，基本转为心理正常的人时，心理咨询和治疗才具备介入和干预的条件。在这时，心理咨询和治疗的介入才有真实价值。心理咨询可以帮助他们康复社会功能，防止疾病的复发。但是，对于临床治愈后的精神病人进行心理咨询和治疗时，必须严格限制在一定条件之内，有时必须与精神科医生协同工作。

五、心理咨询与思想政治教育的区别与联系

思想政治教育是一个具有中国特色的概念。1948年9月，第98号《人民日报》的头版头条刊登了一个电头为"本报特讯"的消息——"纠正过去偏向 确定今后方针 华北开中等教育会议"。思想政治教育早期的含义是政治教育，是处理人民内部矛盾的一种方法。1984年思想政治教育学科创立后，思想政治教育的概念界定也成为学界争论的热点。从教育活动的角度，学界普遍认为思想政治教育是一项特殊的教育实践活动，陆庆壬认为："一定阶级或政治集团，为实现一定的政治目标，有目的地对人们施加意识形态的影响，以期转变人们的思想，进而指导人们行动的社会行为。"在基于思想政治教育政治属性的前提下，从交流互动维度，学者们又强调教育主体和教育对象的互动实践性，如李海峰提出，"思想政治教育是通过多种方式开展思想、情感的交流实践活动。"从发展的角度出发，2016版马克思主义理论研究和建设工程重点教材《思想政治教育学原理》中将思想政治教育界定为："教育者与受教育者根据社会和自身发展的需要，以正确的思想、政治、道德理论为指导，在适应与促进社会发展的过程中，不断提高思想、政治、道德素质和促进全面发展的过程。"具体而言，思想政治教育是一个特殊的教育实践活动，有教育者和受教育者的交互作用，有相应的指导思想，最终促进个体的思想、政治、道德素质全面发展，具体包括思想教育（世界观、人生观、价值观教育）、政治教育、道德教育、法制观教育、心理健康教育等。

思想政治教育与心理咨询有一定的联系，但是也存在本质上的区别。

（一）心理咨询与思想政治教育的区别

第一，指导思想不同。心理咨询是以心理学、社会学、教育学、精神病学、行为学等理论为指导；政治思想教育则是以马克思列宁主义、毛泽东思想、邓小平理论、"三个代表"重要思想、科学发展观、习近平新时代中国特色社会主义思想为指导。

第二，内容、特点不同。心理咨询的内容侧重于人的心理、生理层面，其内容常

常与人的生理状态、身体素质、遗传因素以及人所面临的各种心理压力相联系，带有明显的生理和心理特点；思想政治教育则侧重于人的思想层面，它常常与人的世界观、人生观、价值观以及人对社会、对集体、对他人的态度相联系，带有明显的政治和道德色彩。

第三，方式方法不同。心理咨询主要以一对一的交流为主，政治思想教育主要以班级、团体等规模交流为主；心理咨询重在疏导，思想政治教育重在灌输；心理咨询除了谈话之外还可以采用心理测量、行为矫正以及具有医疗色彩的催眠、药物等方式，而思想政治教育则只能采用宣传、说服、批评、表扬等以语言为主的交流方法。

第四，坚持原则不同。保密是从事心理咨询人员的基本素养之一，也是从业人员应遵循的一个基本原则。思想政治教育可以在大会，甚至在电台、报纸上公开表扬或批评；心理咨询是一个帮助过程，双方是完全平等的，受助者有是否接受咨询人员意见、建议的绝对自由。思想政治教育是一种灌输过程，对某些言行的批评教育具有强制性。

第五，对参与人员的要求不同。心理咨询是在心理学理论的指导下，通过各种手段帮助来访者深入反省自己，重新认识问题，并从单纯的情绪反应上升到现实思考的过程。这一动态的过程具有很高的专业内涵。因此心理咨询必须是由经过专业训练和严格考核、获得国家颁发的资格证书者担任。政治思想教育的理论来自于社会实践，作为社会实践主体的人都可以参与。

（二）心理咨询和思想政治教育的联系

第一，两者的目标一致。从适应社会和个人成长的角度来看，思想政治教育和心理咨询具有一致性。它们有共同的工作对象，都要针对人们在工作、学习、生活等方面出现的困扰、冲突以及不良行为习惯进行分析，提供建议、指导和帮助，最终目标都是为了促进个体的健康成长。

第二，两者相互影响。在实践中思想政治教育和心理咨询常常交织在一起，它们相互渗透、相互补充。一方面，思想的形成和转变离不开心理活动，并受心理活动的制约；另一方面，思想一旦形成，又可以有力地调控和支配心理活动的方向和内容。

第三，两者相互依存。一方面个体的行为不仅受政治观念、道德观念等因素的支配，还受到性格、情绪等心理因素的影响。如果思想政治教育工作者掌握了心理咨询的知识和技巧，不但可以了解人一般心理特点和思想观念，还可以从更高的层次上了解个体的情绪、情感、气质、性格等方面的具体情况，从而真正做到因人制宜，增强思想政治教育的针对性和有效性；另一方面，心理咨询人员只有树立正确的价值观、人生观、世界观，才会具有高尚的道德情操和良好的职业素养，才会对来访者提供科学、有实效的帮助。

第二节　社区矫正心理咨询的理论基础

心理咨询在其发展过程中，先后出现了很多理论观点：心理动力学理论观点、行为治疗理论观点、认知疗法或认知行为疗法理论观点、人本主义理论观点、家庭治疗等，在本节中将着重介绍心理咨询各流派的理论观点。

一、经典精神分析理论

经典精神分析理论是当代心理咨询的重要理论基础，其创始人弗洛伊德被称为现代心理咨询与心理治疗的鼻祖。他的理论与方法在帮助人们克服心理障碍与治疗心理疾病的过程中有很多可取之处。在弗洛伊德之后，还有许多学者进行了精神分析学方面的研究，他们的理论进一步超越了弗洛伊德精神分析学的局限，把视野从生物性本能转向了社会，代表人物有荣格、阿德勒、霍妮等。精神分析理论对我们理解心理障碍形成的原因，矫正这些偏态心理、行为都有重要启发意义。

弗洛伊德（Sigmund Freud 1856~1939）是奥地利精神病学家、精神分析学派的创始人。他提出的理论主要有以下几个方面。

（一）意识的层次

弗洛伊德把人类的意识界定为三个水平：意识、潜意识、无意识。意识包括个人在任何时刻都可以觉察到的感受和体验；无意识是人的心理活动的深层结构，包括个体没有觉察到的需要和动机，但是它仍然影响着个体的思想和行动。潜意识是介于意识与无意识之间的一部分，它搭起了两者之间的桥梁，它起的作用常常是不允许无意识的本能冲动到达意识中去。心理咨询中的一个主要的治疗任务就是把无意识中的东西转入到意识中去，弗洛伊德认为释梦可以做到这一点。

（二）人格的结构

弗洛伊德把人格分为本我、自我和超我。本我就是生物本能愿望，遵循快乐原则，满足基本的生物需要。如果本我受到压抑就会出现焦虑。自我是在现实环境中，通过后天学习获得发展起来的，遵循现实原则。自我是本我与外界的调节员，决定是否允许本我满足各种要求。超我代表的是社会的标准，代表良心或道德的力量，遵循道德原则。超我对本我和自我有抑制作用，超我形成后，自我承担起同时协调本我、超我和现实三方面的要求的作用。一个人要保持心理正常，这三者就必须协调好。如果这三者协调不好，本我太强或者超我太强，都容易引发心理疾病，导致心理失衡。

（三）心理动力理论

动力理论认为心理活动驱力是一种心理能量，它出自个体先天的本能。包括：①与自我保护有关的，与生存有关的生理需要；②性爱的驱力与性欲望和种系的繁衍有关。在这方面，弗洛伊德把性的能量源泉（libido）看成是驱使人寻求各种感官快乐的心理能量。进一步的，他把个体保存、种系的延续两类驱力都叫"生本能"，把攻击、侵略等行为称之为"死本能"。

（四）人格发展阶段理论

弗洛伊德认为，"本我"中的"无意识"冲动和性欲，在个体发展的不同阶段，总要通过身体的不同部位或区域得到满足并获取快感。而在不同部位获取快感的过程，就构成了人格发展的不同阶段，具体可分为如下几个阶段（或时期）：

1. 口欲期（0~1岁左右），其快乐来源为唇、口、手指头。在长牙以后，快乐来自咬牙。
2. 肛门期（1~3岁），其快乐来源为忍受和排粪便，肌紧张的控制。
3. 性器期（3~5岁），其快乐来源为生殖部位的刺激和幻想，恋母或恋父。
4. 潜伏期（5~12岁），这时儿童不对性感兴趣，不再通过躯体的某一部位而获得快感，而是将兴趣转向外部，去发展各种知识和技能，以便应付环境的需要。
5. 生殖期（12岁以后），性欲逐渐转向异性。这一阶段起于青春期，贯穿于整个成年期。

（五）心理防御机制

弗洛伊德认为，个体为了应对环境所带来的压力，自我必须要使用一些办法来处理这些问题，这些处理方法被称为防御机制。心理防御机制是自我的一种功能，是基于自我为了压制本我的欲望，解决自我和本我两者之间引发的冲突而形成的。心理防御机制可以帮助个体维持精神稳定，防止个体在心理层次上产生恐惧、悲伤、惊愕等不安的感受。借助于它，自我可以摆脱由内心冲突导致的不快和焦虑，控制过度的冲动、情感和本能欲望，以保持内心的平衡。在日常生活中，心理防御机制能够有效地维持个人正常的心理健康状况，其地位是举足轻重的。它在人们的无意识层面中不经意间调解个人的心理状态，借此为自己找出合理的方式，譬如自我修饰和贬低他人等方法，提升个体的自信心与自尊心，从而达到保障个体免受伤害的目的。当心理防御机制不起效用时，会导致心灵受伤和情绪变得不安宁；同时心理防御机制过度使用，可能使个体无法真实地接触自己的内心思想，逃避社会现实，加深问题的严重性，可能导致心理失衡，产生各种焦虑。心理防御机制主要包含：否认、歪曲、反作用形成、转移、抑制、投射、摄入、仿同、升华、退化情感、幽默、利他、压制、预期、理智化、合理化、补偿、抵消、隔离、幻想、转化、解离等22种常见的类型。

（六）释梦理论

弗洛伊德认为潜意识中的本能冲动在睡梦中得以表现，就构成了梦境，所以他对梦进行了大量的研究。具体来说，梦的发生包括以下要素：其一，梦的发生有一个心理内驱力，即趋向于愿望的达成。一般来说，人在清醒状态下遭到压抑的心理愿望，一直在寻求其达成的途径。当人在睡眠状态下时，意识的层面放松警惕，受到抑制的愿望就会通过改装，从潜意识层面浮到意识层面，以概念梦的形式实现其达成。其二，"梦"具有"显"和"隐"的区分。弗洛伊德把梦中所叙述的事物称作"梦的外显内容"，把那些他认为体现着愿望而只能通过意念的分析才能达到的隐藏着的东西，称为"梦的内隐思想"。他认为梦不能公然代表那些本身是禁忌的，特别是和性欲有关的愿望。因此，通过"梦的工作"，隐性梦转变为外显内容；而"释梦"则是要对"梦的工作"进行还原重构。这样可以使梦的内隐思想不再难以了解，使外显内容返回到内隐思想。其三，梦的发生运用了独特的形式与手段。弗洛伊德对此提出了两个假设："我们须假设每个人在其心灵内，均有两种心理步骤（psychic instance）或者称为倾向（tendency）、系统（system）、心理力量（psychical forces）：第一个是在梦中表现出愿望的内容，第二个却扮演着检查者的角色，而形成了梦的'改装'。"弗洛伊德认为，病人的梦可能是情绪材料的丰富来源，梦中往往包含着产生精神障碍原因的有价值的线索。因而释梦成为精神分析治疗的方法之一。

二、行为主义疗法

行为疗法源于行为主义心理学理论。该疗法把焦点集中于人们行为的困扰上，心理治疗的目的是使可以观察到的外显行为发生变化。当代的行为主义疗法主要来源于四个发展领域：

（一）巴甫洛夫的经典条件反射

经典条件反射指的是通过配对，在学习过程之前发生的事件将引发个体反应性的行为。该原理由俄国生理心理学家巴甫洛夫最早提出，他通过对狗的实验证实了经典条件反射的存在。

巴甫洛夫将食物放在狗的面前，狗就会分泌唾液，这是无条件反射行为，引起这种反应的刺激食物称为无条件刺激。当食物反复多次与一些中性刺激（如铃声）配对呈现后，当食物不出现时，仅呈现铃声，狗也会分泌唾液。巴甫洛夫把这种反射行为称为条件反射行为。另外，如果仅有中性刺激重复出现，却不呈现食物时，那么狗的这种分泌唾液的反应也将逐渐减弱，甚至消失，巴甫洛夫称之为条件反射的消退。此外，个体一旦学会对某一特定的条件刺激做出条件反射后，那些与条件刺激相似的其他刺激也能诱发相同的条件反应。例如，在实验中用500Hz的声音与食物相结合来建立狗的条件反射，一开始许多其他声音也可以引发条件反射，只是越接近500Hz的声音，引起的条件反应越大。这种现象称为刺激的泛化。如果只对条件刺激（500Hz的声音）进行强化，而对其他刺激不强化，泛化反应就逐渐消失。动物只对经常受到强化的刺激（500Hz的声音）产生条件反射，对其他相似的刺激出现抑制，这种现象称为刺激的分化。刺激泛化和分化是互补的过程。其中泛化是对刺激的相似性作反应，分化则是对刺激的差异性作反应。

20世纪50年代，沃尔普等人开始用动物实验中的发现来治疗临床病态恐惧，他们以条件反射理论为基础，发展出系统脱敏疗法，被广泛运用于恐惧症的治疗中。

（二）华生的行为主义理论

行为主义的创始人是美国的心理学家华生。他主张研究可观测、可记录的外显行为，用刺激、反应、强化、消退等术语来客观地描述可观察的行为和动作。以刺激（S）—反应（R）的公式来解释人和动物的行为。行为是可以通过学习和训练加以控制的。华生受巴甫洛夫的经典条件原理影响，认为人类除了恐惧、愤怒和爱三种情绪之外，其他所有情绪反应都是条件作用的过程。条件反射既可以形成某些原来没有的行为和情绪，也可使这些后天习得的行为和情绪得以消除。他曾以一个11个月大的婴儿阿尔伯特作为研究对象，通过实验使婴儿习得对白鼠的恐惧情绪。华生还证明这种条件性恐惧还可以泛化到其他白色的、毛茸茸的事物上去，如白兔、实验员的白胡须等也能引起婴儿的恐惧反应。华生认为，成人的恐惧、厌恶和焦虑等情绪，也都是通过条件性作用造成的。

（三）斯金纳的操作条件反射

斯金纳从20世纪20年代末开始对动物的条件反射进行实验研究。他发明并使用一个实验装置，被称为"斯金纳箱"，并创立了操作条件反射原理。

斯金纳认为经典条件反射只能解释人类很少一部分行为，他把巴甫洛夫研究的行为称为应答性行为，这类行为由特定刺激引起，是不随意的反射性行为。他指出人类还存在另一类行为，即操作性行为，这些行为是有机体自发做出的随意行为，不与任何特定的刺激相联系，是操作条件作用的研究对象。他的研究关注的是行为与其结果之间的关系，通过令人愉快和不愉快的结果来改变行为，这就是操作性条件作用。例如，如果一个学生主动向老师问好而受到表扬后，这个儿童将会更频繁地做主动向老师问好的行为。

操作条件作用的基本规律如下：

1. 强化。强化是一种提高同类行为出现频率的操作。强化分为正强化和负强化。正强化是由于某刺激加入而增加了某个操作反应发生概率，如奖励或表扬。负强化是由于某个刺激的排除而加强了某个操作反应发生的概率，如摆脱讨厌的任务或情境。可见，二者的作用效果都是增进了反应的概率。

强化物是指能增强行为（提高行为出现频率）的各种刺激物。当某个刺激物确实被证明增强了个体的某种行为时，就可以被称为强化物。例如，对小孩来说，糖果通常可以被看成是强化物，但是一顿美餐后糖果可能不再具有吸引力。强化物一般有以下五种：①满足人基本需要的强化物，如食物、水、安全、温暖和性等；②社会强化物，如表扬、微笑、拥抱或关注等；③活动性强化物，如可以玩玩具、做游戏、看电视或从事有趣的活动等；④代币强化物，个体可以用代币换取其他强化物，如糖果、游戏等，代币通常有以下形式：钱、分数、彩星或积分等；⑤特权，如获得更多自由的时间，充当特殊的角色（如跑腿或协助教师分发材料），使用或接触特殊物品（如足球）的机会等。

2. 逃避条件作用与回避条件作用。逃避条件作用是指当厌恶刺激或不愉快情境出现时，有机体做出某种反应，从而逃避了厌恶刺激或不愉快情境，则该反应在以后的类似情境中发生的概率便增加。逃避条件作用是一种负强化作用，它揭示了有机体是如何学会摆脱痛苦的。例如，看见路上的垃圾后绕道走开，感觉屋内人声嘈杂时暂时离开等。

回避条件作用是指当预示厌恶刺激或不愉快情境即将出现的刺激信号呈现时，有机体自发地做出某种反应，从而避免厌恶刺激或不愉快情境的出现，则该反应在以后的类似情境中发生的概率也会增加。回避条件作用也是一种负强化作用。回避条件作用是在逃避条件作用的基础上建立的，是个体在经历过厌恶刺激或不愉快情境的痛苦之后，学会了对预示厌恶刺激或不愉快情境的信号做出反应，从而免受痛苦。如违章骑车时遇到警察时赶快下车。

3. 惩罚。惩罚是指有机体做出某种反应后呈现一个厌恶刺激，以消除或抑制此类反应的过程。惩罚不同于负强化。负强化是通过厌恶刺激的排除来增加反应在将来发生的概率，而惩罚则是通过厌恶刺激的呈现来降低反应在将来发生的概率。简单地说，负强化是增强某种适当行为，惩罚是消除某种不当行为。惩罚通常有两种基本形式：①呈现性惩罚，就是使用不愉快的结果或厌恶性刺激，如批评一名员工；②取消性惩罚，就是取消令人愉快的结果。如取消个体的特权、剥夺某种福利、暂时隔离等。

惩罚尽管具有使受罚者知错改正的积极目的，但是还有很多消极影响，必须慎重使用。惩罚要适时适度，惩罚某种不良行为应与强化一种良好行为相结合。

斯金纳认为，人类行为能够借助积极强化的适当使用加以控制、指导、改变和形成。惩罚可以使习得的不良行为得到改变。这一观念为行为治疗中各种惩罚手段消除不良行为（酗酒、窥淫癖、恋物癖等）提供了理论依据。

（四）班杜拉的社会学习理论

美国心理学家班杜拉是社会学习理论的主要代表人物。他认为个性是在个体和环境交互作用中，通过自身的能动作用，观察学习而形成和发展起来的，是个体行为的总和。他认为个性形成之后仍然可以受环境影响而改变。人的一致性行为是在各种不同情境下对类似学习进行概括的结果，既受情境影响也受个人对情境认知评价的影响。如果情境发生变化，人的行为也会发生相应的变化。社会学习理论强调榜样的示范作用。认为人类的大量行为是通过观察学习而获得，即人们能够思考外部事物，可以预见行为后果。个体学会某种行为，不必实际去经历。个体也可以评价自己的行为，对自己的行为进行自我强化，不一定必须依靠外部强化。人的行为可以自己调控自己，不一定被外界左右。

按照社会学习理论，对行为问题的咨询与治疗的原则是：行为反应过剩时，治疗目标就是通过社会学习，消退这些反应；行为反应不足时，治疗目标就是通过社会学习增加和强化此类行为。其基本理论假设是：个体既然可以通过社会学习形成不良或不适应的行为，也可以通过社会学习获得这些行为。

三、以人为中心疗法

以人为中心疗法基于人本主义心理学的观点，大部分是由卡尔·罗杰斯在20世纪40年代初期所创。罗杰斯的基本假设是：从本质上看，人们都是值得信赖的个体，他们拥有大量的潜力，即使没有咨询师的帮助也能理解自身并解决自己的问题；如果卷入到特定的治疗关系中，他们将有能力获得自我指引性的成长。罗杰斯也强调咨询师的态度、个人特质以及来访者与咨询师的关系质量对治疗过程的决定性作用。他把咨询师在理论和技术方面的知识能力放在次要地位，心理咨询中应以来访者为中心。

以人为中心疗法的理论的思想基础是对人性的深刻理解和对人的尊重和依赖。他认为人性发展的基本倾向是建设性的，人有追求美好生活、为美好生活而奋斗的本性。健康代表着人格的健全和人性的丰满发展，病态是健康人格的异化。心理疾病患者并没有失去自身原有的潜能，咨询师要相信来访者的自我指导能力，创造有利于疾病康复的良好气氛，启发来访者发掘自身的潜能治愈疾病。

以人为中心疗法的理论的基本假设是：人们有了解自己的问题的能力并有解决这些问题的资源；人们对咨询师的需要是理解、真诚、支持、接受、关心和积极的评价。因此，以人为中心的治疗理论的价值取向是：心理治疗应把重点放在求助者身上，帮助求助者自我探索，发现自身的问题及挖掘自身的潜能，助人自助，让求助者不断获得自我概念，形成健康的人格，咨询师只要提供适宜的环境，设身处地地为求助者着想。

（一）人性论

罗杰斯对人有三个假定：他的第一个假定是人身上有一种最基本的、统御人的生命活动的驱动力量。他把它称为"实现趋向"，认为人有自我实现的倾向，凡是有助于自我实现的都是有价值的。这一点可以概括为人性规定了价值。罗杰斯对人的第二个假定为人性指导价值，并认为有机体本身具有一种"机体智慧"，能够估价什么是符合实现趋向的，什么是阻碍实现趋向的。他的第三个假定是人是值得依赖的，个人性和社会性是统一的。此外，罗杰斯还认为人都有其对现实的独特的主观认识，在咨询中要为求助者保存其主观世界的存在；人基本上是诚实的、可信赖的，人有能力指导自己，调整和控制自己的行动，从而达到良好的主观选择与适应；人拥有机体评价的过程，有机体的评价过程把个体的经验与自我实现有机地协调配合，使人不断迈向自我实现。

（二）自我论

自我或自我概念是以人为中心的治疗理论的基础。罗杰斯认为自我概念是人格形成、发展和改变的基础，是人格能否正常发展的重要标志。自我概念主要是指求助者对其体验的总体知觉和认识，是自我知觉和自我评价的统一体。自我概念并不总是与一个人自己的体验或机体真实的自我相同。自我概念包括对自己身份的界定，对自我能力的认识，对自己的人际关系及自己与环境关系的认识等。

以人为中心治疗理论认为，心理失调产生的原因是自我概念与经验之间的不协调。以人为中心的治疗实质是重建个体在自我概念与经验之间的和谐，或者通过价值的条件化内化他人的价值观念，形成自我观念，达到个体人格的重建。心理治疗的关键是治疗者对来访者的尊重，理解他们的经验，相信其自我导向的潜力，促使其自我改变。

（三）人格改变的基本条件

以人为中心的治疗理论认为促进人格改变有三个基本条件，也是咨询师在咨询中应具备的基本态度，只有这样才能为建立良好的咨访互动关系创造适宜的氛围：

1. 真诚。真诚是以人为中心咨询理论的一个最重要的条件。真诚不仅意味着诚实，还要让求助者有安全和信赖的感觉，能够自然公开地讨论自己的情感和态度问题。

2. 无条件的尊重。无条件的尊重是心理咨询者对求助者的态度，也是心理治疗的前提。无条件的尊重是指治疗者对求助者的各种言行都采取宽容和接纳的态度，通过倾听和非批判性的语言来表达尊重。尊重求助者是独特的个体，尊重求助者的个体价值和自我决定，一切为了求助者的利益。

3. 共情。共情是以人为中心咨询和治疗的关键点。共情对于治疗关系的建立，对于促进求助者的自我探讨都起着核心的影响作用。共情指咨询师放下自己的主观态度，有效的聆听，设身处地地为求助者着想，体验其内心世界，并把这种感受反馈给求助者，达到情感上的交流和共鸣。

四、认知—行为疗法

认知行为疗法将认知疗法和行为主义疗法二者的原理和方法综合在一起，是行为主义疗法的进一步拓展，是一种短期治疗形式。著名的认知行为疗法，主要包括阿尔伯特·艾利斯的理性情绪行为疗法（REBT）、阿隆·贝克的认知疗法以及唐纳德·梅钦鲍姆的认知行为疗法（CBT）。

认知行为疗法的理论基本假设是：人的心理障碍是由对生活状况的感知和思维造成的，不是生活状况本身造成的，也不是由其他人或过去事件造成的。因此心理咨询工作就是对人们的思维进行认识并加以改变，包括教育、建议和布置作业。这一理论虽然与以来访者为中心的理论有许多相似之处，但还是有区别的，那就是认知—行为咨询理论更强调咨询者对来访者的改变。认知行为疗法中包含行为主义疗法的治疗策略，行为主义疗法的治疗策略还是其整合型治疗过程的重要组成部分。

（一）阿尔伯特·艾利斯的理性情绪行为疗法

理性情绪行为疗法（REBT）是第一个认知行为疗法，也是认知行为疗法领域中重要的一支。REBT 和其他以认知和行为为定向的疗法拥有很多共同之处，都强调思考、判断、决定、分析以及行动的过程。REBT 的基本假设在于：是人们自己通过其对事件和情境的解释方式，导致了自己的心理问题和症状。REBT 的假设在于：认知、情绪和行为之间存在着交互作用，它们彼此之间还拥有可逆的因果关系。REBT 强调所有这三个方面以及它们之间的相互作用，因此 REBT 是一种整合型的疗法。

REBT 的基本假设是：我们的情绪主要根源于我们的信念、评价、解释以及对生活情境的反应。通过治疗过程，来访者将学会可以帮助他们识别并对抗其不合理信念的工具。来访者将学习如何以有效而理性的认知来取代无效的思考模式，进而改变自己对情境做出的反应。治疗过程可以帮助来访者将 REBT 的改变原理运用到当前特定的问题上，并运用到自己可能在生活中或未来遇到的问题上。

REBT 的核心概念如下：

1. 人性观。理性情绪行为疗法的基本假设是：人一生下来就同时具有理性、正确思考及非理性、扭曲思考的潜在可能性。人们有自我保护、追求快乐、思考并表达、爱、与他人交流以及成长和自我实现的资质。同时，人们也有自我毁灭、逃避思考、拖延、重蹈覆辙、迷信、无耐性、完善主义和自我责备以及逃避成长的倾向。考虑到人们容易犯错的本质,理性情绪行为疗法尝试帮助人们接纳自身——接纳自己是一个会不断犯错的人,但同时又是一个在不断学习如何与他人和平相处的个体。

2. 对情绪困扰的观点。REBT 的前提是,尽管我们的非理性想法是在儿童时期从重要他人那里学来的,但后来是我们自己造就了这种非理性的模式。我们会不断强化这些自我挫败性的信念——不仅通过自我暗示和自我重复的过程,还会在自以为它们有效的情况下秉持着这些信念去行动。因此,是我们自己通过不断地重复着这些早期被灌输的非理性的想法而使得这些机能不良的想法如影随形地陪伴着我们的。

艾利斯认为人们并不需要他人的接纳和爱,即使这对个体而言的确很有吸引力。咨询师会教会来访者如何保持愉快的心态,哪怕个体的重要他人并不接纳自己。REBT 在鼓励人们去体验那种因不被接纳而产生的健康的悲伤感的同时,更多会帮助人们找到战胜抑郁、焦虑、受伤、怨恨或自我价值感的缺失等消极感受的方法。

艾利斯认为自我责备是个体的大部分情绪困扰的来源。因此,为了要从神经官能症或人格障碍中摆脱出来,个体最好停止对自己和他人的责备过程,应该学习接纳自己尽管自己并不完美。艾利斯假设:个体很容易将自己的愿望和偏好转化为教条式的"应该""必须"等要求和命令。当个体沮丧时,最好看看这些隐藏起来的教条"必须"和绝对的"应该"等。这些要求会导致破坏性的感受以及机能不良的行为。

个体总会通过内化类似的自我失败性的信念而让自己深陷在情绪的困扰之中,从而导致个体心理不健康。

3. ABC 模型。ABC 模型是 REBT 理论和实践的核心。这一模型可以帮助我们理解来访者的感受、想法、事件和行为(Wolfe, 2007)。A 是既存的事实、诱发性的事件。B 是个体在诱发性事件后相应的信念,即个体对该事件的看法、解释和评价。C 是个体的反应或是个体情绪与行为的结果,个体的这种反应既可能是健康的又可能是不健康的。A(诱发事件)并不是导致 C(情绪结果)的原因。相反,B(个体对 A 的信念)才是 C(情绪结果)的根源所在。

这三个不同成分之间的关系如下图:

```
┌─────────────┐     ┌─────────────┐     ┌─────────────┐
│      A      │     │      B      │     │      C      │
│ activating  │ ──▶ │   belief    │ ──▶ │ emotional and│
│   event     │     │             │     │  behavioral │
│             │     │             │     │ consequence │
└─────────────┘     └─────────────┘     └─────────────┘
```

图 5.1

例如,如果一个人在离婚之后觉得十分沮丧,那么这种沮丧反应并非由离婚本身所引起,这个人对于失败、被拒绝或失去伴侣所持的信念才是其沮丧反应的根源。在艾利斯看来,这个过程可能是:个体产生沮丧反应(C)的主要原因不是离婚这个实际事件(A),而是被拒绝和失败的信念(B)。个体要为自己的情绪反应和混乱负有主要责任,咨询师要向人们展示如何改变直接导致其情绪混乱结果的不合理信念。

个体会持续地用一些自我挫败性的句子来让自己产生情绪困扰,比如:"我应该因为离婚而备受责备""我是一个可怜的失败者,我做的每件事都是错的""我是个没价值的人"等。艾利斯指出："人怎么想就会有怎样的感觉。"焦虑、抑郁等情绪困扰反应是基于来访者创造或内化的不合理信念，由来访者的自我挫败性的信念系统所引发并维持的。艾利斯后来对 REBT 的 ABC 模型进行了修改，将 B 界定为信念、情绪和行为，因为信念包含着情绪和行为的成分。

在 A、B、C 之后是 D（指对非理论信念的干预和抵制）。本质上讲，D 指的是用来帮助个体挑战其不合理信念的方法。这抵制过程有三个主要成分：侦测、辩论与分辨。首先，来访者要学会如何侦测自己的不合理信念，尤其是他们的那些绝对的"应该"和"必须"，喜欢把事情往坏处想的倾向以及自我贬损倾向。其次，来访者会通过学习进行理性与验证性的质疑的过程——即与这些信念做激烈的辩论，并得出不同的结论从而摆脱它们——来与自己不合理的信念进行辩论。最后，来访者需要学会分辨理性与非理性的信念。认知重构是认知疗法中的核心技术，通过帮助来访者学会管理自己的自我对话、识别机能不良的自我对话并用适应性的自我对话取代消极的自我对话的过程，教授人们如何通过利用建设性的信念取代错误的认知来改善自身。

艾利斯认为个体有能力对自身的认知、情绪和行为做出改变。为了达成这一目标，个体需要承认过于固执的情绪反应 C 的无意义性，进而让自己不再过于关注诱发事件 A。同时，个体应该选择对 B——对诱发事件所秉持的不合理信念进行检验、挑战、修正并根除。如果用新的健康的想法代替原有的不健康的想法，新的、有效的信念系统就会应运而生。

尽管 REBT 会使用很多认知、情绪以及行为的方法去帮助来访者克服其非理性信念，但是 REBT 还特别强调来访者在治疗内外的 D（对非理论信念的干预和抵制）的过程。最终，来访者将能够进入 E 的阶段，E 指的是有效的、具有实用性的人生观。如果个体能成功地做到这点，个体就创造了 F——一系列新的感受。这样，个体就不会再被不健康的抑郁和焦虑所困，相反，将产生健康的惋惜感或失望感。

总之，人生观的重构可以改变那些功能不良的人格，其具体步骤为：①充分承认我们对自己的问题所负的责任；②接受我们有能力对这些困扰进行改变这一观点；③认清我们的情绪问题主要来自于非理性的信念；④清楚地察觉这些信念；⑤认清与自我挫败性的信念进行辩论的价值；⑥接受以下事实：如果我们希望有所改变，最好努力去对抗非理性信念以及与之相随的那些功能不良的感觉和行为；⑦个体应在余生实践 REBT 的方法并改变那些困扰自己的情绪结果。

(二) 阿隆·贝克的认知疗法

阿隆·贝克基于自己对抑郁症的研究发展出认知疗法（CT）。贝克通过对抑郁症患者的观察，发现这类患者对生活事件的解释似乎都存在着一定的偏差，而正是这种偏差导致了他们的认知混乱。认知疗法与理性情绪行为疗法以及行为主义疗法都拥有很多的相似之处。这些疗法都是主动的、指导性的、有时限的、以当前为导向的、聚焦问题的、协作的、结构化的、实证的治疗方法，它们都注重家庭作业的作用，并且强调对问题及其发生的情境要进行清楚的识别。

认知疗法将心理问题视为错误思维，根据错误或不完整的信息做出错误推论、混消了想象与现实等过程的结果。认知疗法是一种以心理教育为导向的疗法，和理性情绪行为疗法一样注重顿悟，强调识别并改变个体那些消极的想法和适应不良的信念。认知疗法的理论依据是：人类的感受和行为受到个体对自己经历的感知和建构过程的影响。其理论假设是：①人们可以通过内省来与内在进行交流；②来访者的信念往往具备一定的个人意义；③来访者不需要通过咨询师的教育和解释过程就可以自己发现这些意义。

认知疗法的基础在于理解个体混乱或情绪问题的性质以及聚焦个体对烦恼事件的反应中的认知成分。其目标是通过帮助来访者利用自己的自动化思维去走进自己的核心图式，然后对图式进行重构，从而改变来访者的思维方式。这就需要咨询师鼓励来访者收集支持其信念的信息并对这些证据进行权衡。

贝克认为存在情绪问题的人们可能会犯一些特有的"逻辑错误"，从而将客观现实引导到了自我否定的方向上，这些错误被称为认知偏差，如糟糕至极、以偏概全、夸大或缩小、绝对化、非黑即白等。

认知疗法的假设是：对机能不良的情绪和行为进行改变的最直接的方式便是修正个体那些不准确的、机能不良的思维。认知疗法的咨询师会教授来访者如何通过评估识别那些扭曲的、机能不良的认知。通过共同的努力，来访者将会认识到认知对自己的感受、行为以及环境事件的影响。在认知疗法中，当来访者认识到自己时常被灾难性想法所困时，他们将学会进行更为现实的思维。

当来访者认识到自己不切实际的消极想法对自身造成的影响时，他们将学会通过评估那些支持或否定的证据，来对这些与现实相悖的自动化思维进行检验。他们可以对这些观点对日常生活的干扰进行监控。一般咨询师最常使用的问题是："你觉得这样的证据会在哪里？"如果咨询师询问这个句子的次数足够多的话，来访者将逐渐学会在实践中自己询问自己这个问题（尤其在他们已经熟练掌握界定机能不良行为的技术后）。这种检验核心信念的过程包括，来访者通过与咨询师进行苏格拉底式的对话来积极地对自己的信念进行检验、完成家庭作业收集和自己假设有关的信息、对自己的活动进行记录并找到新的解释方式。来访者将对自己的行为形成一系列假设，最终学会一定的问题解决策略和应对技巧。通过引导发现的过程，来访者将认识到自己的思维和行为感受方式之间的联系。

（三）唐纳德·梅钦鲍姆的认知行为疗法

唐纳德·梅钦鲍姆的认知行为疗法旨在改变来访者的自我言语。他认为，自我陈述会影响个体的行为，就像他人的言语会对个体的行为造成影响一样。该疗法的基本前提认为，对来访者而言，要想改变其行为，那么他就必须关注自己的思考、感受以及行为的方式并关注这些对他人的影响。要促使改变的发生，那么来访者需要打断自己行为一成不变的模式，这样他们才能够在不同的情境中对自己的行为进行评估。该疗法旨在帮助来访者清晰地认识自己内在的自我对话。其治疗过程包括：教会来访者进行自我陈述、训练来访者修正他们赋予自己的指导，以便帮助来访者更为有效地应对自己遇到的问题。咨询师和来访者将一起通过角色扮演来模拟来访者日常生活中的问题情境，从而在这个过程中实践新的自我指导过程和行为。其焦点在于帮助来访者获得丰富的应对技巧，从而帮助他们应对诸如冲动行为、攻击性行为、考试焦虑以及害怕在公众场合演讲等状况。

认知重构在梅钦鲍姆的方法中非常重要。他将认知结构描述为组织思考的要素，它掌管并指导着个体对想法的选择。认知结构决定着我们何时继续、中断或改变我们的思考过程。

梅钦鲍姆描述了改变的三阶段历程，这三个阶段是相互交织的，仅关系一个方面是不够的。

第一阶段：自我观察。在改变历程的第一个阶段中，来访者需要学会对自己的行为进行观察。当来访者开始治疗时，他们的内在对话一般以消极的自我陈述和想象为主要特征。治疗的关键在于帮助他们愿意或能够聆听自己。这个过程中，来访者会提高对自己想法、感觉、行为、生理反应以及对他人反应的敏感性。例如，如果存在抑郁问题的来访者希望能产生建设性的变化的话，他们就必须先认识到自己不是消极感受和思维的"受害者"。相反，他们其实是通过自我言语而让自己抑郁的。尽管自我观察是引发改变的必要条件，但这并不足以引发改变。随着治疗过程的继续，来访者将学会新的认知结构，这可以使他们以新的视角来看待自己的问题。这一重新概念化的过程需要咨询师和来访者共同协作来完成。

第二阶段：开始新的内在对话。通过和咨询师的早期接触，来访者将学会关注自己的适应不良行为；并且，他们还会看到其他可选的适应性行为，如果来访者希望改变自己的自我言语，他们就必须开始一个新的行为链，一个与其适应不良行为并不相容的行为链。来访者会在治疗过程中学习改变自己的内在对话。新的内在对话将可以引发新的行为。这个过程又会对来访者的认知结构造成影响。

第三阶段：学会新的技能。在第三个阶段中，咨询师需要教给来访者更为有效的应对技能，来访者可以在现实生活中实践这些技能。例如，那些无法面对失败的来访者也许会因为害怕无法获得成功而逃避做出任何行为。认知重构可以帮助来访者改变其消极观点，帮助来访者参与到自己希望的活动中。同时，来访者还会继续进行新的自我言语过程，并对其结果进行观察和评估。当他们在情境中表现出不同的行为时，他们一般也会从他人身上获得不同的反应。来访者关于这些新行为及其结果的自我对话将会影响这些新行为的稳定性。

梅钦鲍姆认为，人们可以通过学习修正认知或是核心信念的过程获得更有效的应对压力情境的策略，这就是应对技能方案。咨询师用来教授应对技能的程序是：

1. 通过角色扮演和想象的方式，使来访者暴露在焦虑情境中。
2. 要求来访者评估其焦虑水平。
3. 帮助来访者意识到自己在焦虑情境中的那些会引发焦虑的认知。
4. 帮助来访者通过重新评估自己的自我陈述来对这些想法进行检验。
5. 让来访者关注这个再评估过程后的焦虑水平。

研究结果证实，应对技能方案可以成功地解决演讲焦虑、考试焦虑、恐惧症、生气、社交能力匮乏、药物成瘾、酗酒、性生活障碍以及儿童的社交退缩等问题。

应对技能方案还可以运用于压力管理。他将生理上的免疫概念转化到了心理和行为的层面。来访者将通过一定的方式处理相对较为温和的压力刺激，然后逐渐学会容忍越来越强的刺激。这个训练的基本假设在于：我们可以通过矫正自己在压力情境中的信念和自我言语来提高我们应对压力的能力。压力免疫训练（简称 SIT）的具体过程包括给予信息、苏格拉底式对话、自我监控、自我教导、自我强化及改变环境情境等技能。这种方法旨在教授人们应对当前及未来问题的技巧。

第三节　社区矫正心理咨询的原则、步骤与形式

一、心理咨询的基本原则

心理咨询的原则是对咨询工作的基本要求。它对心理咨询工作的成效有重要意义，因而在咨询过程中必须遵循以下原则：

（一）理解支持原则

主动寻求心理咨询的来访者，一般都是意识到自己在心理上存在某些问题，并想要通过咨询得到帮助的人。他们来到咨询室里，对咨询师抱有很大的希望，同时也会存在担心和疑虑，比如担心咨询师能否诚恳相待，能否理解他们的苦衷，能否帮他们解决问题等。在咨询过程中，咨询师需要热情诚恳地接待来访者，让来访者明确心理咨询的基本精神和原则，消除他们的顾虑，鼓励他们畅所欲言。来访者的心理问题各有差异，甚至有些问题是常人觉得无关紧要的或是奇怪而无法理解的，咨询师应从来访者的角度，明确和理解来访者的心理问题及其成因，并给予真诚的关怀与帮助。在人的精神需求中，人与人之间的理解和支持可以使人心头的郁结得以消融，使孤立无援的人获得勇气和力量。每个人都希望在精神上得到理解与支持，理解与支持对于主动寻求心理咨询的来访者更为重要。

（二）保密性原则

保密性原则是心理咨询中最重要且必须认真坚持的一条原则。它是咨访双方相互信任的基础，也是咨询成功的必要前提，同时也是对来访者人格及隐私权的最大尊重。它要求咨询师要尊重并尽可能地保护来访的个人隐私，在咨询开始前，需要反复明确地说明和解释，使来访者确信咨询师会替他保守秘密。当建立相互信任的咨访关系以后，来访者可能谈出自己未向任何人泄露过的内心隐秘，这表明了他对心理咨询工作的信任，同时也是真正治愈心理疾病的开始。

心理咨询的保密范围包括为来访者的谈话内容保守秘密，不公开来访者的姓名，拒绝关于来访者情况的调查以及尊重来访者的合理要求等内容。来访者个人的隐私权受到法律保护，《中华人民共和国宪法》保护公民的隐私权，来访者向咨询师谈论的个人情况，属于隐私权范围，受到法律的保护。咨询师随意泄露来访者的私人秘密，不仅应受舆论谴责，而且要负法律责任。但是，保密原则也存在例外的情况，需要咨询

师敏锐地觉察和判断。保密原则有两种情况可以突破：一是来访者有明显自杀意图，应与有关方面联系，尽最大可能加以挽救；二是来访者存在伤害性人格障碍或精神病性问题，为避免伤害到他人，也应做好预防工作。

(三) 耐心倾听和细致询问的原则

心理咨询过程要求咨询师启发来访者自己讲述问题，而绝不是由咨询工作者向来访者讲述心理学知识。倾听是心理咨询中的重要步骤，也是咨询师的基本素质要求，只有认真倾听才能了解对方存在的心理问题。与此同时，认真听取来访者的诉说还可以起到帮助来访者解除心理重负，放松紧张情绪的作用。当一个人被心理重负压得透不过气来的时候，当他的感情和行为不能被人理解的时候，如能有人耐心地听他诉说，并帮他理清问题头绪时候，他会感到如释重负。

咨询师在听取来访者讲述问题的时候，不要过早地进行评价，要让对方把话讲完。倾听过程中要集中注意力，关注的态度也是一种支持。在倾听过程中可有适当的应答活动，如点头、简要的重复或适当的简短插话都是必要的。在来访者的述说告一段落的时候，咨询师可以提出问题。细心询问是为了澄清问题，把握来访者心理问题的实质。只有把握了来访者心理问题的实质，才能更好地帮助来访者理清问题的头绪，有的放矢地提供支持和帮助，做到对症下"药"。

(四) 疏导抚慰和启发教育的原则

心理咨询过程中咨询师要对来访者在情绪上进行疏导和适当的抚慰与鼓励，使有心理重负的人感到温暖和力量，使他们逐步摆脱消沉的情绪进而精神振作起来。咨询师要善于发现来访者心态中的积极因素，及时给予肯定，使他们看到自己在克服障碍、增强适应能力中的有利因素，帮助来访者树立自信心。对于他们心中的郁闷，要进行积极的疏导，帮助他们理清思绪，找到问题症结之所在并积极寻求解决问题的对策。

在疏导和抚慰的同时应重视正面的启发和教育。社区矫正来访者的问题虽然是多方面的，但较多的是人际关系问题。无论是一时的挫折还是长期的不安，都可能造成来访者的消极厌世心态或与周围环境的对立情绪。他们中有的人埋怨别人多，检查自己少，要求别人善待自己，而不考虑如何善待别人；还有一些人存有不正确的人生观、价值观和婚恋观。对于这些情况，咨询工作者不应随声附和，更不能无原则的迁就，而应给予积极正面的启发和教育。对于来访者中的青年人，更应注意正面的引导。在认真耐心听取他们倾诉内心苦闷的基础上，与他们共同分析问题、帮助他们调整看问题的角度和方法，学会正确对待自己和他人，从而建立新的认知结构、提高适应环境的能力。实践证明，来访者通过和咨询师推心置腹的交谈，他们会从多方面受到启示，悟出许多道理，从而以积极的态度调整情绪、面对现实。

(五) 促进成长的非指示性原则

心理咨询或心理治疗中的非指示咨询与非指导性治疗的原则是美国人本主义心理学家罗杰斯提出的。他认为，心理咨询应以咨访双方的真诚关系为基础，这种关系不是一种外部指导或灌输的关系，而是一种启发或促进内部成长的关系。因为人有理解自己、不断趋向成熟、产生积极的建设性变化的巨大潜能，因而心理咨询和心理治疗的任务在于启发和鼓励这种潜能的发挥并促进其成熟或成长，而不是包办代替地进行解释和指导。心理咨询的过程中，在弄清来访者存在的问题进而寻求解决问题方法的时候，咨询师不应主观地指示来访者一定要怎样做或一定不怎样做，而是与来访者共同分析、讨论、设想有助于问题解决的各种方案及不同方案可能导致的不同后果，但究竟采取哪种方案去解决问题，则应由来访者自己进行选择，咨询师不能替代。

心理咨询中坚持非指示性原则的原因如下：其一，非指示性原则体现了咨询师对来访者人格的尊重与信任。因为每一个人对自己的行为方式具有自主选择的权利，他人无权加以摆布，咨询师也同样不能把自己的意见强加于来访者；其二，人的生活环境是复杂多变的，咨询师对来访者的问题和处境只具备间接的了解，因而其判断的客观性会受到一定的局限。鉴于此种情况，咨询师充当"参谋"的角色帮助来访者分析问题、提出建议更为合乎情理。

非指示性原则并不能说明心理咨询工作无足轻重或可有可无。事实上心理咨询在帮助来访者缓解消极情绪、恢复心理平衡、改组认知结构、提高分析问题的能力，以及治疗心理创伤、增强适应环境的能力等方面都有十分重要的作用。在咨访双方磋商和讨论过程中所提出的见解和设想的行动方案，对来访者也会产生重要的启发和教育作用。在心理咨询中坚持非指示性原则比起早期的指示性咨询更具科学性。

(六) 咨询、治疗和预防相结合的原则

心理咨询和心理治疗虽有区别，但在本质上是相通的。咨询过程本身就有一定的治疗意义，心理治疗也脱离不开必要的咨询过程。例如，来访者向咨询师倾诉压抑的情绪，咨询师帮助来访者寻找心理障碍产生的根源和进行抚慰本身就有疏泄治疗的作用；咨询师帮助来访者克服焦虑、恐惧、强迫意念等种种心理障碍的过程，也是在进行心理治疗。所以心理咨询中很难排除心理治疗的成分。对待心理疾病也要像对待生理疾病一样以预防为主。在心理咨询过程中，经过咨访双方推心置腹的深入交谈，敏锐的咨询工作者可能会发现来访者受到某些消极的心理暗示产生疑病、恐病或对他人无根据的猜忌，也有人由于消极厌世而产生轻生的意念。对于这些情况，咨询工作者定要及时加以开导，帮助来访者解除疑虑和消极意念，鼓起战胜困难的勇气，以积极的态度面对人生。对于一些严重问题（如自杀、对人有伤害等），应及时采取措施，加以防范。

(七) 价值观中立原则

价值观中立原则要求咨询师尽量不干预来访者的价值观。具体而言，是指咨询师在咨询过程中要尊重来访者的价值观，不要随意用自己的价值准则，对来访者的行为做出价值观判断，甚至要求来访者接受自己的观点和态度。当来访者的价值观与咨询师本人的价值观存在冲突时，咨询师应以一种非评判性的态度去理解、接纳来访者，并引导来访者自己去判断是非，并做出自己的选择。

二、心理咨询的基本步骤

像任何社会交往都有一个固有的程序一样，心理咨询也要遵循一定的步骤和阶段。

关于心理咨询的步骤和阶段，国内外咨询心理学家各有不同的划分方法。西雅（1988年）将这些阶段划分为介绍、开始、主体、结束、终止五个部分。这些步骤主要适用于个别面谈咨询，也可以用于其他形式的咨询。

1. 介绍阶段。西雅将介绍阶段定义为："介绍阶段始于治疗师和来访者的初次见面之时，终止于治疗师感到可以很自然地询问来访者求治原因之际。"临床咨询的介绍阶段主要是要建立起帮助关系，包括让来访者放松，这样有助于对来访者的各种个人信息进行开放式讨论。

介绍阶段具体需要完成以下任务：

第一，安排初次见面的时间和地点。咨询师一方面要确认自己的空余时间，另一方面，要询问来访者方便的时间，一起协商确定面谈时间。地点应考虑到来访者对私密性的需求。

第二，初次见面需要介绍清楚咨询师自己的名字、身份（如咨询师）、就职场所，根据背景环境的不同，有时可能需要说得更详细一些。比如为了体现咨询师的专业性，需要恰当地介绍自己的专业或学位背景；为方便联系，需要交换联系方式等。

第三，确定来访者喜欢的称谓，并引导来访者到合适的座位或让来访者自主选择自己喜欢的座位坐下。

第四，开始面询或简短的交谈，告知来访者在咨询过程中可能涉及的问题，帮助来访者对咨询及咨询过程有一个整体的认识和了解，比如所需花费、咨询长度和所采取的步骤。其中，重点需要解释咨询中的保密性原则。此外，需要告知和提醒来访者咨询的时长，一般是50分钟。

第五，核查来访者的面谈目的和咨询师的目的之间的一致性和兼容性，双方共同确认咨询的目的。通过澄清来访者对面谈内容的期望，对面谈目的做一般性的说明，有利于来访者放松，也有助于帮助来访者和咨询师弄清楚双方在面谈中所扮演的角色。

在介绍阶段，完成以下任务的目的是建立起良好的工作伙伴关系，也方便咨询师给予来访者良好的第一印象。

2. 开始阶段。开始阶段指从咨询师就来访者现在所关注的事情提出问题，到咨询师对具体的事件提出具体的问题以确定面谈重点的这一过程。西雅指出，开始阶段是非指导性的阶段，大概持续5~8分钟。在开始阶段，咨询师的主要任务就是不加干涉地让来访者自由表达，运用开放式的问题，温和地引导来访者表达出对于生活和问题的看法，且在必要的时候提供提示和支持，帮助来访者澄清自己的问题。咨询师帮助来访者确认自身的问题主要运用基本的关注技巧和非指导性倾听反应鼓励来访者诉说，评估面谈的进程，并且考虑在咨询的主体部分采用哪种方法可能最有效。

3. 主体阶段。主体阶段是面谈的核心。在此阶段，咨询师的任务是收集信息。咨询师通过尽可能获得来访者的信息来对来访者做出专业性的评估。依据面谈的目的，咨询师需要对以下方面做出判断：来访者的人格类型、文化适应或压力水平；对于是否需要心理治疗或转诊的建议；对于哪种心理治疗最合适的建议；来访者心理状况或精神病诊断；评估来访者的智力或认知水平；来访者的受教育程度和文化水平；自杀风险或暴力的可能性；成瘾史、犯罪记录、工作记录、亲属关系等。

面谈的主体部分也是咨询师利用面谈，与来访者一起探讨对策或方案，帮助来访者改变的阶段。恰当的评估完成之后，咨询师根据自己的理论取向，使用相应的干预措施来对来访者施加影响，比如精神分析取向的治疗师会倾听和诠释；行为治疗师会使用强化、示范和暴露疗法；人本主义咨询师会运用积极关注等技术。

在此阶段，咨询师在给予来访者帮助指导的时候，要坚持指导帮助与包办代替相区别的原则。这一点也是心理咨询、心理治疗与身体疾病的医疗相区别之处。身体疾病的医疗，医疗方案由医生开出，患者需遵从医嘱进行治疗。而心理咨询是一种磋商行为，面谈双方是一种彼此合作的伙伴关系。咨询师的责任是帮助来访者分析他们的心理障碍，提供指导意见，而最后解决问题是要靠来访者自己的努力，通过改变他们的认知结构和行为方式来恢复心理平衡。

4. 结束阶段。通过前三个阶段的谈话，主要进程已进行完毕，在面谈还剩下5~10分钟的时候，咨询进入尾声。在这一阶段，咨询师最主要的任务是坚定来访者进行第二次面谈或是按照咨询师的意见去做的信心。在结束阶段需要咨询师清楚准确地指出来访者寻求专业帮助的原因。大部分的来访者前来咨询是希望咨询能提高他们的生活质量，所以总结出来访者希望如何提高他们的生活质量，他们就更可能进行再次面谈或是按照咨询师的建议去做，同时也会把咨询师看作一位有知识、技术的出色的权威人士。此外，如果能对来访者及其主要问题做出早期、暂时但是精确的诠释或治疗规划，可以加强来访者寻求心理咨询的意愿。

如果面谈比较成功，来访者很可能主动分享自己的感受，告知自己的收获和下一步的行动计划。对此，咨询师应给予积极的支持和鼓励，进一步增强其战胜困难的信心。咨询一般需多次进行，要指出是否要进行更进一步的专业咨询，包括落实具体、确实的步骤，比如安排后续的会面、讨论费用问题、处理其他相关的事务。咨询如暂告结束，应说一些期盼和祝愿的话，欢迎他们有问题时再来。

5. 终止阶段。终止是咨询双方意识到面谈已经结束。在此阶段，咨询师有必要对面谈的终止做出控制，比如，陪来访者走出去，友善地做出告别手势或姿势。作为咨询师，应当提前想好如何终止面谈，并通过练习找到一种合适的能够坚定而温和地结束的方法。

面谈的时间是有限制的，作为咨询师，对开始和终止咨询的具体时间有清晰的意识，并主动遵守。当然，咨询师也可能会遇到来访者要求提前结束面谈或延长面谈时间的。一般来访者不会主动要求提前离开，但是也有一些例外，比如青少年来访者，经常会表示没什么要说的，要求提前终止咨询。如果是成年来访者要求提前离开，或许说明焦虑就要被引发了。在这样的时候，可以询问来访者为什么想要离开，也可以要求来访者谈一谈自己对面谈进程或是对咨询师本人的想法或感受，或者了解来访者是否习惯于提前终止关系。另外，也可以对来访者说"我们还有很多时间"之类的话，让来访者不要着急，继续结束阶段的工作。

有时面谈的终止会让来访者或咨询师都表现出自身对待分离、丧失的关键态度。来访者或许会表现出愤怒、失望、轻松或是其他一系列强烈的情绪。这些情绪也许会反映出他们在之前的生活中由于与重要他人分离而遗留下的情绪。因此，对咨询师来说，事先做好终止的准备也很关键。

三、心理咨询的形式

心理咨询有各种不同的形式。从来访者的人数来分，可分为个别咨询和团体咨询；从咨询的途径来分，可分为面谈咨询、信函咨询、电话咨询、专题咨询和现场咨询等不同形式。其中面谈咨询是心理咨询中最主要或最常见的形式。

(一) 面谈咨询

面谈咨询是个别咨询中最常见和最主要的形式。它是咨询工作者坐等来访者上门咨询的一种形式。

面谈咨询有许多优越性。首先，面谈咨询的形式使来访者可以进行充分详尽的倾诉，将自己心中的烦恼、焦虑、不安或困惑直接告诉咨询师，咨询师在耐心倾听的基础上，可以与来访者进行面对面的磋商、讨论、分析和询问。这种面谈形式与书信咨询、电话咨询等其他咨询形式相比，更为直接和自然。其次，面谈咨询可以使咨询师对来访者进行直接观察，有助于对来访者的个性、心理健康状况、心理问题的严重程度和当时的心态进行观察、了解和诊断。最后，面谈咨询是个别进行，不允许第三者在场旁听，在这种情境中，来访者易于消除顾虑，容易谈出自己内心深处的想法。

面谈咨询以谈话方式为主。如有必要，可进行有关的心理测试，测试数据作为提出帮助、进行分析和治疗的一种依据。对于轻度的心理问题，有时通过一次咨询即可解决问题，较为复杂的问题则需多次咨询，复诊时间可在首次咨询结束时约定，也可由来访者根据需要自己决定。面谈咨询是咨访双方面对面的交流，这种咨询形式对咨询师的要求很高，咨询师不仅要有丰富的专业知识和经验阅历，还要有积极诚恳的态度和娴熟的技巧。

(二) 电话咨询

电话咨询是通过电话进行交谈。这是种较为方便而又迅速及时的心理咨询方式，电话咨询在一些发达国家已通行多年。1960年洛杉矶自杀防治中心开始应用电话咨询，后来其他国家也陆续使用。电话咨询在防止由于心理危机而酿成的自杀与犯罪方面起到了良好的作用。当一个人由于一时冲动而准备采取某种冒险行为的时候，当他苦恼至极痛不欲生的时候，如果拨通了心理咨询电话，就可能得到意想不到的关怀和温暖，在心理上得到开导和慰藉，甚至能把一个人从死神手中拯救出来。电话架起了心灵沟通的桥梁，因而人们把电话称为"希望线"或"生命线"。

电话咨询在我国一些大城市业已开设。如《中国青年报》的"青春热线"电话咨询、《中国少年报》的"知心姐姐"电话咨询、中国健康教育研究所的"希望热线"等电话咨询均受到广大青少年的欢迎。这对及时帮助有心理问题的人排忧解难起到了很好的作用。

(三) 书面咨询

书面咨询是通过书信形式进行心理咨询，也是心理咨询的一种常见形式。其优点是可以打破空间距离的限制，向心理咨询机构请求书面帮助。也有人对自己存在的心理障碍不愿向咨询师当面诉说，为了避免当面交谈可能带来的尴尬局面而愿意诉诸笔墨。书面咨询还有简单易行、运用方便、涉及面广等优点。但书面咨询也有不足之处：一方面，由于咨访双方不能直接见面和对话，因而不易深入了解情况、询问详由，因此，只能提出些原则性的疏导意见，很难给予深入具体的指导；另一方面，受写信咨询者文字表达能力的限制，有的来信存在表达不清、陈述不详等情况，致使咨询师无法把握要点而影响了对书信咨询者心态的分析、帮助和指导。为此，进行书信咨询的人，需要明确陈述自己的心理感受，行为表现以及环境背景、人际关系等问题，以利复函。

（四）小组或团体咨询

团体咨询是在团体情境中提供心理帮助与指导的一种心理咨询形式。它是通过团体内人际交互作用，促使个体在交往中通过观察、学习、体验，认识自我、探讨自我、接纳自我，调整和改善与他人的关系，学习新的态度与行为方式，以发展良好的生活适应的助人过程。

团体咨询一般是由1~2名指导者主持，有两种形式。一种是由有共同问题的来访者自愿组织为两三人或更多一些人数的小团体，前来心理咨询门诊机构询问或磋商一些共同关心的问题。这种咨询形式在大学生心理咨询中是常见的。另一种是由咨询工作者把存在共同问题的来访者组织在一起，和他们一起讨论问题，并给予切实的指导。团体咨询的人数没有固定的标准，从两三人到十几人均可。人数太多不利于讨论，如人数超过20人，则可分成几个小组进行。对于来访者中普遍存在的共同问题，可组织心理卫生讲座。

团体心理咨询是一种多项性的交流。由于来访者之间的问题比较接近，都具有解决问题的迫切性，这会促使他们积极地讨论问题，可以集思广益相得益彰。当来访者了解到其他人也有与自己类似的苦恼时，就会减轻原有的心理负担，消除孤独感，使紧张的情绪得到松弛。另外，从共同的讨论中还可以得到启发与帮助，从而实现解除重负和心理治疗的目的。团体心理咨询本身就是一种社交活动，通过来访者之间的相互观察和沟通，就可以起到示范、模仿和练习的作用，从而使来访者的社交障碍得到一定程度的克服。

团体心理咨询也有其局限性。有多数人在场的情况下，来访者容易产生顾虑，不愿暴露自己的想法。所以，团体咨询只能解决一些共同存在的表层心理问题，深层的问题则需要通过个别咨询单独加以解决。

专题咨询和现场咨询也属于团体心理咨询的范围。专题咨询是就部分人提出的某一共同问题进行磋商、讨论和分析，寻求该种心态产生的根源和解决办法。也可由咨询工作者结合有关的心理学知识进行中心发言，加以帮助和开导。现场咨询是咨询工作者就来访者存在的共同问题，深入到班组、宿舍或其他活动场所，对他们提出的问题和存在的疑虑给予帮助的一种形式。由于是在活动现场进行咨询，所以气氛更加宽松和自然。

（五）网络咨询

网络心理咨询是心理咨询的一种新形式，是咨询师与来访者通过网络进行心理咨询活动的信息互动，是指受过专业训练、具备专门资质的咨询师，运用一定的心理学理论、方法和技术，借助于电子邮件、BBS、QQ、微信、博客、聊天室、网络电话、网络语音、网络视频等网络技术媒介，解决来访者的心理问题，帮助其成长和发展的过程。从时间周期看，主要有即时性咨询和非即时性咨询两大类。即时性网络心理咨询是指咨询师与来访者的交流是同步进行的，咨访双方同时使用网络通信工具（如QQ、MSN、微信、聊天室等），在同一时间进行交流互动，包括即时文本交流、即时网络语音交流和视频交流等。非即时性网络心理咨询也叫延迟性网络心理咨询，是指咨询师与来访者的交流不是同步进行的，具有时间滞后性。最常见是电子邮件，还有论坛、博客的发帖、文字留言等。通常是一方向另一方发送邮件、帖子或者文字留言，另一方要打开固定的邮箱等网络交流工具才能看到并回复。

网络心理咨询以互联网为平台，作为心理咨询的一种新形式，既有传统心理咨询所不具有的优势，也存在一些不可避免的劣势和不足。

网络心理咨询的优点在于：①便于为来访者保密；②平等与轻松的咨访关系；③选择的自由度增大；④信息量丰富；⑤方便快捷；⑥便于思考分析；⑦便于存储和查询案例。此外，网络咨询也是种经济、省时的咨询方式。

网络心理咨询的弱点与限制：①问题的真实性问题；②信息不全面；③咨访关系不稳定；④受制于技术水平、网络环境、网站经营等客观因素；⑤不是所有的人都适合网络心理咨询。有些求助者必须要进行面询，例如有自杀或他杀念头的求助者，生命处于危险的求助者，有自杀、受虐或暴力倾向历史的求助者，出现幻觉的求助者以及有药物或酒精滥用的求助者等。

互联网已经渗透到社会生活的方方面面，运用网络开展心理咨询已成为不可阻挡的趋势。由于具有方便快捷、安全、经济、省时、宽松自由等特点和优势，网络咨询必将随着网络技术手段的发展和网络进一步普及与提速而不断发展，会被越来越多的人逐渐接受，成为推动心理咨询行业成长与壮大，促进心理健康以及保障社会和谐稳定的一支重要力量。当然其还需要通过技术及法律的支持，使接受心理服务的个人和提供心理服务的网站均能从中获取更大收益。

【小贴士】

党的二十大报告提出六个"必须坚持"，其中第三条就是"坚持守正创新"。这既是对历史经验的科学总结，更是对继续推进实践基础上的理论创新的科学指引。新征程上，只有坚持守正创新，以科学的态度对待科学、以真理的精神追求真理，继续以新的理论指导新的实践，才能不断开辟马克思主义中国化时代化新境界，夺取全面建设社会主义现代化国家新胜利。心理咨询是针对社区矫正对象开展的一种职业性帮助和顾问行为，采取"线上+线下"相结合的方式，网络咨询的开展是主动适应数字社会发展，注重数字赋能，把握信息汇集、数据聚集优势的创新之举，是探索科学化、规范化心理咨询疗法和鼓励数字化心理健康服务发展的需要，网络咨询也必将成为促进社区矫正对象心理健康、维护治安环境稳定的重要力量。

【附：社区矫正成员社会适应的团体心理辅导方案（四次）】

第一单元名称：我们初相识

团体目标：

1. 领导者与社区矫正团体成员彼此初步认识，建立团体凝聚力和信任感；

2. 阐明本次团体辅导的目标、规则、内容以及形式；

3. 确立保密原则，营造一个安全、平等、相互尊重的氛围，增强团体成员的认同感。

活动内容：

1. 领导者和社区矫正团体成员相互自我介绍，明确本次团体辅导的目标，讲解团体的规则、内容以及形式。（20分钟）

2. "哑巴"站队游戏：团体成员之间不能说话，不能用纸和笔，只能用手势比画出生的月份及星座，以上相同的站到一起。这样可以进一步加深社区矫正团体成员间的熟悉速度，增强成员的凝聚力以及归属感。（20分钟）

3. 大风吹游戏：首先，团体成员围坐在一起组成一个圆圈，彼此之间相互观察，先由一名成员站在中间说出"大风吹"，其他团体成员回答"吹什么"，该成员再说"吹……特点的人"，有这种特点的人就必须站到中间，由他再发号施令，以此类推。（20分钟）

4. 组内讨论：团体内3个成员组成一个小组，每组选出一名组长，并讨论此次团体辅导活动想要达到什么样的目的？取得什么收获？参加团体辅导的过程中有哪些担忧？为了达到此次团体辅导的目标成员们应该怎样配合？组长将以上讨论的问题进行整理，并且得到组内其他成员的认同。每组再选取一名代表将讨论结果向团体内其他成员进行分享。（20分钟）。

5. 活动总结：领导者通过观察第一单元整体的团体辅导过程，对成员的表现以及反馈进行点评，并且再次明确团体辅导的目标及规则，承诺本次团体辅导过程是在一个相对封闭、安全、保密、相互尊重的前提下进行的，为成员们减轻心理负担，增加对彼此的信任。（10分钟）

单元总结：通过上述的团体辅导活动以及案例讨论，可以帮助社区矫正团体成员更好的处理自己与他人的相处方式，掌握有效的沟通技巧。促使社区矫正团体成员摆正心态，调整情绪，及时换位思考，改善交流方式。最终使社区矫正团体成员们感受到在一个充满理解与支持的团体氛围中结束本次单元活动。（10分钟）

第二单元名称：坦然面对得与失

团体目标：

1. 帮助团体成员调节自身行为以适应不断变化的周围环境；

2. 引导社区矫正团体成员坦然面对得与失，勇敢地直面生活中的困难与挑战。

活动内容：

1. 成长三部曲：又叫"小鸡变凤凰"。首先全部的人都蹲下当鸡蛋，鸡蛋和鸡蛋猜拳（剪刀石头布），获胜者进化为小鸡（扑腾着），小鸡和小鸡猜拳，获胜者变凤凰（展翅飞翔），失败者退回鸡蛋（蹲下），凤凰和凤凰猜拳，获胜者蜕变成人（站立），失败者变成小鸡（扑腾着）再去找小鸡猜拳。规则是鸡蛋找鸡蛋，小鸡找小鸡，凤凰找凤凰，各自的形态一定要保持好，好让同伴找到。游戏开始，领导者说开始，全部蹲下做鸡蛋，猜拳，赢的成员晋升一级，输的退回一级。最后会剩下一枚鸡蛋、一只小鸡和一只凤凰。通过此游戏领导者要引导社区矫正团体成员了解人生中不同阶段可能会遇到各种困难和挫折，只有适应周围环境变化的人才不会被社会淘汰。（20分钟）

2. 同舟共济游戏：领导者将两张报纸展开平铺在地上，代表这是一艘正在行驶的船。每名成员的脚都要站在这艘船上，船在行驶的过程中突然遭遇触礁，体积只剩下一半即仅有一张平铺的报纸，看看成员们如何通过改变站立的技巧和角度，如果能够坚持半分钟以上即为成功。游戏过程中领导者需要让社区矫正团体成员们相互鼓励、全神贯注、直面挑战、勇于尝试，而不是束手就擒。（30分钟）

3. 分组讨论：团体成员按照三人一组进行划分。讨论的问题是：请结合自身的学习或运动经历，谈一谈当你遇到周围环境的变化或者挑战时出现了不适应的情况，你的解决办法是什么？领导者要向成员们强调的是，当一名成员进行分享时，其他两名成员要细心聆听，并且做好记录工作。（30分钟）

单元总结：领导者对以上团体辅导过程中表现好的成员以及小组进行表扬和鼓励，并且通过上述的团体辅导活动对社区矫正团体成员在正视挫折、迎接挑战等方面起到的积极作用进行总结。领导者还可以以自己为案例，向成员们分享面对困难时的做法，从而引导社区矫正团体成员要坦然面对生活中的得与失，只有拥抱不断变化的周围环境，才能正视生活和学习中的困难与挑战。（10分钟）

第三单元名称：解开心结再出发

团体目标：

1. 引导社区矫正团体成员调节自身消极心态，增强成员的自信心；

2. 促进社区矫正团体成员人格和心理的健康发展，排解心理压力，减轻心理负担。

活动内容：

1. 发现闪光点活动：每名成员依次站到团体中央，其他成员根据平时的接触以及观察，仔细想想这名成员的优点或长处，比如在性格方面、待人接物方面、学习方面、运动技能方面等，有什么值得其他成员学习的地方并且告诉他。注意要真诚地赞美，不能相互吹捧，更不能说假话、反话、空话等不切实际的表达。活动结束后团体成员依次说一下受到赞美后以及赞美别人时的心理感受。该活动说明通过成员之间的赞美和真诚的交流，纠正团体成员可能会存在的不良交流习惯，使彼此心里放下戒备，增加自信。（30分钟）

2. 打开心结分享：按照原先的分组情况坐到一起，将自己当前心里最大的遗憾或者是困扰自己的问题写在一张纸上。小组成员都写完了之后开始对上述问题进行探讨，并试图给出自己的意见和解决的办法。领导者要求成员们要在讨论的过程中悉心聆听，想一想这个问题你是否也同样存在。如果是你遇到这个问题应该怎么解决呢？该环节通过彼此的分享，并且从其他成员的视角下提出解决该问题的想法和意见，能够对当前社区矫正团体成员间的心理困惑给予启示，是减轻心理负担的有效途径。（20 分钟）

3. 心理剧演出：通过上一个环节的小组讨论，领导者将小组成员们写在纸上比较集中的问题进行汇总后，明确各小组本次心理剧的主题，并且组织成员扮演其中的角色，按照主角、配角等进行分工，将主要的心理矛盾和困扰呈现在"舞台"之上，在其他成员的协助下使得心理问题得到有效解决的一种团体心理辅导治疗方式。心理剧结束以后，由小组成员代表对演出的感受进行分享。（30 分钟）

单元总结：领导者通过组织上述的团体心理辅导活动，对增强团体成员的心理自信、减轻心理负担的活动方式进行总结。引导社区矫正团体成员在平时不但要关注自身的身体健康，而且更要多关注心理健康的问题，并且向成员们分享及时排解压力的方法，如运动、唱歌、相互倾诉等，更好地促进团体成员身心健康。（10 分钟）

第四单元名称：未来在我手中

团体目标：
1. 引导社区矫正团体成员珍惜当下时间；
2. 对未来的人生进行合理的规划；
3. 以积极的心态和情绪面对今后学习和生活的诸多挑战。

活动内容：

1. 绘制生命线活动：领导者给每名成员发一张 A4 白纸，要求成员们在纸上画出一条生命线，并标出当前的年龄，在线的尽头标出你希望活到多大年纪，在标有现在年龄的标记前写下最令自己遗憾的几件事情，在现有年龄的标记后面写下你想成为什么样的人、你的最高目标是什么。要求在生命线上标出实现该目标时所对应的年纪。活动结束后社区矫正团体成员按照原有的分组情况进行分享与讨论，然后每名成员依次来到讲台前拿着绘制好的生命线和写在上面的目标大声地告诉大家。通过此活动领导者要引导社区矫正团体成员珍惜当前的时间，合理地规划人生从而实现自身未来的目标。（30 分钟）

2. 我的未来讨论：团体成员按照原有小组对我的未来进行讨论，可以是对未来自己生活状态的描述，也可以是对自己未来的期待。（20 分钟）

3. 我的心声：领导者告知团体成员，本单元是团体辅导活动的最后一次，成员们根据参与团体辅导活动中的感受在纸上写下临别赠言，可以是自己这段时间的收获和感悟，也可以是想跟其他成员说的心里话等。写好的成员可以自愿上台向大家分享出自己的收获与感想。（20 分钟）

单元总结：领导者对以上 5 次团体辅导活动进行总结，并且分享自己的感受，引导社区矫正团体成员明确在社区矫正阶段工作和生活上的奋斗目标，进而鼓励成员们为了良好适应而努力。（10 分钟）

发放团体辅导成员反馈表，由团体成员当场填写并回收，作为考查本次团体辅导活动效果及收获的依据之一。（10 分钟）

第六章 社区矫正心理治疗

【本章导图】

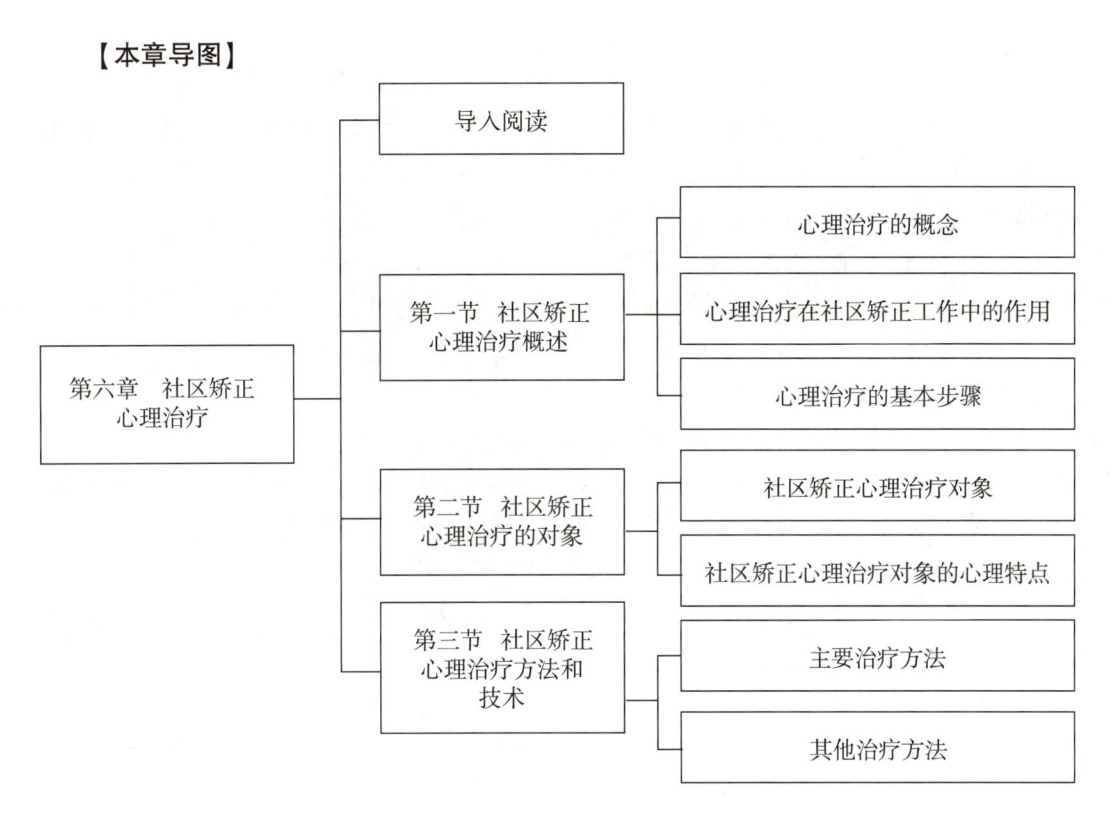

```
第六章 社区矫正心理治疗
├── 导入阅读
├── 第一节 社区矫正心理治疗概述
│   ├── 心理治疗的概念
│   ├── 心理治疗在社区矫正工作中的作用
│   └── 心理治疗的基本步骤
├── 第二节 社区矫正心理治疗的对象
│   ├── 社区矫正心理治疗对象
│   └── 社区矫正心理治疗对象的心理特点
└── 第三节 社区矫正心理治疗方法和技术
    ├── 主要治疗方法
    └── 其他治疗方法
```

【导入阅读】

党的二十大报告指出，必须坚持守正创新。我们从事的是前无古人的伟大事业，守正才能不迷失方向、不犯颠覆性错误，创新才能把握时代、引领时代。我们要以科学的态度对待科学、以真理的精神追求真理，紧跟时代步伐，顺应实践发展，以满腔热忱对待一切新生事物，不断拓展认识的广度和深度，敢于说前人没有说过的新话，敢于干前人没有干过的事情，以新的理论指导新的实践。社区矫正心理治疗是综合运用犯罪心理学、社会心理学，通过心理测评、心理健康教育、心理咨询以及心理干预等方式，纠正社区矫正对象的错误思想和不良行为，使其转变观念和行为方式，提高社区矫正的效果，使服刑人员更好地重返社会的一种工作方式。它不同于监狱心理矫治，也与传统社区矫正教育有明显的区别。我国对社区矫正心理矫治的研究起步较晚，但随着近些年对社区矫正心理治疗认识和重视程度的不断加深，此领域的研究进展较快，取得了一定的成果。为了推动社区矫正心理治疗高质量发展，在研究、借鉴外国心理矫治的基础上，结合我国现实国情和文化背景，提出具有中国特色的心理治疗方法，将心理矫治本土化、制度化。

第一节　社区矫正心理治疗概述

一、心理治疗的概念

（一）心理治疗的定义

心理治疗是指利用心理学等学科的理论和技术消除矫正对象的犯罪心理、心理疾病和不良行为习惯的治疗活动。狭义的心理治疗是指以改变矫正对象的认知为主要问题的心理治疗方法和活动；广义的心理治疗包括心理治疗、行为治疗、社会治疗。

（二）心理治疗与心理咨询之间的关系

心理治疗与心理咨询二者关系密切，二者在工作对象、工作方法上有一定的重合。在解决心理问题的心理矫治实践工作中，两者往往结合或者交互使用，难以分开。简单地说，可以把心理咨询看成初级的心理治疗。

第一，两者所遵循的理论是一致的，即心理治疗与心理咨询的理论上没有明确的界限。罗杰斯是第一个提出心理咨询概念的人，他的咨询概念、来访者中心疗法以及关于人类心理成长发展潜能的学说，对心理治疗与心理咨询都有极大的影响，其不仅扩大了心理咨询的范围，也扩大了心理治疗的对象。心理治疗不再局限于几种特殊的精神病症，如强迫症、恐惧症等，而是包括了一些具有烦恼、焦虑情绪的正常人。在现有的学说中没有一种能单独运用心理咨询和心理治疗中所见到的多种来访者的复杂情况。

第二，两者所采用的方法是一致的，即心理治疗与心理咨询的方法没有明确的界限。那些有洁癖的常人与较轻的强迫性洗手病病人之间；小心谨慎、工作细致的正常人与较轻的强迫症病人之间，在没有影响到正常的生活工作秩序时，都是难以区分的。对于个性偏于狭隘、忧郁的正常人和较轻的神经性抑郁病人，实际上也不易鉴别。在日常临床工作中，来访者大都有各种烦恼和心理障碍，且多处在正常和心理疾病这个连续系统之间，难以划分，因此两者所采用的方法常常是一致的。这样心理咨询专对正常人而心理治疗专对病人这一界定也就失去了现实基础。

第三，治疗和咨询所遵循的原则是一致的，如理解、尊重、保密、疏导、促进成长等基本原则在两项工作中都是必须遵循的。两者对从业者的工作态度、职业道德也有同样的要求。

第四，两者都注重建立施治者与来访者之间良好的人际关系，认为这是帮助来访者心理改变和健康成长的必要条件。

第五，在强调帮助来访者成长和心理改变方面，两者是相似的。心理治疗与心理咨询都希望通过施治者与来访者之间的互助，达到使求助者心理改变和发展的目的。

但是，心理治疗与心理咨询二者也有很大区别，表现如下：

从意识层面看，心理咨询涉及的意识深度较浅，大多在意识层面进行，更重视教育性、支持性、指导性工作，焦点在于找出已经存在于来访者自身的内在因素，并使之得到发展；或在对现存条件进行分析的基础上提供改进意见。而心理治疗主要针对无意识层面进行工作，重点在于重建病人的人格。

从工作对象看，心理咨询的对象是在社会生活中心理问题轻微的人；而心理治疗的主要对象是有心理障碍或精神障碍的病人。

从工作内容看，心理咨询主要是支持性、教育指导性的，所接触的问题是双方明确认识到的问题，一般不涉及无意识现象。内容几乎涉及人们日常生活的各个方面，如儿童教育、心理卫生、学习生活、智力发育、恋爱婚姻、人际关系、职业选择、人格评定、心理障碍、行为矫正、变态心理等。这些都是正常人常见的心理问题，通过心理咨询可以得到帮助；而心理治疗要重建病人的人格，治疗过程中要触及病人的无意识的心理现象。主要内容是各种神经症（如焦虑症、恐惧症、强迫症、神经性抑郁症、疑病症、意病、神经衰弱等）、病态人格、性障碍、心身疾病（如原发性高血压、消化性溃疡、支气管哮喘、甲状腺功能亢进、类风湿性关节炎、溃疡性结肠炎、神经性皮炎等）等轻度精神病和躯体疾病伴发的心理反应等。

从工作的目的和侧重点看，心理咨询更贴近生活，基本目的在于帮助来访者达到个性的和谐与全面发展，即帮助他们摆脱消极情绪、确认自身价值、了解自身需求、洞悉自我心理特点、提高环境适应力、确定生活目标、建立"社会—生活—个人"相协调的生活模式。侧重于预防心理疾病的发生；而心理治疗更贴近疾病，是从"生物—心理—社会"新的医学模式出发，根据心理学的理论、方法和技术，通过医护人员的言语、行为和各种治疗手段，改善病人的情绪，提高战胜疾病的信心和能力，以达到使其恢复身心健康的目的。侧重对已经发生的心理疾病进行治疗补救，消除疾病，恢复正常。

从需要的时间看，心理咨询需要的时间较短，大多数咨询对象进行一次或几次心理咨询就能解决问题；而心理治疗所需的时间一般较长，进行治疗的次数也较多。

从使用的方法看，心理咨询中使用的方法比较简单，通常包括讨论、分析、安慰、指导等方法；而心理治疗使用的方法一般会比较复杂。

从所解决的问题看，心理咨询所能解决的问题有限，大多数是常见的心理问题和情绪问题；而心理治疗有可能解决比较复杂的问题。

从工作的模式看，心理咨询和心理治疗因涉及个人的心理困惑、心理障碍甚至隐私问题，因此不便在大庭广众之下进行，故常采取的是个别交谈的方式，并具有极端保密性。其中，心理咨询遵循发展与教育模式，侧重磋商行为，就来访者提供的情况和要求，共同商讨，交换有关意见，咨询师参与磋商，并提供指导和建议。在咨询过程中咨询师以"听"为主，处于辅助地位。另外心理咨询从不主动去招揽"来访者"，通常是等待来访者登门求助。而心理治疗遵循医疗模式，工作任务是治病救人，是通过医生对患者说服、解释、保证、暗示教育的方式影响、纠正病人的心理状态，同时指导病人排除疾苦，最后达到治愈疾病的目的。

从从业人员看，心理咨询的从业人员主要是心理学专业工作者和社会工作者。因为心理咨询主要解决社会生活中产生的心理困扰，因而从业人员除了坚持咨询心理学的理论方法外，还应有丰富的社会生活经验。心理治疗的从业人员应具有医学知识，特别是精神疾病方面的知识，因而来自医疗队伍。

心理咨询与心理治疗虽有上述区别，但这些区别都是非本质的。两者在许多方面交错、重叠、相互渗透，很难完全分开。咨询中有治疗的作用，治疗中也存在咨询。

二、心理治疗在社区矫正工作中的作用

（一）改变矫正对象在矫治期间的不良情绪和消极心态，克服心理障碍

社区矫正对象由于没有树立正确的人生观和价值观，没有正确的态度看待自己曾经的错误行为，在矫治期间会出现烦恼忧郁、焦虑不安的情绪，不服从监管、抗拒抵触的情绪等，在遵守矫正纪律中消极怠慢，有的不能自我调节自己的不良心理，致使重新犯罪。如果矫正对象这些不良情绪和消极心理得不到及时的疏导和矫治，那么就必然会影响他们在矫治期间接受正常的教育改造。

（二）解决思想教育过程中所不容易解决的心理问题和心理疾病

心理矫治运用了心理学的科学原理和方法，增强了心理矫治的合理性、科学性和针对性；心理矫治所采用的平等、保密、友善、倾听、中立等原则，容易实现与矫正对象心理的沟通，了解他们的真实意思，对矫正对象进行适当的心理健康教育、心理辅导，解决思想教育过程中所不容易解决的心理困扰，消除矫正对象的不良情绪，使矫正对象保持稳定、积极的情绪。

（三）培养正确的良性的人际关系，正确处理人际交往中出现的矛盾、冲突

矫正对象不良的人际关系和人际冲突也是造成犯罪行为的主要原因之一，同时也会影响其再社会化。因此，让矫正对象学会尊重他人，懂得换位思考，遵循平等、互惠的交往原则，帮助他们建立和谐友好的人际关系，正确处理在生活中遇到的人际困扰，并能调节自己的心理，遵守法律法规，用法律约束自己的行为。这样矫正对象才能自觉抵制外界的诱惑，不再进行违法犯罪活动。

（四）拓展矫正对象的社会适应能力，重塑健康人格

矫正对象之所以犯罪，一部分原因是因为在生活中遇到了无法解决的困难和挫折。当他们回到社会后，最大的问题就是如何适应社会。而适应社会的能力与其心理健康状况有着密不可分的关系。一个心理健康的人肯定拥有良好的社会适应能力，反之，如果出现不能适应社会的情况，必然是心理方面出现了困难和烦恼。因此，在社区矫正工作中，要积极引导矫正对象能够以正确的态度勇敢面对自己的过去，以此为基础调节心理状态，鼓励他们主动接触、感知、适应社会环境，运用心理矫治激发他们的潜能，积极向上的正能量。这样有利于矫正对象的身心健康，顺利融入社会环境。社

区矫正的重要目标就是重塑矫正对象的健全人格,使其始终保持健康心态,学会适应社会,融入社会,愿意为社会做奉献。

此外,对一些由于情绪障碍、个性情绪偏激,不良习惯或心理品质差而导致犯罪的矫正对象,思想教育效用甚微,此时心理矫治有着决定性的意义,能取得较好的效果。

【小贴士】

党的二十大报告提出,必须坚持问题导向。社区矫正工作最根本的目的就是为了使服刑人员能够在社区矫正结束后更好地回归社会,适应社会,避免再犯。为了能够推动新时代社区矫正高质量发展,就必须牢牢抓住这一核心问题,树立起问题意识。而社区矫正心理矫治就是解决这一问题的新对策。社区矫正心理矫治从服刑人员的心理入手,帮助其改变抗拒适应社会的心理或错误的思想,使其由被动地进入社会到主动地融入社会,努力工作,适应新环境,开始新生活,从而形成良性循环。

三、心理治疗的基本步骤

对社区矫正对象的犯罪心理、病态心理和行为恶习实施心理治疗,工作步骤一般应包括以下三个环节。

(一)矫正对象心理问题的识别与处理

识别矫正对象的心理问题,应当是社区矫正专职工作者的工作。社区矫正社会工作者在工作过程中,一旦发现矫正对象有心理问题,应当交由社区矫正专职工作人员处理。经过识别,如果认为社区矫正对象存在比较严重的心理问题需要心理治疗的,再进一步提请区县矫正管理部门专业心理矫治人员处理。

(二)实施心理治疗

专业心理治疗人员对社区矫正对象的心理问题首先要进行心理评估,对确认需心理治疗的,实施心理治疗。

(三)社区矫正对象的心理治疗归档

心理治疗结束,应当对心理治疗活动进行归档整理。归档的主要目的是便于后续心理矫治工作的开展。如果矫正对象的心理问题出现反复或新的心理问题,或者需要更换心理矫治组织或人员时,都需要曾经进行的心理治疗档案材料提供支持。档案材料最好由区县社区矫正组织或社区矫正服务中心统一专门保存,以便使用查阅。

对犯罪心理、病态心理和行为恶习以外的心理问题是否进行心理治疗或心理咨询,应当征询矫正对象的意愿,由矫正对象自己做出决定。

社区矫正组织或工作人员应当提供矫正对象心理咨询或心理治疗的人员保障和程序保障及其他所需条件保障,并积极为矫正对象顺利有效地进行心理咨询与心理治疗提供应有的服务。

第二节 社区矫正心理治疗的对象

一、社区矫正心理治疗对象

社区矫正对象生活在社区，可以过正常的社会生活，其社会心理与普通公民有相同之处；同时，在身份上，他们又是罪犯，要接受一定的自由限制和人身管束，又有与监狱服刑罪犯相似的心理。社区矫正由于是非监禁刑罚执行，服刑人员在开放式的社区内进行服刑，没有过多的人身自由限制与约束，因此，对矫正对象进行准确的心理分析，有助于更好地促使矫正对象从心理上真正做到悔过自新，真正杜绝重新犯罪，树立良好的人格与健康心理，是社区矫正工作中一项重要内容与环节。

二、社区矫正心理治疗对象的心理特点

分析社区矫正对象的心理，要紧密结合他们的生活实践。不同处遇和不同教育改造条件下的社区矫正对象，其心理存在较大的差异。通过近年来对社区矫正对象心理状态进行分析，其心理特点主要表现在以下方面：

（一）疑惑和戒备

表现为对党和国家改造罪犯的各种政策、法律持怀疑的态度，对警察及工作人员不信任，存有戒备心理，平时沉默寡言，行动消极被动，不肯暴露真实想法。那些初入矫的人大多具有这种心理状态。

（二）怨恨和敌视

主要表现为不认罪，不服判，对自己被判刑改造抵触不满，鸣冤叫屈，无理申诉。有少数罪犯对刑罚执行机关及工作人员怀有敌意或者强烈的仇恨情绪，甚至产生逃跑、行凶、破坏等继续犯罪的心理。

（三）抗拒改造

表现为有些恶习很深的罪犯，经常破坏监督秩序，聚众闹监，辱骂或者殴打工作人员，恃强凌弱，欺压其他罪犯；有些罪犯气量狭小，对积极接受改造的罪犯怀有忌妒心理，恣意进行讽刺挖苦，甚至加以诬陷或者殴打，破坏监督场所的正常秩序和改造氛围。抗拒心理影响其自身的心理健康，严重者可能会是反社会人格。

（四）孤独、自卑和耻辱

表现为由于身份、地位的重大变化和行动自由的丧失或受限制而产生的消极情感体验；避免目光接触或不愿与社会交往、很少说话；感觉孤独和被抛弃。时常会说"我不想见任何人""我要一个人待着""我不想与任何人说话"，躲避别人；有时会感到失去了亲朋好友；时常感到寂寞；由于害怕社会歧视而感到屈辱、耻辱；怀疑自己被监视或被别人闲谈、指指点点。

(五) 沮丧

表现为会觉得没有什么很好的理由活下去或者感到很丢人；他们会觉得没用；只想待在家里；不想吃，也不想和人说话，无精打采。沮丧常常会使人身心衰弱。

(六) 焦虑和恐惧

表现为由紧张、焦急、忧虑、担心、恐惧交织而成的一种消极情绪反应；对刑期的恐惧、对环境的陌生、对他人的怨恨、对警察以及其他罪犯的怀疑；显著的特征包括焦虑、害怕的面部表情、无法集中注意力、活动减少等；心悸、胸痛、气短、头晕目眩或昏厥、盗汗、浮躁和失眠；可能怕死或失去控制；会表示出不安、忧心忡忡、高度紧张。恐惧比焦虑更加严重，更加使人心力交瘁。

(七) 绝望和乞求

表现为有些罪犯，特别是被判处长刑的罪犯，对前途失去了信心，感到一辈子都完了，整天垂头丧气，对任何事都毫无兴趣，对劳动也感到厌烦；有的罪犯对刑释出狱毫无准备，临近出狱会面临心理崩溃的危机，在这种情况下，往往会在心里祈求老天的保佑。

(八) 自责和悔恨

表现为对自己的行为后果感到很后悔，觉得自己对不起家人；同时会有"如果我当时不要那样做就不会今天的结果"的想法。自责感与悔恨感是有利于罪犯改造的积极因素，是罪犯思想转化的"闪光点"，是罪犯在认罪的基础上产生的一种悔罪的心理。

(九) 抑郁和自杀行为

表现为由痛苦、焦虑、自卑、绝望、羞耻感、罪恶感交织而成的一种消极情绪反应。在服刑生活中可能遇到新的刺激和压力，对于内向人格倾向以及存在心理障碍的罪犯来说，很容易产生抑郁心理。悲伤、孤独、异常安静、没有胃口、失眠、过度疲劳、丧失记忆、无法集中精力和行动缓慢；许多情绪抑郁的人想死亡或感觉绝望，变得对人冷淡并且忽略个人卫生。

(十) 认罪和接受

表现为承认自己的犯罪事实，服从法院判决。这是罪犯思想转化的必要前提。一段时间后，他们开始接受自己的状况，这样会使他们感觉好一些，内心会更平静一些，开始考虑最好的生存方式。他们可能会想，怎样才能最好地度过我的刑期或余生；该吃什么食物能使我保持健康；我应该做些什么计划使我的未来或孩子将来有着落；让我为每一天感到高兴，让我感激我的家人和朋友，并向他们表示我是多么在乎他们。

(十一) 醒悟和希望

经过一段时间的帮教，社区矫正对象会树立起希望。例如，他们将来会过得更好的希望；他们的家庭将会幸福的希望；每一次受挫，会好起来的希望；有人爱他们，关注他们的希望；人的情绪会不断起伏变化，时好时坏，重要的是，要一次又一次地努力保持希望的感觉。

综上所述，不难看出，罪犯在不同时期产生的心理因素是各不相同的，要改造好一名罪犯不可能是轻而易举和一帆风顺的，而是具有长期性、艰巨性和复杂性的特点。

心理治疗是运用心理学知识和技术对存在心理障碍的人进行治疗，使之逐渐恢复健康的过程，心理治疗的对象一般是心理问题较为严重的人，因此需要专业的心理学专家以及精神病学专家来实施。

第三节 社区矫正心理治疗方法和技术

一、主要治疗方法

心理治疗是指在良好的治疗关系基础上，由经过专门训练的治疗者运用心理学的理论与技术对患者进行帮助，以消除或缓解患者的问题和障碍的过程。目前，国内学术界在相互交流的基础上，把心理治疗主要分为四种：

第一是精神分析疗法，是指通过深刻的精神分析，使社区矫正对象暴露早期体验和创伤，将无意识的情感体验回归到意识中，使当事人由糊涂到自知、到领悟，正视自身心理矛盾，从而理智地对待冲突和焦虑并学会以社会可接受的方式控制自己的行为，以正确的意识影响自己的行为。

第二是行为疗法，其主要理论观点是认为人的行为或好或坏都是通过后天的学习得来的。因此在行为疗法中主要强调使矫正人员能够通过学习的过程来逐渐矫正行为方式，经过长时间的治疗后，社区矫正对象可以有较好的自我控制能力进而从生理上去选择好的行为方式。

第三是认知疗法，主要是在改正社区矫正对象的错误认知的前提下，不断通过问答的方式使矫正对象认识到自身的认知缺陷情况，并通过不断地反思和思想探寻使自身的错误思想得到纠正，进而改变思想观点中歪曲的认知。

认知行为疗法是一种心理治疗的形式，其认为人的许多行为问题来源于不合理的想法或观点，需要通过改变不良认知来改善人们的心理疾病或行为困扰。在实践中，社会工作者通过发掘服务对象的固有观念并与之展开辩论，促使社区矫正对象形成一种较为合适的观点和态度，转变功能不良认知，以此来矫正行为问题。

第四是人本主义疗法，强调人的任何行为举动都有着自身的原因。而不当的举动则是由于其自身潜能的发展受到的阻碍，因此在社区矫正工作中采用人本主义疗法就要求治疗人员能够设身处地地理解矫正对象的处境，把治疗的过程看作是社区矫正对象的成长过程，并不断予以正确的引导和鼓励，促使其健康成长。

【小贴士】

2019年10月，中共中央、国务院印发了《新时代公民道德建设实施纲要》，提出要全面推进社会公德、职业道德、家庭美德、个人品德建设，持续强化教育引导、实践养成、制度保障，不断提升公民道德素质，促进人的全面发展，培养和造就担当民族复兴大任的时代新人。落实到社区矫正心理工作中，必须将心理矫治与矫正教育加以区分，使二者相互配合，相辅相成。心理矫治是在矫正教育的基础上，针对不同服刑人员的情况，遵循平等、尊重等原则，走进其内心，进行分级矫正、个案跟踪、个性矫正，帮助其树立正确的价值观，消除或缓解患者的问题和障碍，从而使其更好地、主动地接受教育和改造，进而提升了矫正教育的实施效果。

（一）精神分析疗法

1. 自由联想。所谓自由联想是要求社区矫正对象将进入自己意识的任何内容，无论其性质如何，都能无所畏惧地讲出来。即当事人要毫无保留地诉说其想要说的一切，包括近况、家庭、工作、童年记忆、随想、对事物的态度、个人成就和困扰、思想和情感等，甚至是自己认为荒谬或奇怪的不好意思讲出来的想法。

自由联想要在安静的环境中进行，最好是社区矫正对象独自一人。如果其允许有人旁听，联想时需要排除一切外在干扰。让社区矫正对象斜卧在躺椅上，精神分析治疗师坐在当事人的侧后方。分析者要求社区矫正对象遵循治疗规则，在治疗过程中尽量不受外界环境的影响，并随时把浮现于脑中的任何东西都说出来，无论这些东西如何荒谬、微不足道，也无论是否符合道德标准，还是不愿意向别人说出的羞耻、害怕、厌恶。分析者在适当的时机发问，社区矫正对象须打破任何顾虑和约束，让思想自由涌现。分析者对社区矫正对象的报告做出分析与解释，直到双方都认为已经找到了发病症结为止。在自由联想时，分析者尽量少说话，只需要在必要时插入问话和做出解释，须让社区矫正对象懂得潜意识心理活动的特点，懂得自己采用了什么防御手段。

【案例1】

一位求治者曾在弗洛伊德的引导下述说了许多有关自己的生活琐事，弗洛伊德从中注意到了两个细节。一是他说喜欢眺望远处的烟囱，每当看到那高耸的烟囱飘出浓浓的或淡淡的烟雾，特别是晨曦或夕阳作为背景时，便感到十分惬意。二是求治者讲述了有关自己的一个笑话："一日大雪封山，我与几个看山人被困在山中小屋里，唯一可做的便是围着火炉闲谈消遣。当火越烧越旺，室内温度不断升高，有人感到热不可耐，便要我回头看看墙上挂的温度计。我回头一看惊呼道难怪这么热，已近90摄氏度了。"众人"轰"的一声笑起来，原来我把华氏度说成了摄氏度。于此，弗洛伊德把几点联系起来：烟、火、日出、日落、口误、温度计都与温度有关，而且是"高温"，烟囱更是阳具的象征，他便断言此人有严重的手淫习惯。那人闻言，连脖子都红了。那种被压抑的、羞于启齿的动机被召回到意识中来，再施予弗洛伊德的"再教育"，治疗的关键段落便告完成。

【案例2】

一位社区矫正人员，女性，患有人际恐惧症，极度害羞，不敢见人。通过自由联想，回忆起童年时遭受的一起精神创伤，当时大约4~5岁，出于好奇拉了一个小男孩的生殖器，正好被她爸爸看见，遭到爸爸的怒骂并被打了一顿，造成精神创伤。这正是她长大后患人际恐惧症的"症结"。这种发生在很久以前曾引起过情感强烈波动的生活事件，表面上似乎被遗忘，实际上并未消失，只不过是被压抑到潜意识之中，与这些事件相伴随的被压抑的情感，可影响个体的行为，成为疾病的原因。让病人通过自由联想，回忆过去遭到精神创伤时的情景，重新体验当时的情景，使潜意识中被压抑的痛苦"发泄"（abreaction）出来，"症结"得以化解，从而使病人得到治疗。

2. 释梦。释梦的过程是一个增加自我认识、疏泄情感、整合意识与潜意识的过程，具有同心理治疗一样的作用。

释梦的原则与方法：

（1）把梦的内容分成各个部分。因为梦是凝缩的混合体，解释梦时要把它还原成各个组成部分，并以各个部分作为注意的目标。

（2）要了解梦者的生活经历、兴趣爱好以及日常琐事。梦境中的材料是来自近日或早年的生活经验，它是潜意识的代替观念，只有了解梦者的过去经历，才能对梦中各个部分的来源及内涵有所了解，并根据这些代替观念寻找背后的真正含义。

（3）利用自由联想。因为梦现象的伪装是在潜意识中进行的，梦者不能直接意识到梦的隐义，因此需要联想来揭示。

（4）利用象征知识。因为有少数梦完全不能引起联想，即使有联想也不是治疗所需要的，这样就要利用梦内容的象征意义来对梦进行解释。比如手杖、伞、竹竿等象征为男性生殖器；洞穴、箱子、口袋等象征女性的生殖器等。

【案例3】

这个梦是弗洛伊德自己解析过的一个梦，下文"分析"中所提到的"我"所指的就是弗洛伊德自己。

一个年轻女当事人曾经讲述过一个非常悲惨的梦，梦的内容如下：

你总记得我姐姐现在有个男孩查理吧，她的长男奥图在与我们住一起时就夭折了。当时我最爱奥图，而且可以说奥图是我一手带大的。我也很喜欢查理，但他没有奥图那么可爱。昨晚我做了一个奇怪的梦：我梦见查理僵硬地躺在棺材里，两手交叉平放着，周围插满了蜡烛。总之，那样子就像奥图当年的情景一样。

分析：这位女当事人是个孤儿，从小就由年长的姐姐养大。在那些常来她家拜访的亲友中，她偶尔遇见了一位她一见倾心的人物。那时，他们已经到了谈婚论嫁的年龄。可是，这段美好的良缘却因她大姐的无理反对而告吹。自此，那名男士就尽量避免到她家来，而她自己在奥图不幸夭折后也伤心地离家出走，另谋独立。但是，她却无法忘记使她倾心的男友，她的自尊心使她不愿去主动找他，而她又无法把这份爱转移给其他向她求婚的人。她爱的人是个文学教授，不管在哪儿有他的学术演讲，她都要去做在场听众，而且不放过任何一个可以偷偷看他的机会。我记得在她做这个梦的前一天，她曾经告诉我，这教授明天将有一个发表会，而她也要赶去捧场。就在这个发表会的前一天晚上，她做了上述这个梦，她还告诉我梦见的日子也正是发表会的这一天。所以我就明白了这个梦的意思。

我追问她在奥图死后，究竟有什么特别事情发生。她马上回答道："当然记得清楚了，教授在阔别这么久后，也突然赶来吊丧，因此，我在奥图的小棺材旁，再度与他重逢。"于是，我解释说："如果现在另一个男孩子又死了，那种同样的情形必然也会重演。你将回去与你姐姐厮守终日，而教授也会来吊丧，这样你能够再一次地与他重逢。这个梦表现了你强烈想见他一面的愿望。"

案例引自：[奥] 弗洛伊德著，杨东雄译：《听弗洛伊德谈解梦》，台海出版社 2004 年版，第 34~35 页。

【案例 4】

曹操临终前有一段时间非常焦虑，向贾诩说"孤昨夜复梦三马同槽"。

分析：显梦——三匹马在同一槽上吃草；隐梦——三匹马代表司马懿、司马师、司马昭父子 3 人，反映了曹操对司马懿父子的重视和担心，此即曹操焦虑的症结。进一步分析曹操梦见三马同槽而食，有两层隐意：其一，曹操佩服司马懿父子 3 人的才干，希望他们能顺服地为主子所利用，于是梦中 3 匹马驯服地站在槽边而没有乱踢乱咬的行为；其二，曹操喜欢用"供食"来表达自己对谋士的养育之情，比如他和谋士荀彧闹矛盾后，给荀彧送去一盒饮食，荀彧打开一看里面没有任何东西，他以此表示不白养活人，荀彧会意自杀。对于司马懿父子，曹操希望他们怀着知恩报恩的态度来接受他的供养，于是在梦中三匹马在槽边吃食。

【案例 5】

一位女性社区矫正对象叙述她梦见一个蒙面的陌生男子闯入她二楼的卧室，偷走了放在抽屉中她所心爱的首饰匣，被她发觉大喊一声"谁"，那蒙面男子冲出阳台仓皇逃走，她追到阳台往下一看，发现他已跌死在楼下，因而被吓醒。社区矫正工作者通过交谈了解了她的家庭生活后就清楚这一显梦的象征意义，原来她的丈夫对她不忠实，隐瞒了有外遇的事实（蒙面的陌生男子），欺骗了她的感情（偷走了首饰匣），她很气愤，诅咒他没有好下场（他跌死在楼下）。通过对隐梦的分析使病人清楚了自己焦虑的根源。

3. 解释。解释是精神分析中最常用的方法。心理分析师对来访者的一些心理现象或行为，根据精神分析学派的理论，用当事人能够理解的语言对他的心理症结进行说明，以便来访者领悟自己的症结来源。其目的是让当事人正视其所回避的东西和尚未意识到的东西，使无意识之中的内容变成意识。

精神分析治疗的目的是要揭示症状背后的无意识动机，消除抗拒和移情的干扰，使当事人对其症状的真正含义有所了解，解释都是不可少的。

解释要在当事人有接受的思想准备时进行。此外，单个的解释往往不可能明显见效。解释是一个缓慢而复杂的过程。通过解释，治疗者可以在一段时间内，不断向当事人指出其行为、思想或情感后潜藏着的本质意义。

解释的过程：

（1）了解来访者表现出的不良行为或不健康心理的由来。例如，要考虑童年经历等问题。

（2）清楚这些心理现象和行为的形成机制是怎样演变而来的。

（3）根据理论和临床经验给来访者一个满意的说明，即说明他（她）目前症结的起源、形成及影响。

【案例 6】

有名社区矫正对象，她表面上的症状是强迫性担心锁不上门，每次出门都要反复检查锁门。咨询师通过分析她的童年经历发现她的强迫症状起因于10岁时目睹一个强盗闯入家中,枪杀她父亲。那次事件给她留下了巨大的痛创记忆,构成了她的"未完成情结"。于是咨询师对她的行为做出了如下解释:"你曾经目睹亲人被杀害的过程,遭受到了失去亲人后巨大的伤痛,这使你一直无法摆脱恐惧,时时刻刻处于焦虑当中,害怕危险的再度降临,这极大程度地影响了你的正常生活。但当时的你还小,不能将它合理地化解,而是以一种替代的方式来加以处理,这种方式就是强迫锁门,你需要反复锁门才能确保安全,这种替代只是你焦虑的直接表现,它可令你的焦虑获得一定程度的化解,却又给你带来了新的焦虑,是这样吗?"

来访者听后恍然大悟,心里释然了很多,在咨询师的帮助下,进一步重新整合了早年留下的痛创记忆,化解由此产生的种种"未完成情结",慢慢的她的症状才得到了好转。

4. 疏泄法(或称宣泄法、洗净法)。宣泄法是通过痛快淋漓的倾诉,让当事人把压在心头的郁闷、精神负担和内心深处的矛盾冲突说出来,从而恢复心理平衡,这是防止躯体和精神发生疾病的一种方法。这种疗法原为布洛伊尔所创造,后被弗洛伊德所采用。它是在催眠状态下,诱导当事人将自己致病的内心积郁痛苦倾吐、宣泄出来,使症状得以消失。当时的当事人把它称为"扫烟囱法"。

宣泄法的过程就是,要当事人把压抑在内心的烦恼、不快说出或写出来。当然在生活中宣泄的方式非常多,如心情不好时去进行体育锻炼、旅游、写信或找朋友倾吐都是宣泄的方式。

5. 精神集中法(或称前额法)。精神集中法即在让当事人精神集中的情况下,要求其回想构成患病原因的过去经历的方法。当弗洛伊德发现人们难以顺利地进入深度催眠状态时,他毅然放弃了经典催眠法,一度采用了精神集中法。

具体做法是,让当事人在清醒或比较清醒的状态下,集中精神去回想构成患病原因的过去经历或体验,并报告给医生;假如当事人一时不理解和不能回想与报告时,就让他闭上眼睛,治疗者用手按放在他的额部,对他说:"经过这样用手按压后,你现在可以想起来了,或者有些事像图画一样出现在眼前;在我停止按压时,不管你想起或看到什么,就该直接说出来吧。"

【案例7】

弗洛伊德用此法治疗当事人露茜的神经症病例大致如下:当事人因幻嗅(类似布丁烧焦的臭味)而苦恼,并伴有心境恶劣、疲劳感以及癔症性全身痛觉丧失症状而就诊。弗洛伊德在使用精神集中法诱导她回想有关的经历或经验时,她说,两个月前,在她生日的前两天与孩子们一起做饭菜时,收到了母亲的信。刚打开信封,孩子们就开玩笑地抢走了那封信。这时炉子上的布丁烧焦了,臭味弥散开来。作为家庭教师的露茜很害怕主人因此而说她不好或把她辞退,让她回母亲家去。进而通过交谈了解到当事人潜意识中爱上了男主人(鳏夫),内心想取得孩子母亲的地位。这位主人曾在只有两个人时说过要依靠她把孩子教育好这样的话。在她自由地叙述了与布丁焦臭味有关的事件及表露了对主人的恋意后,她原有的症状就逐渐消失了,但却替换成了雪茄烟刺鼻的味道。由此进一步又联想到,她回忆起主人(厂长)在斥责该厂会计科长吻别主人的孩子时,她在旁边看到时心中突然一跳,当时主人正在抽雪茄烟……弗洛伊德认为当事人发生癔症的原因是她的自我与其某些观念(如"单恋")之间的矛盾冲突。自我通过防御机制,拒绝与否定了该观念,将其排出意识之外,而被压抑的能量就转换成癔症的躯体症状。从此法的治疗已可看出精神分析的雏形。但是,使用前额法治疗有两个问题:一是用手按压当事人的前额,使其难以进行联想;二是医生的不断提问会干扰当事人的思路。

6. 失误分析。即分析人们日常生活中所犯的行为倒错(如口误、笔误、舌尖现象、遗忘、遗失东西等),来揭示潜意识被压抑的动机。在精神分析治疗中,治疗者为了寻求和观察当事人的潜意识材料,对于在行为倒错中发现的重要信息,要特别引起重视。治疗者要去发现当事人的这些错误,这些行为倒错会无意识地揭露当事人的内心思想。

失误分析的过程:

(1) 确定所犯的失误行为与潜意识动机的关系。

(2) 挖掘被压抑的潜意识动机。

(3) 分析倒错行为的心理动机,说明失误的潜意识动机。

【案例8】

一名社区矫正对象在他的竞争对手——另一家公司举行的庆典仪式上,将祝酒词不小心说成祝这家公司早日垮台。这并不是偶然的,表明在潜意识中其早就希望这家公司破产。又如,一位新娘在结婚典礼前找不到结婚戒指,虽然她自己不承认自己不爱那位新郎,但这种遗忘却表现了她的潜意识动机。实际上她并不愿意与这位新郎结婚,只是她并不承认这一点。这也是潜意识压抑的结果。

案例引自:杨鑫辉:《现代心理技术学》,上海教育出版社2004年版,第179页。

7. 移情分析。移情是指在治疗过程中,当事人把潜意识内对某一对象(如爸爸、妈妈、好朋友)的情感转移到治疗者身上。对治疗者产生爱的情感为正移情,产生恨的情感为负移情。当事人对治疗者的态度,可借助观察当事人以往与别人的情感关系,并且可以向当事人解释他现在的情感是过去"重要他人"的重演。透过移情分析,当事人将显示出内心隐藏的情感观念和欲望。

移情分析的过程:

(1) 洞察移情现象。当事人出现不平常的行为和情感时,治疗者要注意分析这种现象的性质。

(2) 联系当事人的实际情况,追述曾经的经历和被压抑的动机、冲动,对目前状态给予说明和解释。

8. 抗拒分析或称阻抗分析。分析师对当事人抵抗治疗进展及防止揭露潜意识材料的表现,寻求原因,进而合理地分析原因。

抵抗是一种对抗治疗进展及防止揭露当事人潜意识材料的阻碍。因此,心理治疗的抵抗,乃是当事人排斥在意识中浮现潜意识材料。如正在叙述的过程中,当事人突然停止话题,似乎已没有任何内容可谈,或推辞说想不起来,或顾此而言它,或反复地陈述某一件事,不能深入下去和扩展开,甚至认为分析治疗没有意义,要求终止治疗等。治疗者要及时指出抵抗是他企图逃避矛盾的一种自我防御机制,不利于对病因的根除。治疗者对抵抗的分析和对当事人的鼓励，有助于当事人克服抵抗，使治疗顺利进行。

阻抗分析的步骤：

（1）观察阻抗现象的发生。比如当事人迟到，不完成家庭作业，在治疗过程中无法自由联想等。

（2）向当事人解释阻抗的原因是自我防御机制，治疗要取得进步就要打破自我防御机制。

（3）联系当事人的具体情况，对其防御机制作出解释，并使当事人能理解。

（二）行为疗法

1. 系统脱敏法。系统脱敏疗法是一种利用对抗性条件反射原理，循序渐进地消除异常行为的方法。这一方法于20世纪50年代由精神病学家沃尔帕所创。它是整个行为疗法中最早被系统应用的方法之一。最初，沃尔帕是在动物实验中应用此法的。他把一只猫置于笼子里，每当食物出现引起猫的进食反应时，即施以强烈电击。多次重复后，猫即产生强烈的恐惧反应，拒绝进食。最后发展到对笼子和实验室内的整个环境都产生恐惧反应，即形成了所谓"实验性恐惧症"。然后，沃尔帕用系统脱敏法对猫进行矫治，逐渐使猫消除恐惧反应，只要不再有电击，最终回到笼中就食便不再产生恐惧。此后，沃尔帕便把系统脱敏疗法广泛运用于人类的临床实践。

实施这种疗法时，首先要深入了解患者的异常行为表现（如焦虑和恐惧）是由什么样的刺激情境引起的，把所有焦虑反应由弱到强按次序排列成"焦虑阶层"。然后教会患者一种与焦虑、恐惧相抗衡的反应方式，即松弛反应，使患者感到轻松而解除焦虑；进而把松弛反应技术逐步地、系统地和那些由弱到强的焦虑阶层同时配对出现，形成交互抑制情境，即逐步地让松弛反应去抑制那些较弱的焦虑反应，然后抑制那些较强的焦虑反应。这样循序渐进地、系统地把那些由于不良条件反射（即学习）而形成的、强弱不同的焦虑反应，由弱到强一个一个地予以消除，最后把最强烈的焦虑反应（即我们所要治疗的靶行为）也予以消除（即脱敏）。异常行为被克服，患者也重新建立了一种习惯于接触有害刺激而不再敏感的正常行为，这就是系统脱敏疗法。它在临床上多用于治疗恐惧症、强迫性神经症以及某些适应不良性行为。

沃尔帕提出了以下的治疗程序：①了解引起焦虑和恐惧的具体刺激情景。②将各种焦虑和恐惧的反应症状由弱到强排成"焦虑阶层"。③帮助患者学习一种与焦虑和恐惧反应相对立的松弛反应。④把松弛反应逐步地、系统地伴随着由弱到强的焦虑刺激，使两种互不相容的反应发生对抗，从而抑制焦虑反应。

2. 厌恶疗法。厌恶疗法是在经典条件反射原理基础上提出的，也就是对其行为反应给予负性强化使之逐渐减弱，直至消除其不良行为，也可以认为厌恶疗法是用惩罚性强烈刺激，去消除已经建立的不良的条件反射的方法。厌恶疗法采用一套技术，这些技术中包括工具或武器，以引起患者生理、心理痛苦或厌恶的刺激，如电击、致吐药物、难闻的气味等。其方法是当出现不良反应时，立即给予这些厌恶性刺激，直到症状消失。因此说厌恶疗法是经典性条件反射（用作厌恶性反射）和操作性条件反射

（痛苦及厌恶刺激即惩罚）的直接运用。

由于作为负性刺激的物品或方法的不同，因而可将厌恶疗法分为如下几种：①化学性厌恶疗法。应用化学药物，如能引起恶心、呕吐的药物阿扑吗啡、戒酒硫等或有强烈恶臭的氨水等。②电击厌恶疗法。以一定强度的感应电作为疼痛刺激，或以轻度电休克作为负性刺激。③橡皮圈厌恶疗法。拉弹预先套在手腕上的橡皮圈，并引起疼痛作为负性刺激。④羞耻厌恶疗法。即命令患者在大庭广众、众目睽睽之下，表现变态性行为，从而使患者自己感到羞耻，用此作为负性刺激促使患者改正变态行为。

化学性和电击厌恶疗法都较痛苦，故施用几次后，应该训练患者自己应用想象厌恶法，即一旦遇到烟、酒或性兴奋对象时，立刻想象到痛苦的惩罚感受，从而产生厌恶反应。想象厌恶法也可一开始即应用于某些性变态者，如异装癖、露阴癖等，即使患者想象自己在做异常性行为时被人发现，当场抓获，受到严厉处罚等，从而用想象中的负性刺激来克制异常性行为。这种方法有人也称之为"隐闭性敏感法"。

厌恶疗法操作简便，适应性广，主要用于强迫症和种种行为障碍的患者，如日常生活中想戒烟、戒酒、控制饮食等也可采用此方法。但因为厌恶疗法实施时会给患者带来极不愉快的体验，因此，一般要征得患者的同意后才使用此法。

3. 满灌疗法。满灌疗法与系统脱敏疗法相反，不需要叫病人经过任何放松训练，一开始就让病人进入使他恐惧的情境中，一般是采用想象的方式，医生鼓励病人想象最使他恐惧的场面，或者治疗医生在旁反复地，甚至不厌其烦地讲述他最害怕的情景中的细节，或放映现代影视画面最使病人恐惧的镜头，以加深病人的焦虑程度。同时不允许病人做出闭眼、堵耳朵、哭喊等逃避措施。即使病人由于过分紧张害怕，甚至出现昏厥的征兆，仍要鼓励病人继续想象或聆听治疗医生的描述。同时要告诉病人，这里备有一切急救设备和手段，生命安全是有保障的，因此病人可以大胆想象，病人在反复的恐惧刺激下，可能因焦虑和紧张而出现心跳加快，呼吸困难，面色苍白，四肢冰冷等植物神经系统反应。但病人最担心的可怕的灾难并没有发生，焦虑反应也就相应地减退了。

实行满灌疗法需要慎重，应该视社区矫正对象的病症程度、心理状态而定。虽然满灌疗法比系统脱敏法所花费的时间要少得多，但是一旦刺激程度超出了患者的心理承受能力，就极易引发精神分裂症。

4. 行为塑造法。行为塑造是要形成和建立一个新的行为习惯。在确定这个大目标后，把其分成几个小目标，制定治疗计划，然后由低向高逐步实现，达到一步立即给予奖励强化，直到最后实现最高目标，即"大目标，小步子"，用不断强化的原则来建立新的行为习惯。行为塑造疗法适用于精神病人的行为学习、哑童说话、残疾人的肢体功能训练、低能儿教育、大小便失禁控制训练等。对于社区矫正对象来说，行为塑造也是学习建立新行为习惯和完成事业目标的有效方法。

5. 代币疗法。代币疗法是指出现适当的行为时，即给予正性强化物以强化该反应，从而建立个体新的适当行为，达到养成良好行为习惯的治疗方法。该疗法适用于消除心理异常和习得性不良行为。从个体需要的反应中选择正性强化物，强化物的出现增加了个体以后在同样情景下重复该行为的概率，这表示强化物对个体的反应产生了加强作用。这种作用被称为"强化作用",因强化作用是由个体反应后产生的效果所决定的,故又称为"后效强化",它是行为主义治疗学派的重要概念。在人和动物的行为中有很多行为是受后效强化所支配的。比如人为什么会赌博呢?因为赌才有赢钱的机会,"赢"是"赌"的后效,强化了赌的行为。心理异常者难以听进劝告,但仍有心理和生理的需求,治疗者针对他们的需求,让其积蓄象征性代币,将它作为需求获得满足的条件,从而纠正不良行为,达到心理治疗的目的。

代币作为阳性强化物,可以用不同的形式表示,如用记分卡、筹码和证券等象征性的形式。代币应该具有现实生活中"钱币"那样的功能,即可换取多种多样的奖励物品或患者所感兴趣的活动,从而获得价值。用代币作为强化物的优点在于不受时间和空间的限制,使用起来极为便利,还可进行连续的强化;只要患者出现预期的行为,强化马上就能实现;用代币去换取不同的实物,从而可满足受奖者的某种偏好,可避免对实物本身作为强化物的那种满足感,而不致于降低追求强化(奖励)的动机,并且在患者出现不良行为时还可扣回代币,使阳性强化和阴性强化同时起作用而产生双重强化的效果。

代币制疗法不仅可用于个体,而且可在社区矫正对象的集体行为矫治中实施。临床实践表明,在多动症儿童、药瘾者和酒癖者等的矫治中,在衰退的精神病人的康复中代币制疗法都有良好的效果。

6. 渐进式放松。渐进式放松包括全身肌肉的全部放松,甚至呼吸,直到身体紧张全部释放为止。这被行为治疗师作为放松练习,用于消除焦虑和压力,或为系统脱敏做准备。渐进式放松的方法是先紧张,后根据全身肌肉群逐个放松。治疗师可以建议来访者使用事先录好的放松练习录像带在家练习。

(三) 认知疗法

1. 建立良好的医患关系,耐心解释治疗的目的及方法,让患者主动参与治疗。
2. 全面了解患者的当前问题及有关背景材料,列出关键问题。
3. 识别患者负性的自动思维,确定首先干预的目标。例如 Beck 认为,抑郁症有负性认知三联征:①对自身的负性评价;②对以往经历的负性评价;③对前途的负性评价,由此呈现动机行为的病态表现。
4. ABCDE 技术的采用。A 即刺激,B 指个体的信念,C 指情绪和行为结果,D 为干预性指导,E 为干预后的效果。
5. Beck 认知治疗往往取以下三个步骤:①启发患者寻找不良认知;②协助患者暴露认知曲解或逻辑错误,并加以讨论、检验、合理推论;③通过反复"诘难"改变负性自动思维,放弃原有的错误认知,建立正确认知。

贝克提出了五种具体的认知治疗技术:

(1) 识别自动性思维——由于这些思维已构成求助者思维习惯的一部分,多数求助者不能意识到在不良情绪反应以前会存在着这些思想。因此,在治疗过程中,咨询师首先要帮助求助者学会发掘和识别这些自动化的思维过程。更为具体的技术包括提问、指导求助者自我演示或模仿等。

（2）识别认知性错误——所谓认知性错误即指求助者在概念和抽象性上常犯的错误。典型的认知性错误有任意的推断，过分概括化，"全或无"的思维等。这些错误相对于自动化思维更难以识别。因此，咨询师应听取并记录求助者诉说的自动性思想，以及不同的情境和问题，然后要求求助者归纳出一般规律，找出其共性。

（3）真实性验证——将求助者的自动性思维和错误观念视为一种假设，然后鼓励求助者在严格设计的行为模式或情境中对这一假设进行验证。通过这种方法，让求助者认识到他原有的观念是不符合实际的，并能自觉加以改变。这是认知治疗的核心。

（4）去中心化——很多求助者总感到自己是别人注意的中心，自己的一言一行、一举一动都会受到他人的品评。为此，他常常感到自己是无力、脆弱的。如果某个求助者认为自己的行为举止稍有改变，就会引起周围每个人的注意和非难，那么咨询师可以让他不像以前那样去与人交往，即在行为举止上稍有变化，然后要求他记录别人不良反应的次数，结果他发现很少有人注意他言行的变化。

（5）忧郁或焦虑水平的监控——多数抑郁和焦虑求助者往往认为他们的抑郁或焦虑情绪会一直不变的持续下去，而实际上，这些情绪常常有一个开始、高峰和消退的过程。如果求助者能够对这一过程有所认识，那么他们就能比较容易地控制自身的情绪。所以，鼓励求助者对自己的忧郁或焦虑情绪加以自我监控，就可以使他们认识到这些情绪的波动特点，从而增强治疗信心。这也是认知治疗常用的方法。

6. 改变错误认知方式常用技术有：①检验假设校正法；②信条（或称价值观念）改变法；③思维方式转换法；④心理剧角色扮演领悟法等。

7. 布置家庭作业，可列出三个栏目：①自动思维；②认知歪曲的评定；③合理认知。

8. 行为改变技法，针对不同的对象，设计"日常活动计划表"，适于缺乏动机及活力的患者，遵循"循序渐进，先易后难"原则。

9. 价值观念的矫正：

（1）"该与不该"信条：患者的内心价值体系中总有一些"应该"与"不应该"的人生守则，目标过高会不堪负荷，范围过广则难以宽以待人，造成人际关系紧张。治疗者要指出这一信条的非现实性及局限性，使患者的待人处事律己会更现实、更富有弹性。

（2）"幸福与痛苦"信条：这常常是来访者人生目标追求过程中的两种极端情绪化反应，也基于相应认知过程。例如"不是楼上楼，就是楼下搬砖头""要幸福必须事事成功""达不到目标毋宁死"，也称此为"非此即彼"，又称"全和无"观念。治疗者应该使患者明确"世上事并非十全十美，不如意常有八九"，不能事事都"背水一战"，必须经常调整目标及期望值，提高对挫折及失败的耐受力。

（3）"危险与安全"信条：对环境及事件发生前危险度的估计因人而异，估计过高会产生不必要的紧张焦虑，使行为受限（如恐惧症、强迫症）；估计过低，则易发生意外。临床常见的为前者，治疗时要向患者指出这种过分不安全感的危害性，易造成紧张或人际交往困难，过高估计危险会畏难不前，产生适应不良行为。诸如此类的不现实价值观均须予以矫正，故认知治疗又称认知行为疗法。

（四）人本主义疗法

人本主义疗法并无固定的技术模式，但应把握以下的三个原则：

1. 理解。这是治疗成功与否的基础。设身处地的从患者角度去思考问题，真实地理解他们的想法。真实的理解会令患者感到温暖和尊重。理解表达可以是语言或是非语言的，甚至有时沉默也表达了对患者的理解。

2. 沟通。坦诚的交流是深入探究问题，使患者自由表达感受的前提。医患应处于平等的地位，以朋友的方式进行无设防的交谈。

3. 关注。治疗师对患者的关注应是无条件的。对于患者的心理问题不应以批评的态度来对待，而应表达无限的关爱与准确的共情。

【案例9】

社区矫正对象小林，女，22岁。服安眠药自杀被朋友发现，送医院抢救，自杀未遂，由朋友陪同来到心理咨询室。

小林父母在其5岁时离婚，后随母亲寄居在其姨妈家。姨妈一家人生活很严肃，虽在经济上资助她们，但很少和她们有更多的情感的沟通，来访者常有一种寄人篱下、受人施舍的屈辱感。在来访者8岁时，和妈妈搬出姨妈家，两人单独过活，她的这种执拗使姨妈家又气又无奈，关系变得较疏离和冷漠。来访者9岁时妈妈暴发抑郁性精神病，后来稳定，很少复发，但常常会歇斯底里地向来访者乱发脾气。小林虽心里感到很委屈，但知道母亲不容易，也常常是忍了又忍。

考上大学后，家里没人照顾母亲，小林在学校旁边租房将母亲接到身边，边学习边打工，还照顾母亲，但常常会受到母亲的无理取闹和无端辱骂。所有这一切，外表坚强的她往往忍受了下来，从未让同学知道自己的事情，同时其担任系学生会宣传部长，性格外向，朋友较多，很有能力，也很开朗豪爽。毕业实习期间来访者凭借自己的能力找到了一家在省城的公司做文秘。工作干得很好，因此得到了公司的留用。后来公司决定让她熟悉一下销售业务，让其搞营销，她觉得自己最不愿意求人，不擅长，不喜欢，没信心做好，但又担心公司因此解除与她的聘用合同，又不好拒绝，所以内心很矛盾，心情很沮丧。在这个时候，她回到学校，想暂时放松一下，自己特别想找一个依靠，于是向自己心仪已久的一个同学表达了自己的爱慕之情。但没有料到该同学会断然拒绝。这一系列的不如意，使她感到无助、沮丧和无边的绝望。"太累了，好想休息一下"，但是不能，只有死，才可以彻底摆脱这一切，彻底放松。她给自己的母亲、那个男孩、她的两个要好的朋友分别写了信或遗书，吞下了安眠药。

人本主义疗法认为，人都有两个自我，经验的自我和理想的自我，前者是个人在现实生活中获得的自我感受，即真实的自我；后者则是个人对"应当是"或"必须是"等的自我概念。二者之间的冲突导致了人的心理失常。而上述案例中小林的这两个自我产生了冲突，因此我们建立以下的治疗目标：创造一个治疗性的氛围，以帮助小林发现真正的自我，从而远离虚假的自我，真正成为自己想成为的人，使小林逐渐对自我体验的开放而非压抑。协助来访者小林逐步走向自我实现之路，享受成长过程中的坚实与丰盈。

人本主义疗法对当事人进行干预的过程和要素：

1. 信任接纳，建立关系。尽最大可能，不带任何假设和猜想，用开放的、全新的视觉和听觉关注她。目的是创造一种信任、支持、安全的氛围。在这样一种关系中，小林会感到受关注以及对她的接纳和理解，其就会关注自己的感受，并从体验中学习，且能有效地运用所学到的东西，使她的生活显露积极和希望。

2. 正视感受，面对真我。小林在开始并不是分享她的感受，而是讲一些外在的东西。她认为问题在于外部，母亲的无理取闹，公司老板的不合理安排，爱慕对象的绝情。但是在充分的接纳理解、同感和真诚的回应和反馈中，小林逐渐感受到温暖、安全和充分的信任，进而去掉了防御，开始触及自己真实的情感。在咨询师面前开始能够表现自己的恐惧、焦虑、愤怒和那些她认为太消极的以至不能纳入自我结构当中的感受。最终她能够更少地歪曲事实，更多地表达那些以前没有表达过的感情，并且沿着对她的经验更加开放的方向前进。逐渐地，能够和她所感受到的保持联系，而极少需要歪曲或否认这种经验。真实的生活，真正有效地有力地把握自己的人生。

3. 整体联动，人文关怀。事发后，我们实行了社区矫正对象心理危机紧急预案，第一时间对来访者实行 24 小时生命价值关怀保护。各级领导都多次去看望她，人本主义疗法特别重视和强调一种真诚温暖信任的咨询并给予来访者精神和物质等帮助；同时我们还千方百计联系到来访者早已不联系的唯一的亲戚——她的姨妈。姨妈家表哥表姐的到来和对她的关心，化解了多年来小林对他们的误解，朋友们的日夜陪伴、公司老板的理解等，无疑都是来访者走出自毁绝境的动力。来访者说："我整个是被'暖'出来的"，一个"暖"字充分体现了人文主义的精髓和功效。

4. 咨询效果。社区矫正对象从自杀绝境中走出，接纳真正的自我；获得友情、亲情，感受到温暖和社会支持；对人增加了信任和理解，更加热爱生命和珍惜生命。

二、其他治疗方法

（一）支持疗法

以言语手段实施心理支持为主，以加强社区矫正对象的精神活动的防御能力，控制和恢复对环境的适应的治疗方式。代表性疗法有理性情绪疗法（RET）。

理性情绪疗法认为，人们的情绪障碍是由人们的不合理信念所造成，因此简要地说，这种疗法就是要以理性治疗非理性，帮助求治者以合理的思维方式代替不合理的思维方式，以合理的信念代替不合理的信念，从而最大限度地减少不合理的信念给情绪带来的不良影响，通过以改变认知为主的治疗方式，来帮助求治者减少或消除他们已有的情绪障碍。

此疗法的治疗过程一般分为四个阶段：

1. 心理诊断（psychodiagnosis）。这是治疗的最初阶段，首先治疗者要与社区矫正对象建立良好的工作关系，帮助其建立自信心。其次治疗者要摸清社区矫正对象所关心的各种问题，将这些问题根据所属性质和社区矫正对象对它们所产生的情绪反应分类，从其最迫切希望解决的问题入手。

2. 领悟（insight）。这一阶段主要帮助社区矫正对象认识到自己不适当的情绪和行为表现或症状是什么，产生这些症状的原因是自己造成的，要寻找产生这些症状的思想或哲学根源，即找出它们的非理性信念。

3. 修通（working through）。这一阶段，治疗者主要采用辩论的方法动摇社区矫正对象非理性信念。用夸张或挑战式的发问让社区矫正对象回答他有什么证据或理论对A事件持与众不同的看法等。通过反复不断的辩论，社区矫正对象理屈词穷，不能为其非理性信念自圆其说，使他真正认识到，他的非理性信念是不现实的，不合乎逻辑的，也是没有根据的。开始分清什么是理性的信念，什么是非理性的信念，并用理性的信念取代非理性的信念。

这一阶段是本疗法最重要的阶段，治疗时还可采用其它认知和行为疗法。如布置社区矫正对象做认知性的家庭作业（阅读有关本疗法的文章，或写一篇与自己某一非理性信念进行辩论的报告等），或进行放松疗法以加强治疗效果。

4. 再教育（reeducation）。这是治疗的最后阶段，为了进一步帮助社区矫正对象摆脱旧有思维方式和非理性信念，还要探索是否还存在与本症状无关的其他非理性信念，并与之辩论，使他学习到并逐渐养成与非理性信念进行辩论的方法和用理性方式进行思维的习惯，这样就达到建立新的情绪，如解决问题的训练、社会技能的训练，以巩固这一新的目标。

在理性情绪疗法的整个过程中，由于与非理性信念进行辩论（disputing）是帮助社区矫正对象的主要方法，并获得所设想的疗效（effect），所以由ABC理论所建立的本疗法可以"ABCDE"五个字头作为其整体模型。即：A（Activating events）诱发性事件；B（Believes）由A引起的信念（对A的评价、解释等）；C（emotional and behavioral Consequences）情绪和行为的后果；D（Disputing irrational believes）与不合理的信念辩论；E（new emotive and behavioral Effects）通过治疗达到的新的情绪及行为的治疗效果。

理性情绪疗法中最常用的，也是区别于其他心理治疗的最具特色的几种治疗技术包括：与不合理信念辩论的方法、合理情绪想象技术及认知的家庭作业。

与不合理信念辩论技术为艾利斯所创立。这一辩论方法的施治者必须积极主动地、不断地向求治者发问，对其不合理的信念进行质疑。提问的方式可分为质疑式和夸张式两种。

合理的情绪想象技术（Rational-Emotive Imagery，REI）是理性—情绪疗法中最常用的方法之一。它与心理治疗中通常所用的想象技术既有联系又有区别。它也是需要由治疗者进行指导，帮助社区矫正对象进行想象的技术。

认知的家庭作业主要有：理性情绪疗法自助量表（RET Self-Help Form）与不合理的信念辩论和合理的自我分析（Rational Self-Analysis，RSA）。

（二）家庭疗法

20世纪最具影响力的心理治疗方法是精神分析学派和人本主义学派，两者都假设人与人之间不良的互动关系会导致心理问题，因此通过治疗师与病人之间关系的建立得到最大程度的缓解。精神分析把家庭排除在治疗以外，以保障患者在探索他们的想法和情感时感到安全；人本主义为了避免病人的迎合心态，即为赢得外界认可而隐藏自我的真情实感，采取保密措施，治疗师充当客观的旁观者而提供无条件的接纳，家庭成员当然也是不可能在人本主义里有一席之地的。

家庭治疗的产生很大程度上得益于美国精神卫生机构对精神疾病、犯罪、成瘾等问题的持续研究。20世纪50年代，在对精神病人的治疗中发现，如果病人得以好转重新回到家庭生活，会出现两种情况：一是家庭中的其他成员会出现症状，二是病情复发或变得更糟。因此在与患者工作难以推进之时，研究者们将其社会支持系统引入到治疗中来以期寻找新的突破口。一些研究者邀请精神分裂症患者的家庭成员加入到帮助系统中，结果发现这些家庭的人际关系和互动方式呈现一些规律性，因此对家庭和家庭环境对心理和精神疾病的影响愈加关注。同时哲学与认识论发展、团体动力学研究、婚姻咨询、社会工作影响、儿童指导运动等对家庭治疗的诞生都产生了重要作用。

另外，家庭治疗的产生也由于其特殊的历史背景。第二次世界大战后，劫后余生的人们面临着一系列社会、文化、环境等问题，如离婚、家庭重组、孤儿养育等，于是心理咨询与治疗受到了广泛的关注和普遍接受，很多临床医生、心理治疗师、社会工作者产生并服务于民众，但主要以个体咨询为主，对家庭和婚姻而言缺乏指导性的理论和方法，因此有学者和专家开始将注意力转向家庭，将服务内容延伸至婚姻冲突、离婚、青少年不良行为、家庭关系等非个体问题方面，随着家庭治疗理论和实践的发展，越来越多的临床工作者意识到，改变家庭结构和互动模式，用适合的行为替代功能不良的行为可以帮助人们解决问题，家庭内部的改变可以促进个体成长和发展，于是家庭治疗这种用系统观并将家庭作为治疗对象的新技术，被不断发展壮大。

家庭治疗，不能顾名思义将其理解为是对家庭矛盾和问题进行咨询与治疗。虽然家庭治疗依然关注家庭矛盾和问题的减除，但它同个体心理咨询和治疗在理念和方法上却有着本质的区别。家庭治疗强调把个体和其症状重新框定在整个家庭环境中去观察和治疗，所以已经超越了个体治疗只关注于个体内在冲突、行为和人格特征的局限，因而家庭治疗又被称为"关系疗法"或"系统疗法"。因此，家庭治疗是指针对家庭出现的矛盾和问题症状，通过改变家庭成员围绕症状所表现出的互动模式，从而达到治疗症状的一种治疗理论。家庭治疗不仅是心理治疗领域的新技术，还是一种新的治疗理念和思想，将系统观、控制论和信息论运用到治疗实践是一次范式的转移，它代表了一种全新的理解人类问题、行为发展、解决之道的新视角，因此被称为继精神分析、行为主义、人本主义之后心理治疗领域崛起的"第四势力"。

家庭治疗的适应症有：处于家庭生命周期过渡阶段，尤其有青春期冲突的家庭；家庭经历重大事件后，如重要成员突然去世、离异、再婚、破产、重症疾病等；个体症状与家庭互动有关；情绪—行为问题如抑郁、焦虑、网瘾、逃学、摄食障碍、学习问题、过分依赖；家庭成员有冲突，经其他治疗无效；"症状"在某人身上，但反映的是家庭系统有问题；家庭中有反复复发、慢性精神疾病患者；家庭对于患病成员的忽视或过分焦虑于治疗；家庭对个体治疗起阻碍作用；家庭成员必须参与某个病人的治疗；个体治疗没有达到预期在家庭中应有的效果；个体治疗中不能处理的个人的冲突；

家庭中某人与他人的交往有问题等。

家庭治疗的禁忌症有：重性精神病发作期；偏执型人格障碍；基于专业伦理和法律规定的情形等。

常见的家庭治疗技术包括：

1. 循环提问。这是家庭治疗中较常用的一种访谈技术，也被人称为"循环催眠"。就是同一个问题，轮流反复地请每一位参与治疗的家庭成员回答，可以是让他们表达对另一位家庭成员行为的观察，也可以是对另两个家庭成员关系的看法，还可以是两个家庭成员各自行为之间的关系。这种提问方式会在家庭内部制造差异，从而引发家庭成员对差异的比较和思考，具有较强的启发性和暗示性。其可以运用于治疗初期对于家庭信息的收集阶段，也可以用于后期的反思领悟阶段。例如，"在孩子哭闹时，父亲通常的表现是什么""父母之间关于孩子康复训练的态度有什么差异"等。

2. 差异提问。这也是咨询中信息搜集的一种重要提问技术，指的是向各位家庭成员询问，家庭问题出现前后在时间、场合、人员等情境方面的差异。因为通常在家庭出现问题时，人们总是会很自然地将注意力都集中在症状上，关注到问题的消极面，而忽略了积极的方面。但事实上，症状的出现是有其时间、场合、人员等方面的条件的。差异提问就是要帮助来访家庭意识到问题发生所需要的条件情境，提醒他们看到问题积极的一面，也就是通常所说的"寻找例外"。然后再比较差异出现的条件，寻找问题出现的环境因素，根据比较结果为症状的消除创设或调整相应的环境。例如，"孩子有没有相对听话一点的时候""孩子对父亲的反抗情绪更重一些，还是对母亲的反抗情绪更重"等。

3. 假设提问。治疗师根据对家庭关系及背景的了解，从不同角度对家庭的问题提出假设，而这种假设通常是指向过去。通过这种提问，治疗师能够为来访家庭打开另一扇门，提供看待问题、思考问题的多重角度。假设提问的内容大多是围绕家庭问题的明显症状，而家庭成员对此的反馈应该在咨询过程中不断得到验证或修订。运用假设提问一方面可以帮助治疗师理清症状与家庭成员关系之间的联系，另一方面也可以促进家庭成员换位思考。例如，"如果当时孩子没有去参加那个康复训练，那你们会做些什么，今天又会发展到什么地步""有没有设想过，要是从小开始父亲每天都能够有一小段时间与孩子相处或一起玩耍，那今天孩子对父亲的感情会有怎样的不同"等。

4. 前馈提问。这是一种指向未来的积极性假设提问。通过刺激家庭构想关于未来的人、事、行动计划等，引导家庭用积极健康的生活模式来替代原有的家庭结构。这种提问方式能够非常有效地帮助家庭制订改变计划，并且明确在条件具备的情况下该如何具体地一步一步执行才能使症状消除。同时这种提问也可以帮助家庭对一些诱发性情境有所预防。很多时候，家庭成员对前馈提问的回答能够成为"自我应验的语言"。例如，"如果孩子康复了，你们的生活会是怎样的""下一次如果孩子还是采取这种方式寻求满足，你们会采取一些什么方法应对"等。

5. 家庭图谱。这是一种用来直观表现家庭内部成员之间关系的技术。可以将来访家庭希望解决的问题与家庭成员之间的关系通过图形线条的方式进行展示。家庭图谱通常是由治疗师和家庭一起完成的，应该是得到所有家庭成员认可的家庭内部组织关系图。如果家庭成员间对某些关系或问题存在差异,也可以邀请他们各自描绘家庭图谱,而图谱与图谱间的差异往往就是问题的核心。一般而言,家庭图谱可以包括以下这些信息:家庭成员之间的联系、亲近程度、重大转折(如出生、死亡、结婚、离婚等)、家庭的重要特质(如家庭的文化传统、宗教信仰、社会经济地位、种族、受教育情况等)。

6. 积极赋义。这是一种用来改变家庭看待事物的认知和观念的技术。积极赋义主要针对那些当前被家庭成员看作是消极的或破坏性的症状。治疗师通过与家庭成员一起对现象进行系统的重新描述,挖掘其积极的、发展的一面,放弃挑剔、指责的态度,以家庭目前的情境作为背景,为现象重新赋予积极的含义。它的基本理念是虽然家庭的情境是客观的,但是它对于每个家庭成员的意义却是主观的,从不同的角度看待就会有不同的认知,从而形成不同的处事方式,而家庭的矛盾就是由于看待问题角度不同而产生了认知和观念上的差异。有时候一些中性或者负性的现象,由于某些的观念和态度,而被赋予了消极的意义,成为家庭问题的重要症状,我们最为熟知的就是"塞翁失马,焉知非福"的典故。可见改变观念和态度是消除这类症状的重要方法之一。例如,缺乏言语系统的儿童的哭闹,就是他们表达自我不舒适的一个重要信号;儿子与父亲言语上的对抗,是其寻求与很少在家的父亲情感碰撞的一种方式。

7. 消极赋义。这是与积极赋义相反的一种技术。其基本理论基础与积极赋义相同,只是在操作时是对当前家庭成员看做是积极的行为进行分析和重新描述,结合目前的家庭情境,找出积极行为的消极面,对其进行重新赋义。通常进行消极赋义的现象或行为是来访家庭容易忽视的,是他们自认为积极正确的,但治疗师通过分析与判断能够发现其在家庭问题中所起到的消极作用。此时就必须对来访家庭成员的认知进行调整。帮助他们意识到一些他们惯以为是好的东西,其实才是问题的症结。例如,父母对于儿童的过度保护,在父母看来是为了保护孩子,但实际上是对孩子可发展的潜能的限制;而另一个极端就是父母对于低幼年龄儿童的过度民主,在父母看来是让孩子自由的不受约束的发展,但实际上在儿童基本道德礼仪没有形成时很容易养成儿童专横跋扈的性格。

(三)森田疗法

森田疗法又叫禅疗法、根治的自然疗法,它是由日本东京慈惠会医科大学森田正马教授(1874~1938)创立,取名为神经症的"特殊疗法"。1938年,森田正马教授病逝后,他的弟子将其命名为"森田疗法"。

森田疗法主要适用于强迫症、社交恐怖、广场恐怖、惊恐发作的治疗,另外对广泛性焦虑、疑病等神经症,还有抑郁症等也有疗效。森田疗法随着时代在不断继承和发展,治疗适应症已从神经症扩大到精神病、人格障碍、酒精药物依赖等,还扩大到正常人的生活适应和生活质量中。

1. 治疗原理。"顺其自然、为所当为"是森田疗法的基本治疗原则。消除思想矛盾,并对疑病素质的情感施加陶冶和锻炼,使其摆脱疾病观念,针对精神交互作用这一症状发展的机制,顺应注意、情感等心理状况来应用此措施,并按照患者的症状和体会，经常使之体验顺其自然。

将问题放置起来不是所谓的"顺其自然"，将应当有的东西使其变成一定有的东西才是"顺其自然"。所谓"顺其自然"，并非随心所欲。情绪不是可由自己的力量所能左右的，想哭的时候想要变得愉快，也是勉强。反之，极度愉快时，想努力变得悲伤，也不可能。对不能被自己的力量所左右的情绪，并不逃避，顺其自然地接受，用实际行动去做应该做的事，这就是顺其自然。即使想哭，但如果正在参加朋友的婚礼，则无论如何也要表现出笑脸，这也是"顺其自然"。

森田理论要求人们把烦恼等当作人的一种自然的感情来顺其自然地接受和接纳它，不要当作异物去拼命地想排除它，否则，就会由于"求不可得"而引发思想矛盾和精神交互作用，导致内心世界的激烈冲突。如果能够顺其自然地接纳所有的症状、痛苦以及不安、烦恼等情绪，默默承受和忍受这些带来的痛苦，就可从被束缚的机制中解脱出来，达到"消除或者避免神经质性格的消极面的影响，而充分发挥其正面的'生的欲望'的积极作用"的目的。森田疗法强调的是不能简单地把消除症状作为治疗的目标，而应该把自己从反复想消除症状的泥潭中解放出来，然后重新调整生活。不要指望立即消除自己的症状，而是要学会带着症状去生活。

2. 治疗方法。森田疗法不提倡追溯过去，而是要重视当前的现实生活，是通过现实生活去获得体验性认识。像健康人一样去生活，在生活中获得体验性的认识、启发，顺应情绪的自然变化，努力按照目标去行动。

（1）住院式森田疗法。

第一阶段为绝对卧床期。把社区矫正对象隔离起来，禁止其与他人会面、谈话、读书、吸烟及其他消遣的活动。除进食、大小便外几乎绝对卧床。为期1周左右。

第二阶段为轻作业期。禁止交际、谈话、外出，卧床时间限制在七八小时，白天一定到户外接触新鲜空气和阳光，晚上写日记，晨起及入睡前朗读古事记等读物。为期3~7天。

第三阶段为一般作业期。社区矫正对象可随意选择田间劳动、打扫卫生、手工操作等。但禁止交际、游戏、共同作业、无目的散步、体操等，只是自己做事或读书。为期1~2周。

第四阶段为生活训练准备期。进行适应外界变化的训练，为各自回到实际的日常生活中做准备。社区矫正对象要书写以行动为准则的日记，并交给治疗师批阅。

（2）门诊森田疗法根据"如果有健康人的举止，心理自然健康起来"的治疗原则，可通过阅读森田的科普书籍或日记指导进行。

（3）生活发现会（可认为是一种集体森田疗法）是社区矫正对象间在以互相帮助、相互启发为基本特征的基础上，开展活动的一种组织，分为地区性集体座谈会和学习会。

（四）阅读疗法

寻根溯源，"阅读疗法"一词是从"图书疗法"一词演变而来。"图书疗法"是英语单词"bibliotherapy"的中文翻译，"bibliotherapy"是希腊语的"biblion"（意指图书）与"oepattieid"（意指医治或治疗）的组合。1916年，美国人塞缪尔·克罗色尔斯在《大西洋月刊》上发表第一篇专门讨论阅读疗法的文章《文学诊所》，首次创造并且使用了这个词。《韦氏新国际词典》对"bibliotherapy"下的定义是通过利用阅读文献治疗精神疾病或解决个人问题，也指用来做阅读治疗的文献资料。文献是指纸质文献和电子文献等，阅读方式是指默读、朗读、小组讨论、角色扮演等各种形式。

美国阅读疗法研究权威罗宾在他的著作《阅读疗法应用》一书中，将阅读疗法定义为"以媒体和读者之间的交互作用的过程为基础的一种活动计划。不论利用虚构的或非正式的印刷或非印刷资料，皆需有指导者给予讨论与协助。"罗宾指出指导者与读者之间存在着契约关系，而阅读疗法是一种"政治上的活动"，也就是指导者对于读者的影响，是建立于"权力架构的关系"之上，读者在接受阅读疗法时，就会受此关系所支配。

海尼斯给阅读疗法下的定义是"阅读疗法就是利用文献在被指导者和指导者之间创造出的一种治疗性质的交互的过程。"这个定义还可以作如下扩展："在交互式阅读疗法中，经过训练的治疗师利用指导性的讨论，帮助已生病的或处于亚健康状态的读者，把感情和领悟集中到一个挑选出来的文献中，选出的文献可以是印刷的文本，也可以是各种形式的视听资料，甚至是读者自己创作的作品。"

我国学者刘胜江等认为，把阅读疗法的对象局限于心理或精神病人，功能定位于治疗心理疾病，材料限于文本材料，这是对阅读治疗的一种狭隘的理解。他们把阅读疗法界定为通过指导人们有选择地默读或朗读书面文本或电子文本的形式，来促进人们心理素质发展的心理治疗方法，它具有治疗、预防、发展三项心理功能。

将以上各种定义以及自身在阅读疗法实践中的体验相结合，我们认为可以把阅读疗法定义为阅读治疗指导者借助于各种文献资料，运用生理学、心理学的理论和手段，采用各种阅读方式，恢复和增进读者心理健康的互动性心理辅助疗法。

(五) 艺术治疗

艺术疗愈最早用于精神病患者，逐渐发展到服务普通群体，成为普通人突破精神困境，实现自我认知与成长的方法。简单地概括艺术疗愈，就是运用心理治疗、艺术治疗相关理论，以艺术创作的过程作为治疗媒介，在艺术治疗师的干预下，实现个案的疗愈诉求和目标的一个过程。艺术疗愈起源于20世纪40年代，其产生最初得益于玛格丽特·南伯格、艾德里安·希尔和伊迪丝·克莱曼。

精神分析学家南伯格以精神分析理论为指导，把美术作为一种干预工具、媒介运用于治疗过程中，被称为是美术心理治疗。艺术家和艺术教师希尔和克莱曼认为美术本身就具有疗愈的效果，被称为是"美术作为治疗"。进入到20世纪60年代，艺术治疗呈现多元化发展，也辐射到更多的国家，可以从各国艺术治疗协会对于艺术治疗的定义来进行初步认识。美国艺术治疗协会如此定义艺术治疗——是带着心理创伤、生存挑战和自我发展需求的个案，以人类发展理论为基础，通过创作过程和对作品的反思，实现提升认知能力、应对能力和享受创造生活乐趣的目标。英国艺术治疗协会如此定义艺术治疗——是涉及个案、治疗师、创作过程及作品的一个过程，来访者运用美术材料进行自我表达和投射，被压抑的情感被象征性地表达，最终实现自身改变和成长。加拿大艺术治疗协会认为，艺术治疗是不善言语的儿童和理智的成人，借助艺术这种非言语的形式，实现情绪表达和心理康复。澳大利亚治疗协会认为，艺术治疗是来访者运用各种视觉形式和各种心理动力，实现保健和医疗康复目的。综上来看，艺术治疗有几个重要的特性：

第一是个案来访者的类型和问题。随着普通大众的社会适应性问题、社会及家庭支持欠缺，负性生活时间的影响等，艺术治疗对象越来越倾向于这类普通大众，他们可能在生活中出现情绪问题、自我认知问题、关系问题等一系列干扰正常生活节奏的负性因子。同时由于社会结构原因，遭遇这些心理问题的人群大多不善于言语交流，或具有太过理性或防御性的心理，使得言语治疗往往难以企及内在情感。

第二是治疗目的。针对这些问题，个案来访者希望借助艺术治疗这种非言语形式，实现各种不同的治疗目的。综合各国治疗协会的阐释，治疗目的主要围绕恢复心理健康功能，自主掌控生活，实现情绪管理，和谐关系，自我认知与实现，充分体验生活的快乐和创造的快乐。

第三是治疗的过程。治疗的过程是解决问题，实现治疗目的的关键所在。治疗过程有两个重要因素：一个是治疗师、个案、作品三方，三者互动，在安全的治疗空间中，安全、无条件支持的治疗关系是实现治疗的重要因素；另一个重要因素是创作的过程即是治疗过程。就像斯托（Storr）所说，"所有人都忍受着不同程度的内紧张和分裂"，创造力可以为此提供一种"达成妥协或是找到象征性解决方法"的手段，最终目的是让来访者借助艺术创造性活动，在艺术材料的体验中对感受进行象征性表达，看到问题与冲突的实质，作出积极的改变。创造的过程中，涉及不同取向的艺术疗法理论，不同的来访者带着不同的问题和目的而来，过程中运用何种疗法理论也因此而各有不同，要视具体情况而定。

疗愈的对象被称为来访者或者个案，他们可能是退休空巢老人，步入青春期的青少年，适应不良的儿童、成人，他们大多不善言语或者过于理智，带着各种问题，希望通过疗愈，可以解决冲突，实现疗愈目标。其中疗愈的本质、核心还是在于疗愈的过程，简单来说是借助艺术这种非言语的创造与表达方式，过程中涉及上文提到的核心疗法理论，综合来看疗愈的过程是艺术媒介的创作过程与疗法的整合运用。

一个成熟的疗愈过程，不是单一的疗法运用，针对不同类型的个案和需求，匹配不同的疗法，不同的引导。综合来看，相同点在于同样运用的是艺术这个媒介创作，不同的是某些群体可能倾向于精神分析取向的艺术疗法，本质在于无意识内容的揭示；某些群体倾向于人本取向的艺术疗法，本质在于创造性人本意识的激活与发挥；或者是倾向于艺术本身的疗法作用，本质在于艺术审美升华；又或者是不同疗法的整合运用，这些具体的操作和识别需要进行深入理论分析，并建立在具体的疗愈案例实践中去。

（六）催眠治疗

催眠（Hypnosis）一般被认为是一种在日常生活中可以主观体验到的意识改变状

态。催眠疗法（hypnotherapy）是利用催眠的方法对患者进行治疗，在催眠状态下，患者的暗示性增高，分析判断能力降低，易于接受治疗者所灌输的观念。

在我国，催眠可以说是历史悠久，源远流长的。古代医学中的"祝由术"，作为一种心理疗法最早记载于《内经》。同时《内经》中舍弃了上古时期祝由术中明显带有鬼神色彩的部分，以"知百病之胜，知其病之所从生"及移精变气为核，使祝由术成为中医学中的"合理基本内核"。

科学催眠术最早由留日学者鲍芳洲先生于1918年传入我国。他将"Hypnotism"译为"催眠"，该词一直沿用至今。后虽有徐鼎铭、陈建民等人师从鲍芳洲先生，但由于多种原因一度沉寂，催眠术一直受冷遇。直至20世纪80年代初才再次引起心理学界和医学界的重视，其中当推马维祥医生为研究与践行催眠术的领军人物。催眠治疗在中国的应用有如下几个方面：①各类神经症：可消除或者减轻焦虑、抑郁、疑病、强迫等症状。②心身疾病：呼吸障碍、心血管障碍、皮肤病、偏头痛、内分泌障碍、胃肠管障碍、肠过敏症、胃切除后综合症、消化性溃疡、便秘、癌症疼痛及化疗副作用、关节炎和风湿热等。③不良行为习惯。如酗酒、吸烟、吸毒。④疼痛。催眠术对多种疼痛具有显著的镇痛效果，包括分娩痛、血管内膜成形术、白血病及头痛等。⑤潜能开发，如增强记忆力、提高运动员的运动成绩、调整竞技状态、教学、疗养等。催眠术在运动科学领域早已被接纳，范围日益扩大。⑥灾难修复整合心灵。催眠疗法通过积极心理暗示（包括单纯语言暗示、合并保险箱技术、合并意象对话、空椅子技术等）调节生理、心理活动处于病理状态的病人，改善其不良情绪，使之身心状态重新恢复平衡。此疗法疗效显著，对患者无损害，既经济又便利，同时又能避免药物滥用给患者带来不必要的痛苦，故大部分患者较易于接受。

综上所述，催眠疗法已逐渐于国内蓬勃发展起来，但无论是用于心理治疗还是日常生活，仍处于起步阶段，理论尚不成熟，实践应用领域虽然广泛但都处于尝试研究期。研究相对多些的是神经症、不良行为习惯、疼痛、潜能开发和灾难复合整合心灵这五个领域。

（七）婚姻治疗

婚姻治疗（marital therapy）是以夫妻关系及婚姻问题为主要焦点的治疗模式，属于人际关系治疗的一种。始于19世纪初，但发展缓慢，近二三十年才蓬勃兴起。婚姻治疗的基本观念是：多层次多角度看待婚姻的观念；以人际关系为主要着眼点的观念；运用系统论的观念。婚姻治疗的基本原则是：协助与辅导的原则；当事人自行决定的原则；夫妻共同就诊的原则；维护隐私的原则。

婚姻治疗的常用技术有：①改观重解。"横看成岭侧成峰"，从积极的角度看问题，常常可以改变认知从而使问题得以解决；②代说好话。对于不善于沟通的夫妻，治疗者可以代说好话，传达彼此善意的信息，从而改善夫妻双方的关系；③亲热演示。对于交恶的夫妻双方，要择机示范亲热的举动，从而唤起以往的亲密关系；④自改在先。引导和鼓励夫妻双方检讨自己并主动改正缺点，更容易换取对方的妥协，从而拉近彼此关系；⑤调整角色。发现夫妻角色混乱，就应通过角色扮演的方法重新调整关系，理顺角色；⑥彼此妥协。夫妻成长环境不同，世界观、价值观存在差异，彼此妥协是夫妻共生共处的人生艺术。

（八）颜色疗法

颜色疗法就是利用颜色刺激人体的能量变化，影响人类心情及心理平衡，进而影响身体机能。当身体机能出现状况时，便可借色彩所带来的能量平衡调整。

在罪犯的教育改造过程中，我们通常会用到精神分析、行为主义、认知心理治疗、森田疗法等心理矫治的方法。但随着实践的不断深入，进行这些心理治疗时，求助的罪犯与干预者之间特殊的人际关系有时会发生颠倒和混乱，使得罪犯本来就很不理想的人际关系模式变得更加糟糕。由于这些心理疗法绝大多数来自心理学家个人对人格形成和发展的认识，其中必会掺杂心理学家个人的主观因素，这样势必会影响到对罪犯进行矫治的效果。颜色疗法将主客观因素融为一体，既避免了心理咨询师的主观臆断，又充分利用了客观资源。

1. 通过颜色疗法减轻罪犯病痛。通过颜色疗法减轻罪犯病痛在现代医学上有证据证明吗？1982 年，位于美国加州的圣迭戈州立大学护理基地的一项研究显示，暴露在蓝色灯光下可以大大减轻罹患风湿性关节炎妇女的痛苦。1990 年，美国的一项研究也揭示，闪烁的红色灯光可以在 1 小时内让剧烈的偏头痛得到缓解。康定斯基在《论艺术的精神》中也指出："色彩直接影响着精神，色彩和谐统一的关键在于对人类有目的的启示激发。"颜色疗法就是利用颜色令人体能量中心达至平衡状态，当身体机能出现状况时，便可借由色彩所带的能量来平衡调整。

色彩疗法的实践还证明，借鉴植物的光合作用原理，充分利用阳光的七色光谱，通过阳光照晒头顶补充维生素 D，促进钙的吸收；照晒后背，能驱除脾胃寒气，改善消化功能；照晒双腿，能很好地驱除腿部寒气，有效地缓解小腿抽筋，预防骨质疏松。因此，在监狱设计中建筑要力求达到朝向最佳，建筑间距要符合规范标准，保证罪犯获得充足的阳光。同时色彩心理学家发现蓝色对治疗失眠症、高血压有帮助；绿色有助于缓解神经紧张；黄色有助于治疗便秘，提高自信心；橙色对治疗抑郁症和哮喘有效；紫色有助于减轻上瘾症和偏头痛；青色则有助于治疗关节毛病和静脉曲张；红色被认为有助于改善怠惰乏力和性欲不振。通过颜色疗法，将色彩能量理论运用到罪犯身上，可以有效地减轻罪犯的身体病痛，为监狱营造一个健康、充满活力的氛围。

2. 通过颜色疗法对罪犯进行心理治疗。在改造罪犯的过程中，广泛开展颜色疗法，运用现代化的心理研究方法与技术，对罪犯施予人性化的关怀，不仅能除病因更能除病灶。

在社区矫正对象入矫初期，往往会因为环境变化、人际关系紧张、处于监管状态等因素，表现出显著而持久的心情低落，严重者甚至出现自杀的念头和行为。此时，在社区矫正工作过程中要积极关注这类群体的动态。通过设置新入矫人员分流中心，集体先行干预的前提下，在其活动场所选用玫瑰色、红色等暖色调，并放置丁香、茉莉、紫罗兰等绿色植物。这种以颜色疗法为主、以芳香疗法为辅的心理疗法，可以有效地缓解罪犯刚入狱时低落的情绪，进而降低社区矫正对象自杀的发生率。那么颜色疗法和芳香疗法在实践中得到科学的证明了吗？2002 年台湾"中央大学企管研究所"研究生张东贺，以许多前辈科学家的实验文献资料为基础，假设卖场的颜色和气味会影响顾客的消费意愿和行为模式。经过对 180 个有效受试者测试的结果，发现气味（芳香气味、异样气味、一般气味）和颜色（前进色卖场——浅蓝色、后退色卖场——深蓝色、一般色系卖场——米白色）确实会造成顾客在卖场消费时显著的情绪差异和消费意愿差异。

因此，在社区矫正对象的改造中实行颜色疗法和芳香疗法是切实可行的。在社区矫正工作的中期阶段，社区矫正对象逐渐熟悉社区矫正工作环境，但其一贯的生活作风和人际关系异常的人格结构并未得到显著性的矫正。可以通过设置对不同犯罪类型的人员分开处理的方法，对较严重的社区矫正对象实施感官协调放松法，此种方法是用一部机器将色彩、灯光、音乐、图像集于一身，并使用按摩器揉捏穴位，达到安抚罪犯情绪的目的。对情节较轻的社区矫正对象可以通过色彩心理剧让他们在舞台情境中扮演不同的角色来发泄内心的压抑情绪，体验角色的情感思想。监狱中使用心理剧源于美国的精神病学家雅各布·莫雷诺于 20 世纪 20 年代创立的心理剧。色彩心理剧将色彩与个人的表演天赋有机地联系在一起，有益于罪犯真实情感的表达，舒缓压抑紧张的情绪，同时丰富和发展罪犯的个性。在社区矫正对象进行社区矫正的后期阶段，社区矫正对象处于社区监管到回归社会的过渡时期，他们会表现出欣喜和焦虑的矛盾心理。此时，可通过色彩疗法进行自我治疗。社区心理矫治工作者可以引导社区矫正对象进行绘画艺术方面的学习，绘画将色彩与线条统一于事物形象之中，有助于克服注意力不集中的心理障碍，形成整体意识。同时心理矫治工作者可以通过绘画的主体颜色判断社区矫正对象心理矫治的情况。如果社区矫正对象采用黄色和红色等暖色调说明心理状态是积极向上的；如果社区矫正对象采用黑色和紫色等冷色调说明其的心理状态是消极孤僻的。此时，心理矫治工作者应对这类人员加以开导，让他们看到生活的希望、社会的关爱。

【小贴士】

牢牢抓住社区矫正对象管理教育两大任务，推动社区矫正工作高质量发展。严格落实日常监管措施，严防社区矫正对象脱管失控和重新违法犯罪。落实"分类管理、个别化矫正"，实现精准矫正。

第七章 社区矫正对象心理危机干预

【本章导图】

- 第七章 社区矫正对象心理危机干预
  - 导入阅读
  - 第一节 社区矫正对象心理危机概述
    - 社区矫正对象的心理危机
    - 社区矫正对象产生心理危机的原因
    - 社区矫正对象心理危机干预的目标与原则
    - 社区矫正对象心理危机干预的适用群体
    - 社区矫正对象心理危机的识别与评估
  - 第二节 社区矫正对象心理危机干预的操作步骤
    - 第一步：建立良好的访谈关系
    - 第二步：评估确定问题
    - 第三步：保证当事人安全
    - 第四步：给予支持
    - 第五步：提出应对方式
    - 第六步：制定具体计划
    - 第七步：获得承诺
    - 其他需要注意的事项
  - 第三节 社区矫正对象心理危机干预七步法的应用

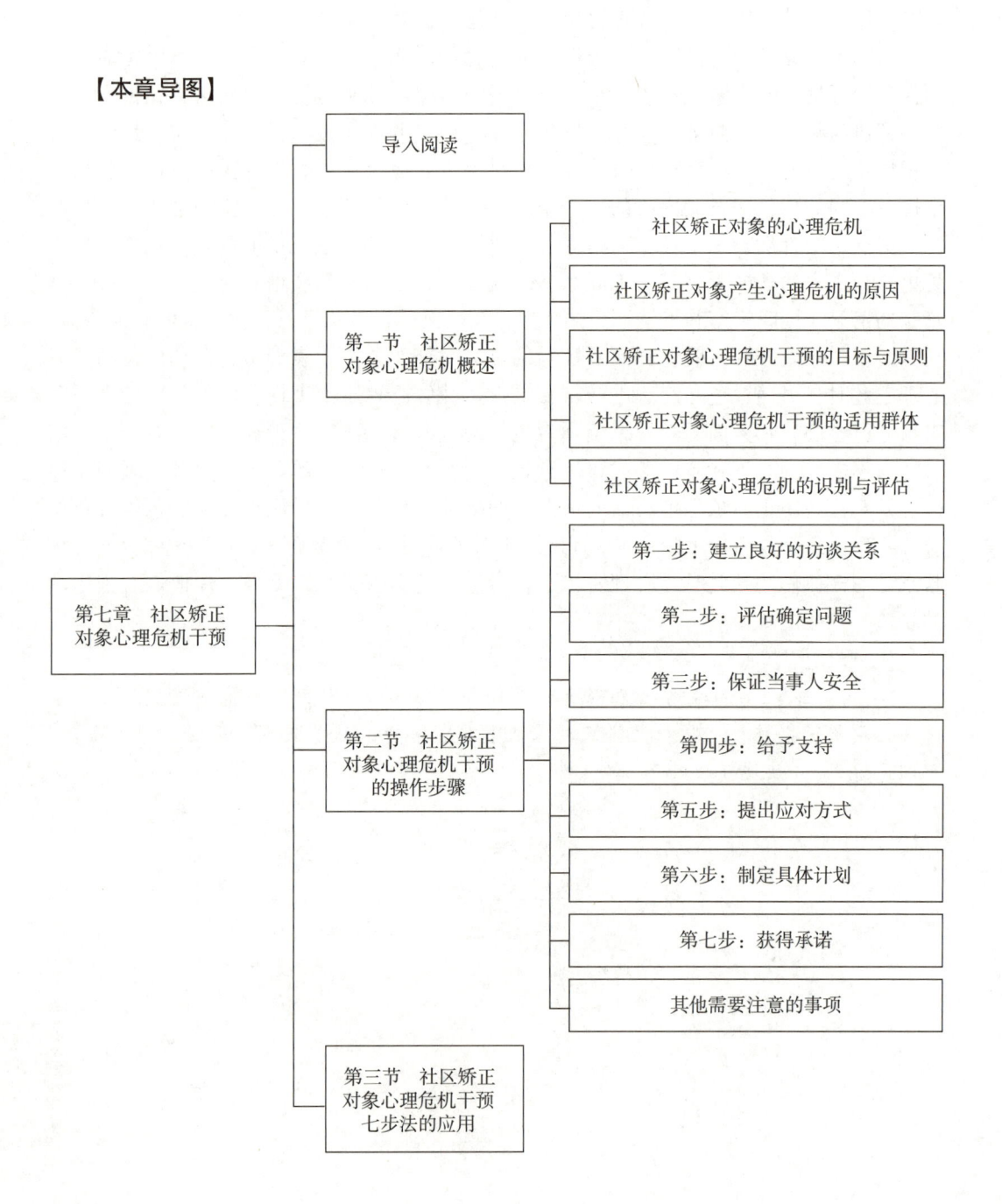

【导入阅读】

党的十九大报告指出:"加强社会心理服务体系建设,培育自尊自信、理性平和、积极向上的社会心态。"党的十九届四中全会通过的《中共中央关于坚持和完善中国特色社会主义制度 推进国家治理体系和治理能力现代化若干重大问题的决定》(以下简称《决定》)再次强调:"健全社会心理服务体系和危机干预机制,完善社会矛盾纠纷多元预防调处化解综合机制"。社会心理服务体系建设不仅是新时代社会治理创新的重要内容,而且是新时代社会治理创新的重要手段。党的二十大报告在部署"推进健康中国建设"时提出,把保障人民健康放在优先发展的战略位置,完善人民健康促进政策,其中强调要"重视心理健康和精神卫生"。将社区矫正对象心理危机干预融入社区矫正心理工作中,是健全社会心理服务体系和危机干预机制的重要体现,不仅能够协助处于危机状态的社区矫正对象度过现有的混乱状态,降低产生心理疾病的概率,避免由于危机引发的伤害行为,还能维护社区矫正机构正常工作秩序的稳定,保证公共安全。

第一节 社区矫正对象心理危机概述

对社区矫正对象进行心理危机干预,是社区矫正心理工作中的重点与难点。

一、社区矫正对象的心理危机

(一)心理危机

心理危机是指当人们面临重大问题或变化,个体感到难以解决、难以把握,正常的生活受到干扰,内心的紧张不断积蓄,继而出现无所适从甚至思维和行为都发生紊乱的失衡状态。

人的一生会经历诸多阶段,每个阶段都有可能遭遇各种不同的心理危机,如幼年时可能会遇到被父母抛弃的情况,青少年时可能会遇到学业和恋爱等方面的困难,中年人可能会遇到婚姻、家庭、工作、财务等方面的危机,而老年人则可能出现以身体疾病和精神状态为主的困境。

危机,既意味着"危险",其实也蕴含着"机会",在所有人类文化中都可以见到这种对"危机"一词的共识,我们也相信,在实践工作中绝大多数的心理咨询都是从某种程度的"心理危机"开始的,人不可能不遇到问题,换个角度其实可以把"心理危机"理解成一种心灵成长的"契机"。

(二)社区矫正对象的心理危机

社区矫正对象的心理危机,通常是指社区矫正对象在社区矫正期间,由于人格缺陷或意外事件的压力,而产生的严重的紧张、焦虑、抑郁、愤怒等情绪体验,有可能会引发自杀、行凶、脱管等行为,或存在潜在危险的应激状态。

确定社区矫正对象出现心理危机须具备下列四个条件:①存在较大的心理应激事

件；②出现急性情绪扰乱，表现出紧张、焦虑、抑郁等情绪状态；③躯体不适，行为改变和认知改变不符合任何精神疾病的诊断标准；④依靠自身能力无法应对困境。

二、社区矫正对象产生心理危机的原因

一般而言，产生心理危机的原因包括主观因素和客观因素两个大的方面。

（一）主观原因

1. 人格特征。人格特征影响着个体的行为方式、生活方式和习惯，也影响着个体对心理社会刺激物的认知评价，决定了个体应对危机的方式和危机反应的类型和强度。敏感、内向的人格特征在面对危机事件时比他人更容易导致心理危机。

2. 认知评价。人们对事物的心理反应在很大程度上依赖于对世界的知觉和解释，即认知评价。如果事件本身可能对大多数人具有威胁性，但未被当事人觉察，或被理解为是积极的或没有危险的，那么就不会产生危机反应。相反，如果事件不具有威胁性或者属于积极意义的，由于错误判断为具有威胁性，也会使个体产生危机反应。

3. 躯体疾病。躯体疾病包括脑血栓、心脏病等急性疾病以及糖尿病、肾病、癌症等慢性疾病。当事人由于受到疾病病情、进展状况及预后的影响，焦虑、恐惧、抑郁等情绪问题格外突出。因心理压力可导致情绪低落、悲观绝望，严重者甚至出现自杀意念或行为。同时，长期的疾病状态也可能会导致性格的改变，如总是迁怒别人，指责医生未精心治疗，埋怨家庭未尽心照料等，故意挑剔、因小事勃然大怒。他们对躯体方面的微小变化颇为敏感，常提出过高的治疗或照顾要求，因此导致造成患者的主观痛苦及医患关系、家庭关系的紧张或恶化，甚至导致患者及周边人群的心理危机。

（二）客观原因

1. 自然环境。自然环境包括无法克服的自然条件的限制，是那些给人们的生命和财产造成严重威胁和损失的自然状况的突变，包括干旱、洪水、地震、台风、流行性传染病以及其他自然灾害等。这些自然环境中的突变不仅会危及生命，还会严重影响人们的正常生活，由自然灾害引发的心理危机事件更是屡见不鲜。

2. 社会环境。社会环境也会引发危机的产生，如遭遇政治动荡、金融危机、人际关系紧张、才能发挥受挫、恋爱婚姻失败、家庭矛盾等，这些社会性危机事件往往都是心理危机产生的外部诱因。

社区矫正对象的心理危机是一种特殊的刑罚执行机构中的危机。社区矫正的特殊身份，在生活环境中的特殊人际关系，社区矫正对象的行动自由相对被限制和剥夺，社区矫正对象本身的家庭关系以及生存状态等，这些因素发生作用的时候，很可能成为社区矫正对象心理危机的重要促成因素或背景因素。

3. 社会支持系统。根据对心理危机发生原因的分析，一个经历危机事件的个体所拥有的社会支持系统对其是否产生心理危机，以及危机的过渡有较大的影响。社会支持系统既包括危机个体所拥有的物质资源，也包括其所拥有的社会关系，比如可靠的亲人、朋友、同事等。一般来说，社会支持系统强有力的危机个体，更容易度过危机、走向正常的生活。

三、社区矫正对象心理危机干预的目标与原则

（一）社区矫正对象心理危机干预的目标

一般来说，危机干预有以下三个层次的目标：

1. 最低目标——缓解危机者的心理压力，防止过激行为，如自杀、自伤或攻击行为等。

2. 中级目标——帮助危机者恢复以往的社会适应能力，使其重新面对自己的困境，采取积极而有建设性的对策。

3. 最高目标——帮助危机者把危机转化为一次成长的体验并提高其解决问题的能力。

在危机干预的三个目标层次中，最低目标的核心是"劝阻"，中级目标的核心是"恢复"，最高目标的核心是"发展"。

针对社区矫正对象，其心理危机干预的目标主要有以下几点：

1. 采取紧急应对措施，协助处于危机状态的社区矫正对象度过现有的混乱状态，降低危机反应的影响程度。

2. 减少或避免社区矫正对象心理疾病的产生，避免由于危机引发的伤害行为，提高社区矫正机构及处于危机状态的社区矫正对象应对危机的能力。

3. 增加处于危机状态的社区矫正对象成长的可能性，使其学到新的应变技巧，增加生活选择，拓展人生观。

4. 维护社区矫正机构正常工作秩序的稳定，保证公共安全。

（二）社区矫正对象心理危机干预的原则

1. 及时性原则。对社区矫正对象进行危机干预强调及时性，强调现有危机的及时介入、立刻解决，第一时间为来访社区矫正对象提供危机干预。

2. 生命第一原则。发现危机情况，应以人为本，立即采取保护措施，最大限度地保护危机者的人身安全。在实践工作中，并不是所有的社区矫正人员在遇到心理危机后都会主动来访寻求心理帮助，所以在面对一些已经表现出有一定自杀可能性的社区矫正对象时，应该采取一定程度的强制手段来保护其生命安全。

3. 尊重接纳来访者。突发性事件可能使危机个体突然丧失或降低解决问题的能力，内在的心理状态和外在的社会环境的相互作用更容易使危机进一步加重，所以需要对危机来访社区矫正对象尊重和接纳。

4. 多元参与分工协作原则。实施危机干预过程中，要联系危机来访社区矫正对象的亲属、相关部门要协调配合，履行职责，积极主动地开展工作。

四、社区矫正对象心理危机干预的适用群体

通常情况下，下列10类社区矫正对象易出现心理危机，需要重点干预：

1. 遭遇重大突发事件尤其是负性生活事件而出现心理或行为异常的人，如家庭发生重大变故、遭遇性危机、受到自然或社会意外刺激的社区矫正对象。

2. 患有严重心理疾病，如患有抑郁症、恐惧症、强迫症、癔症、焦虑症、精神分裂症、情感性精神障碍等精神疾病的社区矫正对象。

3. 有既往自杀行为或自杀未遂或亲友、熟人有过自杀行为的社区矫正对象。

4. 有严重疾病、个人很痛苦、治疗周期长的社区矫正对象。

5. 个人感情受挫后出现心理或行为异常的社区矫正对象。

6. 人际关系严重失调出现心理或行为异常，生活质量差的社区矫正对象。

7. 性格过于内向、孤僻、缺乏社会支持的社区矫正对象。

8. 家境贫困、经济负担繁重、长期生活压力过大，有严重自卑感的社区矫正对象。

9. 由于身边的亲人出现个体危机状况而受到影响，产生恐慌、担心、焦虑、困扰的社区矫正对象。

10. 其他有情绪困扰、行为异常的社区矫正对象。

尤其需要注意的是，如果在上述10类中，同时符合多项特征的人群更需要重点干预，因为他们面临更高的自杀危险。此时，作为社区矫正心理工作者，务必引起高度重视，根据上文提到的4条心理危机干预原则，快速及时地介入，以求最大限度地保护社区矫正对象的人身安全。

【小贴士】

中国共产党根基在人民、血脉在人民。坚持以人民为中心的发展思想，体现了党的理想信念、性质宗旨、初心使命，也是对党的奋斗历程和实践经验的深刻总结。党的二十大报告把"必须坚持人民至上"列为习近平新时代中国特色社会主义思想的世界观和方法论的重要内容之一。马克思主义唯物史观认为，人民是一个历史的、政治的范畴，其主体是从事物质资料生产的广大劳动群众。坚持人民至上，是马克思主义唯物史观的根本要求，是中国共产党百年奋斗的一条重要经验，也是我们做好一切工作的基本遵循。新时代新征程，我们必须站在推进马克思主义中国化时代化的战略高度，自觉运用辩证唯物主义和历史唯物主义世界观和方法论，科学认识和正确把握坚持人民至上的根本立场和价值要求。习近平在《论坚持人民当家作主》一书中指出"党的一切工作，必须以最广大人民根本利益为最高标准。检验我们一切工作的成效，最终都要看人民是否真正得到了实惠，人民生活是否真正得到了改善，人民权益是否真正得到了保障。"落实到社区矫正工作上，对于存在心理危机的社区矫正对象，应当给予适当的关注和照顾，缓解危机者的心理压力，协助处于危机状态的社区矫正对象度过混乱状态，降低危机反应的影响程度；帮助危机者恢复以往的社会适应能力，提高社区矫正机构及处于危机状态的社区矫正对象应对危机的能力，真正体现人民至上的根本立场和价值要求。

五、社区矫正对象心理危机的识别与评估

（一）社区矫正对象心理危机评估

社区矫正对象心理危机评估是社区矫正对象心理危机干预的一项重要工作，对社区矫正对象心理危机的评估需要一定的专业技术，应该由专业人员或经过培训的危机

干预工作者完成。

社区矫正对象心理评估是社区矫正对象心理干预工作的前提和基础，它是评估者根据心理测验的结果，加上调查、观察得到的多方面的资料，对被评估的社区矫正对象个体或群体的心理特征作出有意义的解释和科学的价值判断过程。

（二）社区矫正对象心理危机评估的一般过程

社区矫正对象心理评估的过程一般包括以下步骤：①确定评估目的和评估标准；②资料收集阶段；③具体评估阶段；④评估结果的使用阶段。

第二节　社区矫正对象心理危机干预的操作步骤

本节以心理危机干预的操作步骤为线索，汇总组织相关资料，试图呈现清晰、完整、可操作的具体步骤，便于社区矫正工作人员参照实施。

一、第一步：建立良好的访谈关系

心理危机干预的成功依赖于与当事人良好的访谈关系的建立。危机干预者应对此有足够的认识，并努力创造温暖、舒适、有安全感的访谈氛围。建立良好访谈关系的过程中，危机干预者的态度和技术起着主导作用，运用本书第五章中介绍的倾听、共情、积极关注等技术，鼓励当事人将危机干预者看作是值得信赖的人，这些都是良好的治疗关系建立的必要条件。

除此之外，还需要特别注意以下两个方面：

（一）把握访谈的方向

访谈必须是在危机干预者的控制下进行，访谈的方向、所涉及的问题及访谈时间，都必须是有计划、有目的的。例如，危机当事人会表现出焦虑的情绪，如语言中的口误、重复、口吃、突然的中断或者不连贯的声音、说话冗长且断断续续，以及非语言表现中的出汗、坐立不安、发抖、全身紧张、抽搐、皱眉等。这种焦虑会直接影响访谈关系的深入。干预者需要用共情的语言表达情感，鼓励其谈论自己的感受，可以说："我知道与陌生人谈话是很困难的，且你需要一段时间来相信我，那很自然，但我不希望你谈一些让你不舒服的事情，除非你自己做好了准备。""我们必须得一起努力面对这次事件，除非你告诉了我更多你自己的事情，否则，我们不能很好地完成任务。"通过一些鼓励和赞美，减轻当事人的焦虑，同时把焦点集中在分享他经历事件的成功方面，减轻焦虑。

（二）建立完整的访谈档案

在社区矫正对象日常心理咨询工作中，工作人员都会为来访者建立详细的心理档案，但面对危机来访者，由于其处于心理失衡的危机状态，人身安全需要特别考虑，这就要求危机干预人员必须从第一次访谈开始，就要通过及时记录为当事人建立一份完整的档案材料（特殊情况必须记录当事人亲友等联系人的地址、电话），务求详细、真实，避免危机来访者因人身安全事故而导致不必要的法律诉讼问题。

二、第二步：评估确定问题

危机干预的第二步是在与当事人建立起良好的关系、取得对方信任的基础上，从当事人的角度了解有关遭遇的诱因或事件以及寻求心理帮助的动机，确定和理解当事人所面临的问题，全面评估当事人的危机状态。对很多当事人来说，他们的危机往往是由多个错综复杂的问题交织而成。危机干预者必须能设身处地地感知和理解危机情境，清晰地界定每一个问题，否则采用的任何措施都无法取得满意的效果。

（一）心理危机评估的内容

面对心理危机当事人，干预者一般对其心理危机的严重程度、目前的情绪状态以及自杀的危险性依次进行评估。

1. 评估危机的严重程度。评估危机的严重程度主要是评价当事人对自己和他人的潜在威胁程度，通常围绕个体的认知、情绪、行为和躯体症状四个方面展开。

（1）认知状态。这是对心理危机当事人思维方式的评估，考察当事人是否有注意力过分集中于危机事件而导致记忆和识别能力下降，以及出现非理性和自我否定成分，如自责、无用感、夸大、以偏概全、非黑即白等。例如，在急性情绪创伤或自杀准备阶段，心理危机者的注意力往往过分集中在悲伤反应或想"一死了之，一了百了"之中，从而出现记忆和认知能力方面的"缩小"或"变窄"，判断、分辨和作决定的能力下降，部分人会有记忆力减退、注意力不集中等表现。

（2）情感状态。干预双方交谈过程中，心理危机者可能表现出过度的情绪化和失控，或严重的退缩与孤立。干预者需要从这些情绪反应中判断出当事人对于危机的态度（回避、否认、积极解决等）、该反应的正常程度以及系列情绪反应的一致性状况。心理危机当事人往往表现出高度的紧张焦虑、抑郁、悲伤和恐惧，部分人甚至会出现恼怒、敌对、烦躁、失望、过度兴奋和无助等情感反应。

（3）行为表现。心理危机当事人往往会有痛苦悲伤的表情，以及哭泣或独居一隅等"反常"行为。危机干预者需要更多地注意当事人的行为状况以及在假设情境下的计划与预期行为，以此了解当事人的主观能动性和自控能力。例如，心理危机者会表现出日常能力的下降，不能上班和做家务，兴趣减退，社交技能丧失，日趋孤单、不合群、郁郁寡欢，对周围环境漠不关心，对前途的悲观和失望，漠视他人帮助和关心，脾气暴怒或易冲动，甚至出现严重的攻击破坏行为（如酗酒、自杀等）。

（4）躯体症状。相当一部分心理危机当事人在危机阶段都会出现躯体不适现象，例如心悸、失眠、多梦、早醒、食欲缺乏、头痛、呼吸困难等多种躯体不适表现，部分当事人还会出现血压、心电生理及脑电生理等方面的变化。

2. 评估社区矫正对象目前的情绪状态。心理危机当事人常见的情绪有焦虑、恐惧、抑郁和愤怒等。

焦虑是应激反应中最常出现的情绪反应，这种情绪指向于未来，有不确定感，心理危机当事人往往表现出紧张、恐惧和担心等情绪状态。适度的焦虑可提高人的警觉水平，提高人对环境的适应和应对能力；焦虑水平低的个体反应常常迟钝，做事效率不高；焦虑过度同样会使个体应对环境变化的能力下降，且这种焦虑有泛化的危险。

恐惧是极度的焦虑反应，此时个体的意识和行为均会发生极大改变，同时伴随着强烈的自主神经功能紊乱，行为的有效性几乎丧失。如果不得到及时的处理，恐惧情绪可能会发展为恐惧性障碍。

抑郁常常是个体面临无法应对的困境和严重后果时的情绪反应，抑郁的情绪常常使人产生无助和无望感，进一步影响个体对环境和自身的认知评价，消极的评价可反过来加重抑郁，由此形成恶性循环。抑郁的个体往往看上去比较淡漠、易疲劳、烦躁、犹豫，可能会流露出自杀的念头，甚至已经有过自杀的行为。

愤怒是一种内心不快的反应，由感到不公和无法接受的挫折引起，并多伴有攻击性行为。压抑愤怒会引起一系列的功能障碍，例如不满情绪会转化成某种内心的狂躁，甚至使人变得更敏感易怒；或者怒火发泄在无辜者身上。而且，压抑愤怒并不能真正保护自己的利益，反倒增加自己无能的痛苦，最后身体会慢慢用不易察觉的病痛来消化这些情绪。因此，干预者要关注心理危机当事人是否有愤怒的情绪以及应对这种情绪的方式。

3. 自杀危险性的评估。心理危机可能引发个体的各种非理性行为，自杀便是其中一种可能。因此，危机干预者要对心理危机当事人作出自杀危险性评估。在对自杀危险性进行评估时必须注意，对当事人的检查评估应该尽量在短时间内迅速作出，以便及时干预和抢救。

危机干预者对当事人的自杀危险性评估可通过两种途径进行：一种途径是了解危险因素。巴特尔（Batter）等确定了大量可用于预测自杀危险性的危险因素，主要有：①有自杀家族史；②有自杀未遂史；③已形成一个特别的自杀计划；④最近经历了心爱的人去世、离婚或分居事件；⑤家庭因损失、个人虐待、暴力或求助者遭受性虐待而失去稳定性；⑥陷入特别的创伤损失而难以自拔；⑦精神病患者；⑧有药物和酒精滥用史；⑨最近有躯体和心理创伤；⑩有失败的医疗史；⑪独居并与他人失去联系；⑫有抑郁症，或处于抑郁的恢复期，或最近因抑郁症而住院；⑬分配个人财产或安排后事；⑭有特别的行为或情绪特征突然改变，如冷漠、退缩、易激怒、焦虑、恐慌，或生活、饮食、睡眠等习惯突然改变；⑮有严重的绝望或无助感；⑯陷入以前经历过的躯体、心理或性虐待的情节中不能自拔；⑰显示一种或多种深刻的非正常情感特征，如愤怒、孤独、攻击性、悲伤或失望、内疚、敌意等。当当事人具备其中4~5项危险因素时，危机干预者就应该认为这个人正处在自杀的高危时期。

另一种途径是注意自杀线索。有关自杀的线索可以是言语的、行为的，也可以是处于某种状态的。言语线索是指口头、书面等直接地或间接地表达自杀意图，如"我不想活了""活着真没有意思"等。行为线索是有关自杀的各种行为方式，如为自己准备后事、购买自杀工具等。状况线索是指当事人目前所处的生活状况，如离婚、不治之症、丧偶等。

总之，危机干预者应尽可能采取各种方式，观察、直接询问、收集以往病史等，对当事人的自杀危险性作出评估。尤其是当干预者发现其有自杀意图时，一定要正面询问其真实的想法，并注意不被当事人故意的掩饰所蒙蔽。

（二）心理危机评估的方法

在本书第二章"社区矫正评估及建档"的内容中，已经对社区矫正工作中经常使用的评估方法做了相应介绍，此处着重补充各种方法在危机评估实践中需要注意的问题。

1. 访谈法。访谈法（interview）又称晤谈法，是指危机干预者与当事人面对面的谈话。在所有的评估方法中，访谈法是运用最广、内容最丰富的方法。

按照不同的标准，访谈可以分为不同的形式：

（1）根据访谈进程的标准化程度，可将访谈分为结构性访谈和非结构性访谈。前者是按统一设计的、有结构的问卷所进行的访问和谈话；后者是根据实际情况，灵活掌握进程的访问和谈话。

（2）根据一次访谈求助者的数量，分为个别访谈和集体访谈。个别访谈，即研究者对单个对象的访谈；集体访谈，即研究者同时邀请多个对象，进行集体座谈。

基于研究问题的性质、目的或对象的不同，可以选择不同的访谈形式或几种访谈形式的结合。

危机干预访谈时应注意如下事项：

（1）谈话要遵循共同的标准程序。访谈法的主要缺点是受到干预者的能力和主观性的影响，为了避免这一点，要事先做好如下准备：谈话进行的方式；提问的措辞及其说明；必要时的备用方案；规定对当事人回答的记录和分类方法。

（2）尽可能收集当事人的背景资料。了解当事人的经历、个性、地位、职业、专长、兴趣等，考虑如何取得其的信任与合作。

（3）谈话所提问题要符合规范。问题要简单明白，易于回答；提问的方式、用词的选择、问题的范围要充分考虑当事人的知识水平和理解能力，谈话内容要及时记录。

（4）掌握好发问的技术。善于洞察当事人的心理变化，随机应变，巧妙使用直接发问或间接询问等方法。根据被访者的性格特点和心理状态选择发问的方式。对于内向、孤僻或有疑虑的被访者，应该采取循循善诱、逐步推进的方式提出问题。对于外向和开朗者，则宜开门见山、单刀直入。

访谈法的优点在于：适合各种干预对象，不受当事人社会身份、文化程度等的限制；可以对当事人的态度、动机、情绪等较深层次的内容有比较详细的了解；能够简单而快速地收集多方面的资料；危机干预者可以了解到短期内由直接观察法不容易发现的情况；有助于危机干预者对求助者的心理危机类型等问题进行分析和判断。

访谈法的缺点是：访谈法的技巧性很高，访谈结果的质量在很大程度上取决于干预者的水平；对访谈双方的时间和精力有一定要求，工作成本较高；访谈的过程和结果难免受到干预者的主观影响。

2. 观察法。观察法（observational survey）是指研究者有目的、有计划地在自然条件下，借由自己的感官和一定的科学仪器去直接观察当事人，是评估者获得信息的常用手段。观察法的观察方式一般有两种：一种是危机干预者作为一个旁观者，冷静地观察现场所发生的各种情况；另一种是危机干预者作为一个参与者参与到现场的活动之中。由于人的感觉器官具有一定的局限性，在对求助者进行观察时，危机干预者可借助各种现代化的仪器和手段，如摄像机、照相机、录音机等来辅助观察。观察的场所包括危机当事人所在的自然情境，例如教室、操场、家庭、治疗室等。

危机干预者对当事人的观察可以从四个方面进行：

（1）情境：当事人的行为、事件的发生都与情境有很大的关系，有些事件或行为恰好是在特定的情境下才会发生。

（2）人物：人是行为的主体，任何事件的发生都离不开人，所以对人物的观察是危机干预者最主要的工作。观察人物时，要注意他们的身份、年龄、性别、外表形象、人际关系等。

（3）行为：对当事人各种行为活动的观察，包括言语、表情、姿态、动作、动作过程以及动机、情绪、态度等。

（4）频率和持续期：即危机干预者观察事件发生或人物及其动作重复出现的时间、频率、延续时间等。

观察法的具体实施步骤如下：

（1）确定观察的目的：观察的目的要具体，即明确通过观察收集而来的资料拟解决或回答什么问题。只有针对问题的性质、内容选择的观察方法，才是有效的。

（2）做好观察前的准备工作：例如，确定观察内容并制定观察记录表、训练观察人员等。其中，观察内容要注意具备两点：一是能够准确反映观察目的；二是可以被观察到。

（3）进行观察并作记录：最佳的记录方法是边观察边记录，这样能够及时地把观察到的内容详尽地记录下来。但有时，危机当事人对干预者的记录行为有阻抗情绪，可以选择在观察后进行记录整理。无论怎样，记录的结果都要真实客观地反映现象。另外要注意，观察情境是具体的、变化的，并不能局限于观察记录表设计的内容，需要面对真实情境灵活处理。

（4）撰写观察报告：对收集到的观察资料进行及时的整理分析，作出结论和推论，并以报告的形式呈现出来。

观察法的优点是：可以即时地观察到现象或行为的发生，做到通盘把握，还可以注意到特殊的气氛和情境，能够得到危机当事人不愿或不便或不能作答的信息。

观察法的缺点是：对观察者的能力要求比较高，观察结果难免受到观察者的主观影响；而且观察法的使用受时间的限制较大，某些事件的发生是有一定时间性的，过了某个时间就不会再发生；此外，尤其对于非参与观察，观察者未能参与当事人的活动，因而看到的可能只是一些表面的，甚至偶然的心理活动和行为表现，缺乏对所观察资料的深刻理解。

3. 心理测验法。心理测验法（psychological test）又称心理测量法，是指采用标准化的心理测验量表，对危机中当事人有关的心理特质进行定量评价的方法，以发现其在危机中各种心理与行为的变化情况。危机评估中常用的心理测验有智力测验、人格测验、心理问题及心理疾病的症状、严重程度的评估、应激与压力评估等。通过心理测验的评估，干预者能够从更精确的角度了解当事人的心理与行为问题的严重程度及危机中的伤害程度。

相关内容在本书第二章中已经有过介绍，此处不再赘述。

4. 临床诊断评估。目前，临床上主要采用 DSM-V（美国《精神疾病诊断与统计手册》第五版）、ICD-10（《国际疾病分类》第五版）、CCMD-3（《中国精神障碍分类与诊断标准》第三版）等疾病诊断标准进行心理危机的评估。通过临床比对，主要发现当事人的严重症状，继而根据这些疾病诊断标准给出心理危机程度的评估结论。这里以"创伤后应激障碍（PTSD）"为例，分别展示三种临床诊断标准。

（1）DSM-V（美国《精神疾病诊断与统计手册》第五版）。

采用"五轴"诊断系统，轴Ⅰ：临床症状；轴Ⅱ：人格障碍或精神发育迟缓；轴Ⅲ：通常的药物问题；轴Ⅳ：社会心理及环境问题；轴Ⅴ：全面的功能评估。

对于心理危机的当事人，通过 DSM-V 的临床诊断评估，可以直观发现其问题所在，为干预提供依据。

以 DSM-V 为诊断标准，创伤后应激障碍呈现为：

A. 患者曾暴露于某一（精神）创伤性事件，存在以下两种情况：

① 患者亲自体验、目睹或遭遇某一或数件涉及真正的或几乎招致的死亡或严重的损伤，或者涉及自己或他人躯体完整性遭到威胁的事件。

② 患者有强烈的害怕、失助或恐惧反应。（如是儿童，则代之表现为紊乱或激越的行为）

B. 以下列 1 种及 1 种以上的方式持续地重新体验到这种创伤事件：

① 反复闯入性地痛苦地回忆起这些事件，包括印象、思想或知觉。（如是幼儿，他们会反复地进行表达创伤主题或一些有关的游戏）

② 反复而痛苦地梦及此事件。（如是儿童，他们可能会讲述一些可怕的梦，却而讲不清内容）

③ 似乎创伤事件正在重现的动作或感受（包括这种体验、错觉、幻觉及分离性闪回发作于再现之时的感觉，包括发生在意识清醒时或酒醉时）。（如是幼儿，可出现特殊创伤的再现）

④ 暴露于作为此创伤事件的象征或很相像的内心或外界迹象之时，出现强烈的心理痛苦烦恼。

⑤ 暴露于作为此创伤事件的象征或很相像的内心或外界迹象之时，出现生理反应。

C. 对此创伤伴有的刺激作持久的回避，对一般事物的反应显得麻木（在创伤 2 天前不存在这种情况），如下列之 3 项以上：

① 努力避免有关此创伤的思想、感受或谈话。

② 努力避免会促使回忆起此创伤的活动、地点或人物。

③ 不能回忆此创伤的重要方面。

④ 明显地很少参加有意义活动或没有兴趣参加。

⑤ 有脱离他人或觉得他人很陌生的感受。

⑥ 情感范围有所限制（例如，不能表示爱恋）。

⑦ 对未来没有远大设想（例如，不期望有一个好的职业、婚姻、儿女或正常生活享受）。

D. 警觉性增高的症状（在创伤前不存在），表现为下列之 2 项以上：

① 难以入睡或睡得不深。

② 激惹或易发怒。

③ 难以集中注意。

④ 警觉过高。

⑤ 过分的惊吓反应。

E. 病期（B、C 及 D 的症状）超过 1 月。

F. 此障碍产生了临床上明显的痛苦烦恼，或在社交、职业或其他重要方面的功能缺损。分类为急性 PTSD：如病期在 3 月之内；慢性 PTSD：如病期在 3 月以上；延迟性 PTSD：如症状在应激后至少 6 月才发生。

（2）ICD-10（《国际疾病分类》第五版）。

此诊断标准下的创伤后应激障碍是对异乎寻常的威胁性或灾难性应激事件或情境的延迟的和（或）延长的反应，这类事件几乎能使每个人产生弥漫的痛苦（如天灾人祸，战争，严重事故，目睹他人惨死，身受酷刑，成为恐怖活动、强奸或其他犯罪活动的受害者）。人格特质（如强迫、衰弱）或既往有神经症性疾病的历史等易感因素可降低出现这类综合征的阈值或使其病情更重，但用这些易感因素解释症状的发生既非必要也不充分。

典型的症状包括：在"麻木"感和情绪迟钝的持续背景下，不断地在闯入的回忆（"闪回"）或梦中反复再现创伤，与他人疏远，对周围环境漠无反应，快感缺乏，回避易使人联想到创伤的活动和情境。一般而言，有可能使患者想到原来创伤的线索都是害怕和回避的对象。偶尔可见戏剧性的急性暴发恐惧、惊恐或攻击，这些由一些突然唤起对创伤或原来反应的回忆和（或）重演的刺激起扳机作用而促发的。

通常存在自主神经过度兴奋状态，表现为过度警觉、惊跳反应增强、失眠。焦虑和抑郁常与上述症状和体征并存。自杀观念也非罕见。另一个使情况复杂化的因素是过度饮酒和服用药物。

创伤后，发病的潜伏期从几周到数月不等（但很少超过 6 个月）。病程有波动，大多数病人可望恢复。少数病例表现为多年不愈的慢性病程，或转变为持久的人格改变。

本障碍的诊断不宜过宽，必须有证据表明它发生在极其严重的创伤性事件后的 6 个月内。但是，如果临床表现典型，又无其他适宜诊断（如焦虑或强迫障碍或抑郁）可供选择，即使事件与起病的间隔超过 6 个月，给予"可能"诊断也是可行的。除了有创伤的依据外，还必须有在白天的想象里或睡梦中存在反复的、闯入性的回忆或重演。常有明显的情感疏远、麻木感，以及回避可能唤起创伤回忆的刺激。但这些都非诊断所必需。自主神经紊乱、心境障碍、行为异常均有助于诊断，但亦非要素。

（3）CCMD-3（《中国精神障碍分类与诊断标准》第三版）。

此诊断标准下的创伤后应激障碍是异乎寻常的威胁性或灾难性心理创伤，导致延迟出现和长期持续的精神障碍。主要表现为：① 反复发生闯入性的创伤性体验重现

· 213 ·

（病理性重现）、梦境，或因面临与刺激相似或有关的境遇，而感到痛苦和不由自主地反复回想；② 持续的警觉性增高；③ 持续的回避；④ 对创伤性经历的选择性遗忘；⑤ 对未来失去信心。少数病人可有人格改变或有神经症病史等附加因素，从而降低了对应激源的应对能力或加重疾病过程。精神障碍延迟发生，在遭受创伤后数日甚至数月后才出现，病程可长达数年。

症状标准：

① 遭受对每个人来说都是异乎寻常的创伤性事件或处境（如天灾人祸）。

② 反复重现创伤性体验（病理性重现），并至少有下列 1 项：a. 不由自主地回想受打击的经历；b. 反复出现有创伤性内容的噩梦；c. 反复发生错觉、幻觉；d. 反复发生触景生情的精神痛苦，如目睹死者遗物、旧地重游，或周年日等情况下会感到异常痛苦和产生明显的生理反应，如心悸、出汗、面色苍白等。

③ 持续的警觉性增高，至少有下列 1 项：a. 入睡困难或睡眠不深；b. 易激惹；c. 集中注意困难；d. 过分地担惊受怕。

④ 对与刺激相似或有关的情境的回避，至少有下列 2 项：a. 极力不想有关创伤性经历的人与事；b. 避免参加能引起痛苦回忆的活动，或避免到会引起痛苦回忆的地方；c. 不愿与人交往、对亲人变得冷淡；d. 兴趣爱好范围变窄，但对与创伤经历无关的某些活动仍有兴趣；e. 选择性遗忘；f. 对未来失去希望和信心。

严重标准：社会功能受损。

病程标准：精神障碍延迟发生（即在遭受创伤后数日至数月后，罕见延迟半年以上才发生），符合症状标准至少已 3 个月。

排除标准：排除情感性精神障碍、其他应激障碍、神经症、躯体形式障碍等。

需要注意的是，在实践工作中运用各类临床诊断标准对社区矫正对象进行危机评估，是极其专业的一项工作，应该由专业人员或经过培训的危机干预工作者完成，普通社区矫正心理工作者如果想要介入危机干预，则需要不断深入学习相关知识，提高自己的专业化水平，为社区矫正对象提供更加有效的心理服务。

三、第三步：保证当事人安全

安全感对处于心理危机之中的个体来说是最核心的需要。在危机干预过程中，危机干预者要将保证当事人安全作为首要目标，将当事人在身体上和心理上对自己和他人造成危险的可能性降到最低。

（一）帮助离开应激情境

保证安全意味着首先要保证当事人能够相对安全地脱离外界危险，如地震幸存者应离开危险的建筑，家庭暴力的受害者暂时离开施暴者等。否则，当事人生命和身体的完整性尚处于风险之中，可能不会有足够的心理资源参与到心理干预过程中。因此，当危险依然存在或者还存在潜在威胁时，危机干预者必须首先聚焦于当事人的安全。

对于当事人来说，不但需要确保现实的安全，而且需要能够感知到自己是安全的。这在实践中常常会是一个问题，因为危机会导致过度警觉，经历过危机的人会预期危险，并将安全的环境也觉察为危险的环境。因此，在案例干预中，可以引导当事人关注一些有关安全保证的陈述，促进当事人聚焦当下，获得安全感，例如"李娟，你现在正和我一起坐在治疗室里，你现在很安全"。

（二）帮助保持情绪稳定

稳定是一种持续的生理和心理状态，稳定感可使人不致因破坏性的内在或外在刺激而陷入崩溃感。应激性事件会使当事人陷入不稳定的状态，更容易出现应激反应。因此，稳定化在危机干预中对当事人来说是至关重要的一个环节。在实施具体的干预措施之前，要让当事人具备基本的心理自我平衡，这意味着有精神病急性症状、高自杀风险、严重焦虑或抑郁的人，在心理干预之前需要一些其他的干预措施，如恰当使用药物等。

1. 讲授简单的放松技巧。呼吸练习可以帮助减轻情绪的高唤起和身体上的紧张，如果经常练习，可以改善睡眠、饮食和身体功能。

基本的放松技巧具体做法是：用鼻子慢慢地吸气，每次都舒适自如地让气充满你的肺部并且到达你的腹部；轻轻地温柔地对自己说"我的身体非常平静"；慢慢地用嘴呼气，每次都舒适自如地把你的肺部和你腹部的气完全呼出去，对自己说"我的身体正在释放张力"；慢慢地重复5次。

2. 处理愤怒情绪。高度应激的危机状态可以使当事人变得焦躁易怒、难于处理自己的愤怒。可采用以下的做法：

（1）向他们说明，愤怒和挫败感是体验危机后常见的感受。

（2）同他们讨论，愤怒会怎样影响他们的生活，比如发脾气如何影响其与家人和朋友的关系。

（3）与之讨论愤怒会怎样强化自己内在的冲突、把别人推开甚至转化为暴力，从而使愤怒的体验向正常转化。

（4）帮助危机状态的社区矫正对象认同或接受眼前的变化，使他们容易表达和释放出自己的愤怒。

（5）认同压抑愤怒会导致自我伤害，选择远离愤怒或转向建设性活动会对自己有益。

（6）强调某些愤怒是正常的甚至是有帮助的，而过度愤怒会削弱他们的能力。

如果危机干预者发现一个怒火中烧的社区矫正对象可能失控或者会有暴力行为，需立即寻求医疗或者精神科医生的帮助，并且联系安全部门。

3. 应对睡眠困难。危机之后，睡眠困难是常见的现象。对不利环境和生活的巨变，人们会感到不安，容易在夜间惊醒，以致难以入睡。可采用一些方法：

（1）每天定时睡觉，定时起床。

（2）减少饮酒，因为酒精会造成睡眠失调。

（3）下午和晚上不饮用含咖啡因的饮料。

（4）增加定时的身体锻炼，但要注意错开睡觉前的一段时间。

（5）睡觉前就开始有意让自己放松，可以听舒缓的音乐，冥想。

(6) 限制白天小睡的时间不超过 15 分钟,并且不在下午 4 点以后小睡。

对于切身相关的事情存在忧虑,而且这些忧虑每天都被不断地提起,这使得人难以安睡,建议对这些忧虑加以讨论。如果能够讨论,并且可以从旁人那里得到支持,那么过了一段时间以后,睡眠就能改善。

(三) 特殊情况限制当事人行动

由于社区矫正对象属于特殊的监管群体,这一群体由于人格缺陷等因素,在遭遇到严重的危机而产生紧张、焦虑、抑郁、愤怒等情绪时,有可能会引发脱管、行凶、自杀等行为,这就要求社区矫正心理工作人员或社区矫正小组成员、家属等必须密切关注社区矫正对象的心理危机状态,必要时联合公安、司法、医疗、社工等部门形成合力,在特殊情况下应当限制当事人行动,减轻或避免不必要的身心伤害或财产损失,避免伤害进一步升级,降低不良社会影响。

四、第四步:给予支持

给予支持强调干预者与当事人的沟通和交流,使当事人了解危机干预者是完全可以信任,是能够给予其关心帮助的人。当然,作为处于危机情境下的当事人来说,很难轻易相信危机干预者是值得信任的人,这种情况是非常常见的。危机干预者必须以尊重、无条件积极关注的方式接纳当事人,无论当事人的态度如何。提供支持就是提供这样一种机会——让当事人相信"这里有一个人确实很关心我"。如当事人处于极度孤独的状态下,危机干预者可以说:"这样一个特殊的时刻,我非常关心你的安全,我很愿意为你提供帮助,我是某某,这是我的电话号码,当你觉得无助时,可以随时联系我,好吗?"

支持技术的目的在于尽可能地解决当事人当前面临的情绪危机,使当事人的情绪得以稳定,主要的方法包括倾听、共情、尊重、积极关注、无条件接纳等,这些方法与危机干预第一步"建立良好访谈关系"的方法本质相同,在此不作赘述。其实,危机干预的前四个步骤可以归纳为以共情、尊重、接受、不偏不倚和关心的态度进行倾听、观察、理解和做出回应。

此外,社会支持系统对于处于心理危机之中的社区矫正对象也非常重要。社会支持系统关系到人们在心理危机发生之后的情绪稳定和复原,社会支持系统较好的人更倾向于参与到心理危机过后复原性的支持活动中来。帮助社区矫正对象联系社会支持系统,也就是帮助其与最初的危机干预人员或其他支持资源建立起联系,这些资源包括家人、朋友以及社区矫正对象心理矫治团体等。

(一) 加强与家庭成员和其他重要人物的联系

对大多数社区矫正对象来说,即时的关切就是让他们与其关系最密切的人,例如父母、配偶、子女、其他家人、朋友、邻居等取得联系。使处于心理危机之中的社区矫正对象获得情感支持、感到自己被需要、坚信自我价值以及获得人力、物力等方面的帮助,都有助于他们的复原。

（二）鼓励利用即时可用的支持人员

如果社区矫正对象不能与他们的支持系统取得联系，也可以鼓励他们尽可能地利用即时可用的社会支持资源，例如自己、危机干预工作人员、其他社区矫正对象心理矫治团体。提供与危机干预有关的阅读材料，例如书籍、杂志等也有一定的帮助。

五、第五步：提出应对方式

第五步的目的是帮助当事人探索其可以利用的替代方法，促使当事人积极地搜索可以获得的环境支持、可以利用的应对方式，发掘积极的思维方式。这一步是当事人和危机干预者常会忽略的一步。在多数情况下，当当事人遭受心理创伤而失去主观能动性时，思维处于混沌的状态，不能恰当地判断什么是最佳或者说更适宜的选择，有些处于危机的当事人甚至认为无路可走。危机干预者应引导当事人认识到，有许多变通的应对方式可供选择，应该从多种不同途径思考和寻找变通的方式，例如：

1. 环境支持：这是提供帮助的最佳资源，当事人知道有哪些人现在或过去能关心自己，目标是帮助当事人与主要的支持者或其他的支持来源（包括家庭成员、朋友、社区的帮助资源等）建立短暂的或长期的联系。

2. 应对机制：即当事人可以用来战胜目前危机的行动、行为。

3. 当事人积极的、建设性的思维方式：可用来改变自己对问题的看法并减轻应激与焦虑水平。

通过从这三方面客观地评价各种可变通的应对方式，能够给感到绝望和走投无路的当事人以极大的支持。

例如，在重大创伤事件发生过程中，当事人可能会觉得自己的经历无法被他人理解或接纳，造成心理上的孤立和社会隔绝感。可以让危机人群确认自己的社会支持系统（如家人、朋友、同事以及社区内的相关资源等），明确自己能够从哪里得到怎样的具体帮助（如情感支持、建议或信息、物质方面等）。

再如，可以与心理危机当事人讨论：在危机发生后，你都采取了哪些方法来应对？如多跟亲友或熟悉的人待在一起、积极参加各种活动、尽量保持以往的作息时间、做一些可行且对改善现状有帮助的事等，避免不好的应对（如冲动、酗酒、自伤、自杀）。要多采用开放式提问方法，启发当事人尽可能多地想出不同的选择方案，然后再将自己想到的方案加以补充。例如："我突然想到一个办法，你是否可以在近期内到你的朋友家里住上一段时间，或许你可以考虑一下"。为了找到最恰当的方案，可与当事人讨论在过去类似的情境中，哪些方法是有效的，通常当事人都能从过去的经验中想出好的解决方案。

虽然有许多可变通的方式来应对当事人的危机，但危机干预工作者只需与当事人讨论其中的几种。因为处于危机之中的当事人不需要太多的选择，他们需要的是当前境遇下切实可行的选择。此外，值得注意的是，分析并计划可供选择的方案应尽可能与当事人合作，最好的方案是当事人能接受的方案，而且是切实可行、可操作的。干预者不能将自己的选择强加于当事人，无论这个方案多么完美。

六、第六步：制定具体计划

这是从第五步直接发展而来的。危机干预工作者要与当事人共同制订行动步骤来矫正其情绪的失衡状态。要针对当时的具体问题以及当事人的功能水平和心理需要来制订干预计划，同时还要考虑到有关文化背景、社会生活习惯以及家庭环境等因素。危机干预的计划是限时、具体、实用和灵活可变的，并且有利于追踪随访。

一般来说，危机干预的计划应该满足以下两点：①确定有另外的个人、组织团体或相关机构能够提供及时的支持。②提供的应对机制必须是当事人现在能够采用的、具体的、积极的。

制订干预计划的关键在于让当事人感到干预者没有剥夺他们的权利、独立性和自尊，让当事人感到这是他自己的计划。有些当事人可能并不会反对干预者决定他们应该做什么，但此时这些当事人往往过分关注自己的危机而忽略自己的能力，他们甚至会认为将计划强加给他们是应该的。让受情绪困扰的当事人接受一个善意强加给他们的计划往往很容易。因此在计划制订过程中的主要问题是当事人的控制性和自主性，让当事人将计划付诸实施的目的是恢复他们的自制能力和保证他们不依赖于干预者。

所以在制订计划的过程中，干预者既要帮助当事人拟定一个短期的行动计划，以帮助其走出当前的危机；还要注意拟定一个长期的行动计划，培养当事人掌握更积极恰当的应对方式。

下面简单介绍几种常见心理危机的干预方法：

（一）家庭暴力危机的干预

家庭暴力（domestic violence）是指对家庭成员进行伤害、折磨、摧残和压迫等人身方面的强暴行为，其手段包括辱骂、殴打、捆绑、残害、拘禁折磨（限制衣食住行、超强度劳动）、凌辱人格、精神摧残、遗弃以及性虐待等。

任何一种家庭暴力只要反复出现或持续存在，会使受害者表现出躯体症状（如各种疼痛、身体不舒服甚至高血压等慢性疾病）、异常的行为反应（如焦虑、恐惧、强迫等神经症行为，睡眠、饮食、物质滥用等）以及其他（如抑郁、愤怒、悲伤、内疚、挫败、羞耻甚至自杀等）心理反应。

女性常常是严重家庭暴力的主要受害群体，长期遭受家庭暴力的女性多数在精神上处于惶恐、紧张和惊吓之中，在一定程度上丧失了自信和自尊，变得性格敏感、脆弱孤僻，有的精神恍惚、语无伦次。受虐女性表现出的这些症状，按照DSM-V（美国《精神疾病诊断与统计手册》第五版）的标准，可以诊断为创伤后应激障碍，受虐女性尝试自杀的发生率，是非受虐女性的5倍。

鉴于以上原因，本节关于家庭暴力危机的干预，主要集中在遭受家庭暴力的女性身上（可能是女性社区矫正对象，也可能是男性社区矫正对象的女性伴侣或亲属）。

干预措施如下：

1. 首先要做的是倾听和评估危险。积极地倾听和做出适当的反馈是非常关键的。危机干预工作者以一种不带有价值判断的、没有任何偏见的态度来接纳和理解受害人面临的困境。只有这样，受害人才能够安全、信任地倾诉自己的处境，同时干预者也需要做出恰当的情绪反应和内容反应，让受害人感到被理解和接纳。

此外，干预者的重要任务是判断形势的严重性。如果受害者身体多处已受到伤害，或是她的配偶威胁要回来杀死她，那么所有倾听、反应技术等工作就不是重点了。最紧急的工作就是评估形势的危急程度，确保受害人的安全，如受害人需要医疗救助吗？需要进庇护机构吗？孩子有没有安置好？

2. 鼓励其发泄情绪，引导出不同的策略。由于受害人的家庭暴力经历可能已经多次反复了，其中积累了许多的愤怒、羞辱、伤痛和内疚等负面情绪，这时要让这些负面情绪发泄出来。只有将这些负面情绪宣泄出来，受害人才有精力理性地思考自己的选择。

危机干预者在认可受害者所经历的情感伤害和困惑的同时，要努力让受害人明白遭受殴打的模式，并引导其想到不同的避免进一步遭到伤害的策略。

3. 澄清受害人的感受，促进其做出决定。受害人可能对是否离开当前的处境犹豫不决，也可能还是会停留在对虐待情境的依赖状态中，同时伴随着抑郁情绪。这时干预者要采用开放式提问的方式澄清受害人目前的处境、真实的自己及感受，从而促进其做出离开或留下的决定。

无论受害者的情况看起来有多糟，只有受害者本人才能决定如何采取行动。干预者不能代替受害人做出决定，否则就剥夺了受害人自主生活和心理成长的权利。所以干预者要避免扮演"拯救者"的角色，只是单纯从外部去提供帮助，当然干预者可以建议她如何做。

4. 体验受害人的悲伤，并与受害人讨论丧失悲伤。如果受害人决定结束这段婚姻，那么受害人会因为离开了自己的婚姻而体会到丧失感，虽然这个婚姻带给她痛苦。她们要经历一段痛苦的历程，体验悲伤、抑郁、内疚和自责，以及难以决断。工作人员要能够理解这种丧失，认识到受虐女性体验的丧失是非常真实的，而且她有权对那种丧失感表达哀伤并加以体验，所以干预者要积极地与受害人讨论这种丧失感。这种讨论可以使受害人更深切地体验婚姻关系丧失带来的悲伤，提供将悲伤表达出来的机会，更可能面对这段婚姻关系的真相，从而避免回到丈夫身边，或避免重新找一个与前夫类似的丈夫。

5. 理解受害人的抑郁情绪。受害人可能表现出多种情况的抑郁，看起来非常懒散，但是这可能是她们恢复心理能量的过程，干预者要帮助她们度过懒散阶段，但不要强迫她们或者让她们感到内疚。

6. 帮助她们面对恐怖。受害人可能会害怕她们的伙伴、害怕她们的困境、害怕与她们可理解的过去分离、害怕未知的将来，这些都可以引起恐怖发作。干预者要帮助她们面对这些恐惧，鼓励她们看到自己的进步，真正地为自己的行为负责，面对自己的生活。

7. 回访。受虐女性即使只经历过一次暴力殴打，也会造成心理上的伤害。她们在离开暴力婚姻的过程中只是忙于采取行动，而情感上的伤害没有表现出来。但是在面对生活中某种令其敏感的情境时，她们可能情感突然崩溃，所以干预者要提前告知受害人这些可能的心理反应。回访的目的是持续作为受害人的一个社会支持系统，对其支持和鼓励，不断增加她们的自尊，对生活的控制，降低生活中的压力，提供归属感和支持感。

（二）居丧危机的干预

痛失亲人是人生的重大丧失，可能引起情绪、思维、行为等各方面的改变，包括人际关系和社会功能方面的改变，有时还迁延成慢性状态，给个体及其家庭带来不可估量的损失。对居丧危机的干预可以帮助当事人度过正常的悲哀反应过程，预防持续存在的痛苦，早日适应新的生活。

居丧包含丧偶、丧子、丧亲、自杀后的居丧、离婚等。居丧反应可以分为两种：正常的反应即悲恸，异常的反应包括病理性的悲恸和精神障碍。

干预措施如下：

1. 帮助居丧者顺利度过悲哀过程。居丧干预的开始阶段，干预者应把目标放在建立关系上。耐心聆听和陪伴是对居丧者最基本的支持。与居丧者保持温暖的目光接触与适当的身体接触，使其知道有人支持、理解他。

鼓励居丧者用言语表达内心感受及对死者的回忆。告知居丧者遇到丧亲事件时发生的情感反应，如哭泣、无助感甚至麻木感都是正常的表现。鼓励居丧者的情感表达，告知当事人压抑情感反而会使这种情感随着事件的延长而变得越来越强烈和具有破坏性。允许并鼓励居丧者反复地哭泣、诉说、回忆，以减轻内心的巨大悲痛。

提供具体的帮助。暂时接替居丧者的日常事务，如代为照看孩子、料理家务，必要时还需提醒居丧者的饮食起居，保证他们得到充分的休息。在提供帮助时，无论是居丧者的亲友还是施治者，都应作好被拒绝的准备。居丧者可能在人际关系中暂时表现出退缩行为，或者难以对人们的关心帮助做出适当的反应，干预者要尊重和理解这些正常现象。

正常居丧反应中涉及一个概念——"痛苦工作"（grief work）。林德曼（1944）认为，那些没有经历痛苦工作的居丧者，将出现严重的精神病理现象。痛苦工作包括：正常的悲痛反应，如为失去亲人悲痛；从丧失亲人的不幸中体验到痛苦；接受丧失亲人的现实；适应没有亲人存在的生活。鼓励当事人经历正常悲痛过程，可以预防丧亲危机所致的负性后果。

2. 提供积极的应对方法。理解、支持，安慰，给予希望和传递乐观精神，可促使居丧者以健康的方法解决悲哀，有效地应对危机。强制休息、鼓励积极参与各种体育活动，帮助居丧者发现生活中有意义并且能够给予积极回报的事情，可有效地转移注意力，给当事人提供宣泄机会，有助于疏导当事人造成自我毁灭的强烈情感和负性情感的压抑。

干预时必须正视困境和问题，避免不现实地要求对方"往好处想"或淡化事情。要积极促进被干预者以健康的方法解决悲哀，使当事人认识到回避、借酒浇愁、暴力、自杀等都是不健康的行为。

3. 建立和维持社会支持系统。对居丧者来说，从家庭亲友的关心与支持到社区矫正工作者的介入，这些都能成为有力的社会支持，可极大缓解他们的心理压力，使其产生被理解感和被支持感。

4. 辅以药物治疗。药物治疗是心理干预的辅助方法，多数情况下并不需要药物治疗。对反复出现有创伤性内容的噩梦、失眠、侵入性闪回、难以集中注意力、易发脾气、易受惊吓等过度警觉、焦虑、心烦不安者，可短时间内选用镇静催眠和抗焦虑药物。目前，主要使用选择性 5-羟色胺再摄取抑制剂类抗抑郁药物，它能够明显缓解抑郁、焦虑症状，提高睡眠质量，减少回避症状。躯体症状的改善可以影响到个体情绪的改变，因此应针对个体的躯体症状及时给予药物对症治疗。在采取药物辅助治疗时，要积极辅以心理治疗和心理社会康复治疗。

居丧干预不等于精神病学意义上的早期干预。首先要帮助居丧者适应，应对创伤事件，帮助居丧者体会自己控制情感的能力。提供放松的、能使居丧者康复的环境，提高其生活质量，只有出现明显的精神症状时才应实施精神病学意义上的干预。

(三) 自杀危机的干预

自杀（suicide）是个体有意识地采取各种手段自愿结束自己生命的异常行为。目前，自杀已经成为全世界共同关注的公共卫生和社会问题。自杀是一种复杂的现象，是多种因素相互作用下形成的行为。在社区矫正对象心理危机干预工作中，经常遇到有自杀想法的干预对象。

1. 自杀的原因。自杀的原因是复杂的，目前尚未有学者可以完全对其进行解释。一般来说，自杀是心理、社会和生物诸因素相互作用的结果，也是在风险因素和保护因素此消彼长的影响下个人素质与应激相互作用的产物。

(1) 心理因素。

① 认知方式：自杀者一般存在不良的认知模式，如非此即彼、以偏概全、易走极端等，在挫折和困难面前不能对自身和周围环境作出客观评价；易从宿命论的角度看待问题，相信问题所带来的痛苦是不能忍受的、无法解决的和不能避免的；对人、对事、对己、对社会均倾向于从阴暗面看问题，自卑或自尊心过强，心存偏见和敌意；问题解决能力的不足，绝对化和概括化的倾向明显。

② 情感：自杀者通常有各种慢性的痛苦、焦虑、抑郁、愤怒、厌倦和内疚的情绪特征，他们对这种负性的情绪体验难以接受，缺乏精神支柱。如果这种情感状况进一步发展，就会出现无助感和无望感，此时他们就可能会萌生自杀的想法。

③ 意志行为：具有冲动性和盲目性、不计后果等特点，常缺乏持久而广泛的人际交往，回避社交，难以获得较多的社会支持资源，适应性差，对新环境适应困难，有的具有一定的攻击性。

④ 精神疾病：自杀者中有90%达到诊断标准的精神疾病，单看数目以抑郁症为最多。但是双相障碍患者的自杀比率要高得多，死亡率也高，有数据估计在双相障碍中自杀死亡率是 0.39%。

(2) 社会因素。

① 社会压力：随着经济社会的日益发展，社会竞争的压力越来越大，人们的心理

负担越来越沉重。社会资源分配不公，贫富悬殊，保障制度不齐全，弱势人群的医疗、养老、住房问题等，导致他们对未来的无助和恐慌，容易滋生消极的念头。

② 人际关系紧张：又称人际冷暴力。在工作上，无法处理上下级或同事之间的关系；在社会上没有知心朋友，心理压力不能够得到疏通。

③ 应激事件：重大的负性生活事件是导致自杀的直接原因或诱因，他们在巨大的心理压力下，自信心受挫，自我遭到否定，容易产生消极观念。研究证明自杀者在自杀行动前的3个月内生活事件的发生频率明显高于正常人。例如，丧失性挫折（失业、失恋、离婚、事业受挫、财物损失等），人际关系挫折（与亲朋好友争吵分手、人际关系破裂、家庭成员关系紧张、家庭暴力、亲子关系淡漠、人际沟通障碍、独居、丧偶、社交孤立、社会支持度低），自信心挫折（事业失败、重大考试不及格、难以接受成绩下滑）等。

④ 婚姻问题：婚姻状况与自杀率关系密切，恋爱纠纷、夫妻冲突、家庭暴力、婚外恋、离婚等婚姻危机常是自杀的直接诱因；婆媳关系矛盾、家庭成员关系紧张、亲子关系淡漠或矛盾、丧偶或独居等，导致幸福感下降。

⑤ 信仰危机：痴迷神鬼论、世界末日论、邪教歪理邪说等错误的信仰，以为自杀可以摆脱人生痛苦，可以成仙、上天堂。

【小贴士】

一个民族要走在时代前列，就一刻不能没有理论思维，一刻不能没有正确思想指引。习近平总书记在党的二十大报告中指出，拥有马克思主义科学理论指导是我们党坚定信仰信念、把握历史主动的根本所在。100多年来，中国共产党之所以能带领中国人民开辟伟大道路、创造伟大事业、取得伟大成就，一个根本原因就在于我们党始终把马克思主义作为思想指引和行动指南，不断推进马克思主义中国化时代化并用以指导实践。马克思主义深刻改变了中国，中国也极大丰富了马克思主义。新征程上，我们要赢得优势、赢得主动、赢得未来，必须坚持马克思主义指导地位不动摇，不断推进马克思主义中国化时代化，用习近平新时代中国特色社会主义思想这一当代中国马克思主义、21世纪马克思主义引领中国特色社会主义伟大实践，让马克思主义在中国大地上展现出更强大、更有说服力的真理力量。

2. 自杀的误区。

误区一：自杀无规律可循。自杀事件常带有突发性，一旦发生，周围的人常感到诧异、意外。其实大部分自杀者之前都有过明显的直接或间接的求助信息，他们往往会在自杀前因为内心的痛苦和犹豫而发出种种信号。

误区二：与可能自杀的人讨论自杀将诱导其自杀。一般应该和可能自杀的人讨论自杀，因为与一个想自杀的人讨论自杀将可能使其产生信任的感觉，能够帮助他们正确处理一些重大问题，并缓解他们的压力，愿意花时间重新获得控制。

误区三：威胁别人说要自杀的人不会真正自杀。事实上，有这个误区的人较多。事实上大量的自杀身亡者曾经对他人公开过自己的想法。

误区四：自杀是一种不合理的行为。从自杀者的角度看，几乎所有采取自杀行动的人都有充足的理由。自杀干预者如果不能理解和接纳他们，那么信任的关系就难以建立，有效的干预就难以进行。

误区五：想要自杀的人是真的想死。实际上，很多人并不想死，他们只是想要逃离那个令人无法忍受的境遇，大部分曾经想过要自杀的人现在都很庆幸他们还活着。他们说当时他们并不想要结束自己的生命，他们只是想终止自己的痛苦。

误区六：想过一次自杀，就会总是想自杀。大部分人只是在他一生中的某个时候产生自杀企图，在这段时间里，他们要么克服这种想法，要么寻求帮助，要么死亡。如果他们自己能够从暂时的威胁中恢复过来，学会适应与控制，他们也并不赞同自己当时的想法。

误区七：一个人自杀未遂后，自杀威胁可能结束。事实上，自杀最危险的时候可能就是情绪高涨期。当想自杀的人严重抑郁后或刚刚自杀未遂，变得情绪活跃起来的时候，自杀的危险最大。

3. 自杀干预措施。

（1）倾听与接纳。任何一个处于心理危机中的人，最迫切的需要就是有人能倾听他所传达出的信息。对有自杀可能的人的指责只会阻碍有效的交流。干预者应努力去了解有自杀可能的人潜在的情感，及时把握住潜在自杀人群话中的关键点。一般来说，想自杀的人感觉自己与他人是隔离的，他们从来没有公开讨论过自己的抑郁和自杀的想法、感受。干预者需要用开放的态度对待他们，让他们知道对方真正明白他们的痛苦和郁闷。在倾听的同时，还需要随时根据想收集的资料内容，通过开放性和封闭性两种提问方式来提问。

倾听过程中，干预者要理解和接纳当事人所有的抱怨和反常情绪。若干预者对干预对象的抱怨进行批判和指责，或者当干预对象表现为情绪低落、焦躁不安时咨询师不予同情，他们很可能会更加无助，情绪会更加波动，不但无助于良好治疗关系的建立，还可能对当事人造成进一步的伤害。

（2）自杀危机评估。大多数试图自杀者或多或少都会表现出一定的危险信号和自杀线索，作为专业的心理危机干预人员应把工作的重点放在这些方面。

① 危险信号。

a. 倒霉感：命运似乎专门与他们作对。一系列消极事件连续发生，而且似乎不可避免。这些事件可能都是偶发的，但却使个体产生倒霉感，包括受伤、丢失钱物、工作失败等。

b. 无助感：处于孤独和个人困难之中时，无助感一般会相继而生。人们认为无法帮助自己的观念会削弱自尊感、个人价值感以及自信心等有效心理功能，并因而出现抑郁。

c. 绝望感：绝望是终止生命的信号，如果一个人经受了一系列的坏运气，并伴有无助和绝望，那么其自杀的危险就很高。特别是当人们同时表现出以上三种情感时，自杀行为就很可能出现。

经过国内有关研究，发现了10个独立影响自杀的危险因素：有血缘关系的人曾有过自杀行为；朋友或熟人曾有过自杀行为；有自杀未遂既往史；死前1年内负性生活事件产生的慢性心理压力大；死前1个月的生活质量低；失业或没有收入；死前1个月内的社会交往少；死前2周抑郁程度重；死前2天发生剧烈的人际冲突；负性生活事件导致死亡当时急性应激强度大。

个体接触的危险因素越多，自杀的危险性就越高。多因素的联合效应而不是单因素的独特效应增加了自杀的危险性。

② 自杀线索。长期临床经验表明，精神疾病患者中，60%~80%的自杀者事先都有明显的表达，通过不同程度的语言和行为表现，实际上是向人们发出求救信号。同样，在普通自杀人群中，自杀者在自杀前一般也会发出明显或不明显的求救信号。其实，这些信号有一定的相似性，如能及时破译，实施干预，自杀是能预防的。

a. 直接或间接向他人暗示"我希望我已死去""我再也不想活了""我再也受不了了""没有我，别人会生活得更好""我的生活一点意义也没有""谁也帮不了我"等言语；

b. 谈论与自杀有关的事或开自杀的玩笑；

c. 向人打听自杀地点以及自杀工具获得的事情，拟订自杀计划；

d. 不寻常地与亲朋告别，如对幼辈或宠物恋恋不舍，向亲人交代存款或保险及某些未来的事，突然开始整理个人的物品或写下自己的遗愿；

e. 频繁出现意外，如经常走神、心不在焉，过马路时不看红绿灯，经常出错；

f. 仪容改变，如向来干净整齐的人突然变得邋遢、不注意仪表、衣着凌乱，或者一向穿着普通的人突然变得爱打扮、穿很久都没有碰过的衣服、浓妆艳抹，表现与既往不一样的风格；

g. 性格改变，如从胆小内向变得开朗外向，从吝啬突然变得慷慨大方，对以往仇恨嫉妒的人表现出和解与宽容的态度，对亲人表现出格外的关照或疏远冷淡；

h. 抑郁表现为情绪低落、自责、悲观、精力下降、对什么事情都提不起兴趣，睡眠差，总感觉变笨了，头脑反应迟钝，做什么都比别人差，对不起家人。自杀并不一定只出现在疾病的高峰期，在缓解期同样有较高的自杀危险。抑郁症患者经过治疗后，在情绪有所改善、行为活跃的时候，往往更容易将自杀付诸行动；

i. 情绪反复不定，尤其是在遭受了严重的丧失性事件以后，开始是情绪低落，经过一段时间后，情绪突然好转，表现为不协调的情感反应；

j. 避开朋友或亲人、不想与人沟通或希望独处；

k. 在能自杀的场所徘徊；

l. 慢性疾病无明显改善，突然拒绝接受治疗，要求出院，与亲友、病友、医护人员告别，往往并不表明这个人有好转和恢复的迹象，反而是自杀的先兆；

m. 安排后事：清理日记、信件、影集，偿还债务或嘱托未了事宜，寻亲访友，旧地重游，赠送纪念品给他人。向家人交代家庭今后的安排和打算，或表现出慷慨，分享个人财产和修改遗嘱。通常周围的人容易麻痹大意，放松对当事人的注意。事实上，这时反而提示当事人经过犹豫彷徨阶段已经决意自杀，此时他在心理上如释重负，才有如此轻松的一反常态的假象；

n. 曾有自杀未遂的行为：自杀未遂，在并没有真正解决其问题后，危机依然存在，还有再次自杀的危险性。

(3) 直接讨论自杀问题。当干预双方的治疗关系初步建立后，可直接与当事人探讨有关自杀的问题。当事人想要自杀，并不是为了求死，往往只是在危机事件面前不知所措的一种逃避。事实证明，与当事人谈论自杀可进一步了解他们的计划，然后进行有针对性的分析，进而实施不同的干预策略，使当事人看到求生的希望并对自杀所带来的后果产生畏惧。

对于不同类型的人群可以用不同的技巧展开讨论。年轻的女性自杀者一般都想把自己最美丽的模样留在世界上，此时可根据其爱美的特点进行干预，如"我不反对你从这里跳下去，但是我要提醒你的是，你如果跳了下去，可能会摔断腿和手，或是头破血流，甚至会脑浆迸裂，那样的话，人们只能记住你如此不雅观的样子"等；对具有无望感的自杀者，可以暗示其困难是可以解决的、痛苦是会结束的，帮助其重燃生活希望；对具有孤独感的自杀者，可以向他指出他并不是孤独的，表达对其情感和感受的充分理解；对具有自觉无价值感的老年自杀者，可采用"追忆"技巧，帮助自杀者追忆其家庭生活、社会生活、工作经历中值得骄傲和自豪的事，来强化其自我价值感；对于因冲动而自杀者，可以表示对他的情绪和行为的充分理解，并在此基础上引导他做别的选择。

(4) 警惕危机再现。有些求助者表面上表示"已经想通了""不会再做傻事了"，但在内心里让其备受煎熬的事情没有完全解决，仍然处于危机状态。此刻，如果治疗师放松警惕的话，问题可能会再次出现。因此，干预者要仔细观察来访者的表情动作和情感反应，若其表现为不以为然、不以为是，仍有眉头紧锁、唉声叹气，就要注意求助者的自杀观念依然存在。

(5) 充分利用合适的资源。必须有外界的支持和帮助，充分利用合适的资源，才能够有效干预自杀。对于抑郁症患者来说，学者 Birtchnell 认为，自杀行为的人并不是绝对性的，自杀意念可能随着每分钟而改变。但他认为若意图自杀者与工作人员有良好的工作关系，当自杀者的自杀意欲增加时，工作人员的介入将发挥更大的效用。自杀者的入院干预可视病人的情况而定，若自杀者处于极度抑郁的状态，又或其配偶或亲友刚死亡，又或感到非常无望无助等。这种情况下，安排入院对自杀者会有帮助。

(6) 给予强有力的支持力量。处于危机中的人，他们的生活需要有坚定、具体的指导者。这时，治疗者要向他们传达这样的信息：他们所面临的问题都已处于控制之中，并且治疗者会尽全力阻止病人自杀。

在实施干预时，若求助者的情况比较严重，危机工作者必须进一步评估其自杀的危险性程度，并按需要与自杀者订立"不自杀协议"，或联络家人及重要人物提供紧密的照顾，若有需要也应该作入院的准备。如果始终有人陪伴自杀者的话，可有效地阻止其自杀行动的实施。

(7) 采取具体的行动。根据干预对象的表现采取进一步的行动计划。若经过访谈，求助者自杀的想法基本消除，可返回家中予以观察，要求家属密切观察他们的情绪变化和行为表现，若有反常迅速采取干预措施；若求助者自杀的想法依然比较强烈，可要求住院观察治疗，予以系统的认知行为治疗、放松疗法、音乐治疗以及药物治疗，要让求助者了解在治疗师的安排下，可能会走出困境，从而找到安全感。

七、第七步：获得承诺

获得承诺是帮助当事人承诺采取确定的积极的步骤，并从当事人那里得到会明确按照计划行事的保证。如果制订计划这一步完成得较好的话，则"获得承诺"这一步就比较容易。多数情况下，保证这一步比较简单，让当事人复述一下计划："现在我们已经商讨了你计划要做什么，下一步将看你如何向他或她表达自己的愤怒情绪。请跟我讲一下你将采取哪些行动，以保证你不会大发脾气，避免危机的升级"。

这种口头概述有利于干预者把握当事人对行动计划的理解程度，也有利于强化当事人的承诺。若当事人对行动计划有所误解，干预者还可以做进一步的澄清，同时还有利于干预者对当事人进行随访。对当事人来说，做出承诺可以驱使他按行动计划去执行。在结束危机干预前，工作者应该从当事人那里得到诚实、直接和适当的承诺。

八、其他需要注意的事项

一般经过4周~6周的危机干预，绝大多数的危机当事者会度过危机，这时应该及时地中断干预性治疗，以减少当事人的依赖性。在结束阶段，应该注意强化新习得的应对技巧，鼓励当事人在今后面临或遭遇类似应激或挫折时，学会举一反三地应用解决问题的方式和原理来自己处理问题和危机，自己调整心理平衡，提高自我的心理适应和承受能力。

此外，还应该与当地精神卫生机构建立良好的联络关系，按照有关规定，对不属于咨询、矫正范畴的、有严重心理障碍或心理疾病的社区矫正对象应转介到精神卫生机构；对处于严重危机中的社区矫正对象必要时要邀请专家进行心理评估；对自杀未遂的社区矫正对象，应立即送到专门机构进行救治。

最后，还有一点必须要足够明确，那就是危机干预并不是总能起到作用。22%~33%的心理学家、心理咨询师、社会工作者经历过来访者自杀，有时候甚至最有能力的专家和危机干预工作者都不能够成功地预防自杀。我们必须知道，如果一个人真正想要自杀，即便我们用最好的方法去干预，他们也能够完成自杀。危机干预工作者绝对有必要在外部顾问的指导下，认真地考虑发生了什么，从事件中学到了什么，以使我们从内疚和自责中解脱出来。

【小贴士】

"江山就是人民，人民就是江山。""治国有常，利民为本。为民造福是立党为公、执政为民的本质要求。必须坚持在发展中保障和改善民生，鼓励共同奋斗创造美好生活，不断实现人民对美好生活的向往。"党的二十大报告中明确指出，要"推进健康中国建设"，要"把保障人民健康放在优先发展的战略位置，完善人民健康促进政策"，特别强调要"重视心理健康和精神卫生"。由于人格缺陷或意外事件的压力，社区矫正对象难免会产生的严重的焦虑、抑郁、愤怒等情绪体验，有可能会引发自杀、自伤、攻击等过激行为，因此对存在心理危机的社区矫正对象进行干预，帮助其缓解心理压力，恢复社会适应能力，改善社区矫正对象心理健康水平，进而促进社会心态稳定和人际和谐。

第三节　社区矫正对象心理危机干预七步法的应用

下面以一个案例为例，初步展示危机干预的七步法。

基本情况：

社区矫正对象刘某，男，45岁，因危险驾驶罪被判处缓刑3个月，判刑前就有十几年的失眠和抑郁史，有自残自伤的经历，进入司法所后情绪非常不稳定，不善言谈交际，喜独处静坐，没有明显的特长和爱好。最近妻子与其离婚，14岁的儿子随母亲生活，离婚后随着妻子与儿子离开，该社区矫正对象再次流露出轻生的念头。

刘某内心十分痛苦、绝望，情绪体验深刻，但始终没有主动要求咨询。社区矫正工作者发现刘某的情况后上报社区矫正机构，矫正中心心理咨询师决定主动对刘某进行危机干预。

第一步：建立良好的访谈关系。

心理咨询师首先向刘某表示理解和关心，并对刘某的父母进行家访，了解到刘某的一般情况，又翻阅了刘某的相关档案文件，了解其入矫后的动态，使用尊重、热情、共情的技术，让刘某感受到来自心理咨询师的关怀。

第二步：评估确定问题。

心理咨询师对刘某进行访谈、心理测验，明确了危机诱因。具体情况总结如下：

1. 生理方面。刘某被判刑后一直食欲缺乏，对他平时喜欢的菜品也提不起兴趣；睡眠质量有所下降，晚上经常想起许多事而难以入眠。

2. 情绪方面。刘某的情绪主要表现为两方面：①绝望情绪。认为自己的犯罪行为会让身边所有人瞧不起，包括自己最亲的人，不知道自己将来该如何生活及面对朋友。②后悔情绪。刘某十分后悔自己一时糊涂的犯罪行为，同时也恨自己为父母带来的痛苦和困扰，认为自己无颜面对家人，连妻子和儿子都看不起自己，因而难以原谅自己。

3. 行为方面。不愿工作，也不愿参与任何社交活动，觉得自己一无所有了，担心自己被瞧不起。不愿去公众场合，也不愿找工作，害怕自己"社区矫正对象"的身份被知晓。常一个人独自在家里发呆，有时候会流泪，会自己打自己。

4. 危机诱因。对于刘某的心理危机诱因有二：①自己被判刑，这对于平时极好面子的刘某来说，无疑是晴天霹雳；②自己接受社区矫正后，妻子和他离婚，儿子表示有同学说爸爸是犯人，更愿意和妈妈一起过，使刘某更觉得悲伤，不想活下去。

5. 心理评估。EPQ心理测试的结果是：E＝41；N＝69；P＝50；L＝45。据此结果分析，该社区矫正人员的性格特征为内向不稳定型，具有明显的变态心理倾向。为进一步诊断心理状态，心理咨询师又对他进行了有关心理健康方面的测查。结果显示，在4项重要心理健康指标方面都有问题，而且总分超过了健康警戒水平。调查还获悉，该社区矫正人员入矫前有过自杀行为倾向，目前又遇重大生活事件，流露出较强的轻生绝望念头。

第三步：保证当事人安全。

心理咨询师将刘某的轻生念头告知了负责管理的社区矫正人员，同时联系其家中的父母和姐姐，告知其情况，让他们看好该社区矫正人员，将其身边的危险工具拿走，并且随时注意刘某的动向，不让其到危险的地方去。

第四步：给予支持。

由于刘某曾提到，自己以前面临挫折时通常是向姐姐和父母倾诉，而且对于社区矫正人员来说，社会支持系统是十分重要的，所以此次危机干预让其父母来帮忙进行。心理咨询师让刘某的姐姐对刘某多关心，让刘某感受到姐姐坚定的情感支持，并让姐姐发动其要好的朋友，共同鼓励刘某，让刘某感受到来自亲友的温暖，燃起重新生活的勇气。

第五步：提出应对方式。

1. 帮助刘某宣泄情绪。鼓励刘某说出目前的感受，心理咨询师在聆听过程中全身心投入，并通过眼神关注和点头的方式予以适当回应。当刘某说到激动之处时，心理咨询师轻拍其肩膀，给予支持。这对刘某来说，也是一种宣泄的过程。在刘某宣泄的过程中，矫正心理咨询师通过倾听、安慰，以及讲述励志故事，来安抚和鼓励刘某重拾生活的信心。

2. 放松训练。针对刘某心理测验的结果，心理咨询师决定先教刘某一些放松训练的技巧，以缓解其焦虑和抑郁情绪，防止更恶劣的事情发生。心理咨询师现场示范了呼吸放松和肌肉放松的方法，并将想象放松的录音交予刘某，让刘某在感到痛苦或焦虑时，自己学着进行放松训练。

3. 理性情绪疗法，调节不良认知。当刘某情绪恢复平静后，心理咨询师开始采用此项技术。首先，让刘某认识到自己的信念——成为社区矫正人员后就没有前途和美好未来是一种糟糕至极和绝对化的不合理信念，妻子与自己离婚仅仅因为自己的罪行也是一种不合理的信念。说服刘某认识到自己的信念是不合理的，并鼓励其树立合理的信念——社会上确实一定程度上存在对社区矫正人员的污名化现象，但只要通过努力，还是有希望取得事业成功和家庭幸福的。

第六步：制定具体计划。

心理咨询师与刘某共同制订计划来改变刘某的失衡状态。发挥刘某的充分参与性、主动性及自主性。在制定计划的过程中，每一步都先征得刘某的同意，确实是完全可以实施和做到的，才写到计划里面，刘某制定计划以后对心理咨询师说，这似乎是他自己给自己制定的计划，比较容易接受。

第七步：获得承诺。

让刘某签订自己愿意按照计划进行改变的承诺书，之后的大多数时间要靠刘某自己来完成任务，如果有需要可以联系社区矫正工作人员或者心理咨询师。

效果及反馈：在干预结束阶段，心理咨询师对其进行了心理测验，结果如下：抑郁自评量表（SDS）测验总粗分为35分，标准分为44分。

可见，刘某的抑郁指数达到了比较正常的水平。在干预结束15天后对其进行回访，心理咨询师发现刘某的精神状态有所好转，与姐姐、父母能够有良好的沟通。干预1个月后再次对其进行回访，工作人员了解到刘某积极参与了一起社区的公益活动，不再排斥与熟人见面，并且打算去找新的工作。

总之，在社区矫正工作中，我们要注重实践创新，创建各地区的社区矫正工作品牌，推动社区矫正工作现代化离不开改革创新。在监督管理上，我们坚持总体国家安全观，强化社会治理创新理念，积极推动信息技术与社区矫正业务深度整合，构建功能更强大、管理更智能、运行更高效的"人防+技防"新智能监管体系。在教育帮扶上，坚持因地制宜，充分发挥基层的主观能动性和创造性，尊重基层首创精神。在心理干预上，坚持心理矫治人性化、矫治方式多元化理念，完善心理矫治体系、推动矫治场所建设、丰富心理矫治手段，促进社区矫正对象顺利回归社会。在基础保障上，坚持从"量"向"质"转变。我们对社区矫正中心不断进行升级改造，注重在教育基地、公益活动基地、就业基地的作用发挥上"挖潜增效"，打造现代化的智慧矫正中心和教育帮扶基地。同时，加强村（居）社区矫正工作站建设，使社区矫正工作触角和工作力量延伸到基层一线，构建省市县乡村五级社区矫正工作组织网络。在工作落实上，加强调研指导、注重顶层设计、创新工作方法、协调解决困难，努力打造社区矫正"一市（地）一特色、一县（市、区）一品牌"，把局部"盆景"转化成全省"风景"。党的二十大报告提出，必须坚定不移贯彻总体国家安全观，把维护国家安全贯穿党和国家工作各方面全过程，确保国家安全和社会稳定。面对新时代社区矫正工作的新形势、新任务，我们将不断强化改革创新意识，大胆实践、稳步推进，理顺工作体制机制，加强矫正机构和队伍建设，谱写我国社区矫正工作新篇章。

参考文献

[1] 郭念锋主编：《国家职业资格培训教程 心理咨询师（三级）》，民族出版社 2005 年版。

[2] 郭念锋主编：《国家职业资格培训教程 心理咨询师（二级）》，民族出版社 2012 年版。

[3] 中国就业培训技术指导中心、中国心理卫生协会编写：《心理咨询师（基础知识）》，民族出版社 2012 年版。

[4] 章恩友编著：《罪犯心理矫治》，中国民主法制出版社 2007 年版。

[5] 胡配军主编：《社区矫正教育理论与实务》，法律出版社 2007 年版。

[6] 张传伟：《我国社区矫正运行模式研究》，山东大学出版社 2010 年版。

[7] 刘丹福、李芳主编：《社区矫正人员心理矫正》，中国政法大学出版社 2015 年版。

[8] 施剑飞、骆宏主编：《心理危机干预实用指导手册》，宁波出版社 2016 年版。

[9] 李鸣：《心理咨询和治疗：理论与技术》，黑龙江人民出版社 2003 年版。

[10] ［美］Richard K. James、Burl E. Gilliland 著，肖水源、周亮等译校：《危机干预策略》，中国轻工业出版社 2019 年版。

[11] ［美］Gerald Corey 著，谭晨译：《心理咨询与治疗的理论及实践》，中国轻工业出版社 2010 年版。

[12] ［英］戴夫·默恩斯、布赖恩·索恩、约翰·迈克李欧著，刘毅译：《以人为中心心理咨询实践》，重庆大学出版社 2015 年版。

[13] ［英］约翰·麦克里奥德著，潘洁译：《心理咨询导论》，上海社会科学院出版社 2006 年版。

声　明　　1. 版权所有，侵权必究。

　　　　　2. 如有缺页、倒装问题，由出版社负责退换。

图书在版编目（CIP）数据

社区矫正心理工作 / 张姣妹, 刘俊辉主编. -- 北京：中国政法大学出版社, 2024.7. -- ISBN 978-7-5764-1545-2

Ⅰ. D916.7

中国国家版本馆CIP数据核字第2024X74T65号

出 版 者	中国政法大学出版社
地　　址	北京市海淀区西土城路25号
邮　　箱	fadapress@163.com
网　　址	http://www.cuplpress.com（网络实名：中国政法大学出版社）
电　　话	010-58908435(第一编辑部) 58908334(邮购部)
承　　印	北京鑫海金澳胶印有限公司
开　　本	787mm×1092mm　1/16
印　　张	15.25
字　　数	343千字
版　　次	2024年7月第1版
印　　次	2024年7月第1次印刷
印　　数	1~3000册
定　　价	56.00元